钢管混凝土拱桥设计计算方法与应用

陈宝春 韦建刚 吴庆雄 著

——《钢管混凝土拱桥技术规范》GB 50923—2013 配套用书——

中国建筑工业出版社

图书在版编目(CIP)数据

钢管混凝土拱桥设计计算方法与应用/陈宝春等著．—北京：中国建筑工业出版社，2014.6
ISBN 978-7-112-16723-4

Ⅰ.①钢… Ⅱ.①陈… Ⅲ.①钢管混凝土拱桥-桥梁设计-计算方法 Ⅳ.①U448.222.5

中国版本图书馆 CIP 数据核字(2014)第 072855 号

　　钢管混凝土拱桥在我国的应用与研究已 20 多年，积累了丰富的设计、施工及养护经验，初步形成了技术体系。本书以新编国家标准《钢管混凝土拱桥技术规范》GB 50923—2013 编制过程中的专题研究为基础，对该规范中的设计计算方法的编制情况与具体应用进行了详细介绍，供应用参考。

　　本书可供桥梁专业设计、施工与管理养护人员参考，亦可作为高等院校土木工程专业高年级本科生、桥隧专业和结构工程专业研究生的教材，也可供组合结构、桥梁结构研究人员参考。

责任编辑：刘婷婷
责任设计：张　虹
责任校对：陈晶晶　关　健

钢管混凝土拱桥设计计算方法与应用

陈宝春　韦建刚　吴庆雄　著

*

中国建筑工业出版社出版、发行(北京西郊百万庄)
各地新华书店、建筑书店经销
北京科地亚盟排版公司制版
北京建筑工业印刷厂印刷

*

开本：787×1092 毫米　1/16　印张：13¼　字数：330 千字
2014 年 7 月第一版　2014 年 7 月第一次印刷
定价：38.00 元
ISBN 978-7-112-16723-4
(25547)

版权所有　翻印必究
如有印装质量问题，可寄本社退换
(邮政编码　100037)

前 言

钢管混凝土拱桥的应用在我国已走过了 20 年的历程。在长期研究与应用的基础上,通过大量的调查研究和充分吸收国内外研究成果与工程实践经验,并参考了相关标准规范,在广泛征求意见并进行相应修改后,国家标准《钢管混凝土拱桥技术规范》于 2013 年 11 月 1 日获住房和城乡建设部（[2013] 第 210 号公告）批准（标准编号为 GB 50923—2013），规范由住房和城乡建设部和国家质量监督检验检疫总局联合发布,于 2014 年 6 月 1 日起在全国实施。

该技术规范包括了钢管混凝土拱桥的设计、施工与养护的内容,其中设计部分的内容最多、理论性最强,设计也是一座新桥全寿命过程中最为关键的阶段,因此,为便于对该规范设计计算方法的理解与实施,本书对该规范中主要的设计计算方法、编制过程中有关计算方法的专题研究情况进行了介绍,以供应用参考。

本书第 1 章由陈宝春、韦建刚撰写；第 2 章由吴庆雄撰写；第 3 章由陈宝春、陈津凯撰写；第 4 章由韦建刚撰写；第 5 章由陈宝春、尧国煌、薛俊青撰写；第 6 章由陈宝春撰写；第 7 章由陈宝春、欧智菁撰写；第 8 章由陈宝春撰写；第 9 章由黄福云、陈宝春撰写；第 10 章由陈宝春、赖秀英撰写。全书由陈宝春统稿。

国家标准《钢管混凝土拱桥技术规范》GB 50923—2013 是在住房和城乡建设部标准定额司的直接领导下,由福州大学和中建海峡建设发展有限公司会同有关单位编制的,在编写过程中得到了国内外同行的大力支持。在此对给予支持与帮助的相关单位与人士表示衷心的感谢。硕士研究生聂尚杰、张培权、王锋、李海敏、吕银花、孙晓博、周宗源、李佩元、陈奕林、黄蕾、陈云、赖焕林、俞冠等参加了文稿的整理工作,在此表示衷心的感谢。责任编辑刘婷婷为本书的编辑出版付出了大量的心血,同样表示衷心的感谢。

作者虽然长期从事钢管混凝土拱桥的工程应用与科研工作,但限于水平和知识面的局限,难免有疏漏和不足之处,恳切希望读者在本书参阅过程中,能够随时将意见和建议反馈给作者（福州大学土木工程学院,地址：福州市闽侯学园路 2 号,邮编：350108）,以供本书今后修订时参考,同时也可供国家工程建设规范《钢管混凝土拱桥技术规范》修订时参考。

作　者

2014 年 3 月 18 日

本书符号

荷载和荷载效应

N——截面轴向力设计值；

N_1，N_2——分配到哑铃形拱肋两个肢管上的轴向力值；

M——截面弯矩设计值；

M_1，M_2——分配到哑铃形拱肋两个肢管上的弯矩值；

N_s——轴向压力组合设计值；

S——荷载效应的组合设计值；

R——构件承载力设计值；

$R(\cdot)$——构件的承载力函数；

V_1——腹杆所受轴力设计值。

材料指标

$(EA)_{sc}$——钢管混凝土拱肋截面整体压缩设计刚度；

$(EI)_{sc}$——钢管混凝土拱肋截面整体弯曲设计刚度；

$(EA)_{sc1}$——钢管混凝土毛截面压缩设计刚度；

$(EI)_{sc1}$——钢管混凝土毛截面弯曲设计刚度；

$(EA)_{sc2}$——单肢钢管混凝土毛截面压缩设计刚度；

$(EI)_{sc2}$——单肢钢管混凝土毛截面弯曲设计刚度；

E_c——混凝土弹性模量；

E_s——钢材弹性模量；

f_{cd}——混凝土轴心抗压强度设计值；

f_{ck}——混凝土轴心抗压强度标准值；

f_d——材料强度设计值；

f_{vd}——钢材抗剪强度设计值；

f_s——钢材抗拉、抗压和抗弯强度设计值；

f_{td}——混凝土轴心抗拉强度设计值；

f_{tk}——混凝土轴心抗拉强度标准值；

f_y——钢材强度标准值；

G_c——混凝土剪切变形模量；

G_s——钢材剪切变形模量；

N_0——钢管混凝土单圆管截面轴心抗压强度设计值；

N_0'——考虑脱粘影响的钢管混凝土单圆管截面轴心抗压强度设计值；

N_0^i——拱肋截面各肢钢管混凝土截面轴心抗压强度设计值；

N_{0i}——桁式拱肋第 i 根弦杆轴心抗压强度设计值；

本书符号

N_{01}——钢管混凝土单圆管截面偏心抗压强度设计值；

N_{02}——钢管混凝土单圆管偏心受压构件稳定承载力设计值；

N_D——钢管混凝土哑铃形和格构柱构件截面轴心抗压强度设计值；

N_{D1}——钢管混凝土哑铃形构件和格构柱偏心抗压强度设计值；

N_{D2}——钢管混凝土哑铃形构件和格构柱偏心受压稳定承载力设计值；

N_f'——与钢管混凝土主肢共同承担荷载的连接钢板的抗压强度设计值；

f_{tpk}——吊索或系杆索的抗拉强度标准值；

α——钢管混凝土拱肋受截面均匀温度作用时轴线方向的线膨胀系数；

α_s——钢材线膨胀系数；

α_c——混凝土材料线膨胀系数；

ρ_s——钢材的密度；

μ_c——混凝土的泊松比；

μ_s——钢材的泊松比；

σ——吊索或系杆索的应力；

σ_0——钢管初应力。

几何参数

a_d——几何参数设计值；

A_b——一个节间内各平腹杆面积之和；

A_c——钢管内混凝土的截面面积；

A_d——一个节间内各斜腹杆面积之和；

A_{fs}——连接钢板的截面面积；

A_s——钢管的截面面积；

A_{sc}——钢管混凝土构件的组合截面面积；

A_{s1}——拱肋截面钢材面积；

A_{c1}——拱肋截面混凝土面积；

a_i——钢管混凝土格构柱单根柱肢中心到虚轴 y-y 的距离；

b_i——钢管混凝土格构柱单根柱肢中心到虚轴 x-x 的距离；

D——钢管外径；

d——拉索直径；

e_0——截面偏心距；

f——拱的矢高；

f_1——桥面系以上拱肋的矢高；

h_1——哑铃形截面、格构柱截面受弯面内两肢中心距离；

h_2——哑铃形截面腹板高度；

H——拱肋截面高度；

r——截面计算半径；

i——截面回转半径；

I_c——混凝土截面惯性矩；

I_s——钢管截面惯性矩；

I_{sc}——钢管混凝土组合截面惯性矩；

I_{s1}——钢材截面惯性矩；

I_{c1}——混凝土截面惯性矩；

l——构件长度；

L——拱桥计算跨径；

l_0——构件的计算长度；

l_{01}——拱肋净跨径；

L_0——拱肋的等效计算长度；

L_d——吊索长度；

L_z——拱肋节段的直线段长；

l_{0x}——构件对 X 轴的计算长度；

l_{0y}——构件对 Y 轴的计算长度；

l_1——格构柱柱肢节间距离；

l_2——哑铃形截面腹板加劲构造间沿拱肋方向的距离；

r_c——钢管内混凝土横截面的半径；

S_g——拱轴线长度；

t——钢管壁厚或混凝土初凝时间；

T——计算合龙温度；

T_0——附加升温值；

T_{28}——钢管内混凝土浇筑后 28d 内的平均气温；

ε_b——界限偏心率；

θ——拱肋两节段间折角；

Δ——支管间隙。

计算系数及其他

β——钢管初应力度；

ξ_0、ξ——钢管混凝土约束效应系数设计值、标准值；

ρ——构件偏心率；

ρ_c——钢管混凝土截面含钢率；

χ——计算系数；

μ——柔度系数；

μ_0——钢管混凝土拱肋汽车荷载冲击系数；

γ_0——桥梁结构重要性系数；

η_1——单肢钢管混凝土和整个构件截面抗弯刚度之比；

φ——稳定系数；

φ_e——偏心率折减系数；

λ——钢管混凝土构件的名义长细比；

λ_n——相对长细比；

λ^*——钢管混凝土格构柱的换算长细比；

λ_1——钢管混凝土格构柱单肢名义长细比；

λ_x, λ_y——钢管混凝土格构柱对 X 轴、对 Y 轴的名义长细比；

a——有初应力的钢管混凝土极限承载力计算时，考虑长细比影响的系数；

f_0——钢管混凝土拱桥的一阶竖向频率；

k_c——钢管混凝土承载力徐变折减系数；

K_p——考虑初应力度对钢管混凝土承载力的折减系数；

k_1——荷载系数；

k_2——行车道系数；

k_3——轴心抗压强度设计值换算系数；

K_t——钢管混凝土承载力脱粘折减系数；

K——换算长细比系数；

K'——换算长细比修正系数；

m——有初应力的钢管混凝土极限承载力计算时，考虑偏心率影响的系数；

n——桁式拱肋弦杆数；

V——输送泵的额定速度；

Q——管内混凝土浇筑方量。

目　录

本书符号
第1章　概述 ………………………………………………………………………… 1
 1.1　钢管混凝土拱桥应用概况 ………………………………………………… 1
 1.2　钢管混凝土拱桥技术标准发展简介 ……………………………………… 4
 1.3　国家标准《钢管混凝土拱桥技术规范》编制概况 ……………………… 5
 1.4　本书主要内容 ……………………………………………………………… 7
 第1章参考文献 ………………………………………………………………… 8

第2章　钢管混凝土拱肋汽车荷载冲击系数计算 …………………………… 9
 2.1　计算内容与方法 …………………………………………………………… 9
 2.2　钢管混凝土拱肋冲击系数 ……………………………………………… 10
 2.3　钢管混凝土拱桥一阶竖向频率估算公式 ……………………………… 15
 第2章参考文献 ………………………………………………………………… 18

第3章　钢管混凝土拱温度作用计算 ………………………………………… 20
 3.1　计算内容与方法 ………………………………………………………… 20
 3.2　前期研究与 DBJ/T 13-136—2011 的规定 …………………………… 23
 3.3　国标中温度取值的研究 ………………………………………………… 30
 第3章参考文献 ………………………………………………………………… 36

第4章　钢管混凝土拱肋截面刚度计算 ……………………………………… 38
 4.1　计算内容与方法 ………………………………………………………… 38
 4.2　钢管混凝土（单圆管）构件刚度 ……………………………………… 43
 4.3　钢管混凝土拱的设计刚度取值研究 …………………………………… 46
 第4章参考文献 ………………………………………………………………… 50

第5章　钢管混凝土单圆管构件截面承载力计算 …………………………… 52
 5.1　计算内容与方法 ………………………………………………………… 52
 5.2　轴心受压承载力计算 …………………………………………………… 54
 5.3　偏心受压承载力计算 …………………………………………………… 58
 5.4　钢管混凝土拱肋脱粘问题研究 ………………………………………… 61
 第5章参考文献 ………………………………………………………………… 70

第6章　钢管混凝土拱肋强度计算 …………………………………………… 72
 6.1　计算内容与方法 ………………………………………………………… 72
 6.2　组成构件强度计算 ……………………………………………………… 75
 6.3　哑铃形短柱承载力计算 ………………………………………………… 81
 6.4　格构短柱（桁式截面）承载力计算 …………………………………… 88

第 6 章参考文献 ·· 94

第 7 章　钢管混凝土柱稳定承载力计算 ·· 95
7.1　计算内容与方法 ·· 95
7.2　哑铃形柱稳定承载力研究 ·· 101
7.3　格构柱稳定计算方法研究 ·· 116
7.4　钢管混凝土柱稳定系数统一计算方法 ··· 136
第 7 章参考文献 ·· 147

第 8 章　钢管混凝土拱整体稳定性计算 ·· 150
8.1　计算内容与方法 ··· 150
8.2　空间稳定计算方法研究 ·· 150
8.3　面内稳定承载力计算方法 ··· 156
第 8 章参考文献 ·· 161

第 9 章　考虑初应力的钢管混凝土拱极限承载力计算方法 ······················· 163
9.1　计算内容与方法 ··· 163
9.2　钢管混凝土拱桥初应力度调查与分析 ·· 168
9.3　考虑初应力影响的承载力折减系数计算方法研究 ····························· 172
第 9 章参考文献 ·· 178

第 10 章　钢管混凝土拱收缩、徐变计算 ·· 180
10.1　计算内容与方法 ··· 180
10.2　钢管混凝土拱收缩次内力计算 ··· 181
10.3　钢管混凝土徐变问题研究 ··· 190
第 10 章参考文献 ·· 201

第1章 概 述

1.1 钢管混凝土拱桥应用概况

最早将钢管混凝土应用于拱桥结构之中的是前苏联。1937年,前苏联在列宁格勒用集束小直径钢管混凝土做拱肋建造了跨径为110m的跨越涅瓦河的拱梁组合桥;1939年,前苏联又建造了位于西伯利亚 NceTb 跨度达140m 的上承式钢管混凝土桁肋铁路二铰拱。然而,从现有资料看,此后的相当长时间内,世界范围内没有再修建这种桥梁。

1.1.1 总体趋势

1990年,中国第一座钢管混凝土拱桥在四川建成。它是四川的旺苍东河大桥,为跨径110m的下承式钢管混凝土系杆拱桥。

由于钢管混凝土拱桥具有材料强度高、施工方便、造型美观等优点,又适逢我国大规模的交通基础设施建设时期,它一经出现便在我国得到迅速的发展。截至2010年6月,共搜集到已建成的跨径50m以上的钢管混凝土拱桥有327座[1]。

图1.1-1给出了我国钢管混凝土拱桥随时间增长的修建总数曲线。由图1.1-1可知,大幅增长始于1993年,每年新建成的平均数量为18座。一种新桥型在一个国家,以如此高的速度持续增长20年,达到如此之多的数量,这在世界桥梁史上是极其少见的。它充分说明了这种桥型自身所具有的优势和强大的生命力。

1.1.2 行业分布

按行业(用途)可将我国钢管混凝土拱桥分为四类:公路桥梁、市政桥梁、铁路桥梁及其他桥梁(人行桥、码头栈桥等)。图1.1-2、图1.1-3分别给出了这种分类(统计桥例307座)随时间增长的曲线和比例份额。

钢管混凝土拱桥最早出现于公路桥梁之中,随后在市政桥梁中也得到大量的应用。由图1.1-2、图1.1-3可知,钢管混凝土拱桥主要应用于公路和市政桥梁,占总数的87.9%,二者的总量与增长速度相当,基本上代表了钢管混凝土拱桥的总体发展趋势。

钢管混凝土拱桥在相当长时间内没有被铁路行业认可,至2001年铁路上才出现第一座钢管混凝土拱桥,此后建设数量呈缓慢但呈增长的趋势。这一方面得益于钢管混凝土拱桥技术的不断成熟,另一方面也因为铁路(特别是山区铁路)建设的需要,钢管混凝土拱桥因较之索结构具有更大的刚度,较

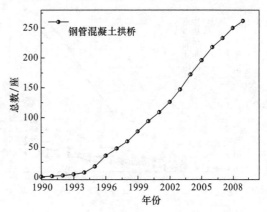

图1.1-1 钢管混凝土拱桥数量增长趋势图

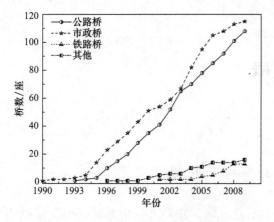

图 1.1-2 钢管混凝土拱桥行业分类增长曲线

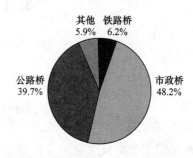

图 1.1-3 钢管混凝土拱桥行业分布图

之钢筋混凝土拱桥在施工方面、较之钢拱桥在经济方面有更大的优势,而受到青睐。

至于其他用途桥梁,如人行桥,修建的主要是小跨径的桥梁,跨径在 50m 以上的相对较少。

1.1.3 地域分布

按照地理区域可将我国大陆地区分为华东(江苏、安徽、江西、浙江、福建、上海)、华南(广东、广西、海南)、华中(湖北、湖南、河南)、华北(北京、天津、河北、山西、山东、内蒙古部分)、西北(宁夏、新疆、青海、陕西、甘肃、内蒙古部分)、西南(四川、重庆、云南、贵州、西藏)、东北(辽宁、吉林、黑龙江、内蒙古部分)七大区域,这七个地区钢管混凝土拱桥数目随时间变化趋势如图 1.1-4 所示(统计桥例 327 座)。从图中可以看出,各个地区的钢管混凝土拱桥的数目呈现均匀增长的趋势,其中以华东地区修建的数量最多(占到总数的 43.6%),增长也最快,这可能与这一地区的经济建设最为迅速有关。其余各地区分布较均匀,差别不大,东北地区的钢管混凝土拱桥的修建数量最少,到目前为止仅统计到 11 座。

钢管混凝土拱桥区域的分布比较广泛,这得益于钢管混凝土拱桥丰富的结构形式。文献[2]统计表明钢筋混凝土拱桥 60% 以上分布在西南等多山地地区,这主要是由于钢筋混凝土拱桥自重大,水平推力较大,不适合于软弱地基;另一方面,上承式拱桥在平原地区的修建存在着通航和两头接线两方面的问题。而钢管混凝土拱桥中大量应用的中下承式则能够很好地解决上述问题。

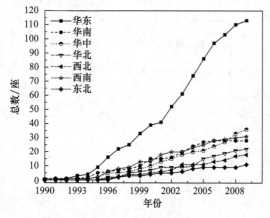

图 1.1-4 各区域钢管混凝土拱桥数目的增长曲线

1.1.4 结构形式

对钢管混凝土拱桥的结构形式以车承形式和有无推力进行组合,分为上承式、(有推力)中承式、飞鸟式、下承式拱梁组合、下承式刚架系杆以及其他六种结构形式。对主要的五种结构形式进行分析,见表 1.1-1(统计桥例 318 座)。

从结构形式来看,中承式和下承式拱

梁组合所占的比例较大，两者分别为总数的29.2%和38.1%；其次为飞鸟式，占到总数的14.8%；其余结构形式占比例较小。

各种结构形式钢管混凝土拱桥数量及跨径的范围　　　　　　　　　表1.1-1

结构形式＼跨径	50～100（m）	100～200（m）	200～300（m）	300以上（m）	总数（座）	百分比
上承式	6	7	5	2	20	6.3%
中承式	25	50	14	4	93	29.2%
飞鸟式	11	27	7	2	47	14.8%
下承式拱梁组合	82	38	1	0	121	38.1%
下承式刚架系杆	13	14	1	0	28	8.8%
其他	2	5	1	1	9	2.8%
总数（座）	139	141	29	9	318	100%
总数 百分比	43.7%	44.4%	9.1%	2.8%		

从跨径方面分析，钢管混凝土拱桥的跨径范围主要应用在200m以内，已建成的桥梁中，仅有9座桥的跨径超过了300m。上承式、中承式和飞鸟式拱桥的应用范围较广，在300m以下分布相对均匀，并且在300m以上也有应用；下承式拱梁组合与下承式刚架系杆主要应用范围在200m以内。

截至2010年6月，已建成的钢管混凝土拱桥各类结构形式最大跨径桥例如表1.1-2所示。

各种结构形式钢管混凝土拱桥最大跨径　　　　　　　　　表1.1-2

结构形式	桥梁名称	跨径（m）	建成时间
上承式	湖北支井河大桥	430	2009
中承式	巫山长江大桥	460	2005
飞鸟式	湖南茅草街大桥	368	2006
下承式拱梁组合	河南蒲山大桥	225	2009
下承式刚架系杆	湖北武汉江汉三桥	280	2000
其他	湖南湘潭湘江四桥	400	2007

图1.1-5为各类型钢管混凝土拱桥最大跨径随时间增长的曲线。从中可以看出，随着桥梁结构的轻型化以及理论研究、施工技术的不断发展，各种结构形式的钢管混凝土拱桥跨径也在不断地增加。

2013年建成的四川合江大桥为中承式钢管混凝土拱桥，跨径达到530m，从而使钢管混凝土拱桥的跨越能力达到了与钢拱桥同一级别的水平。

1.1.5　施工方法

钢管混凝土拱桥的施工方法形式多样，将其分为悬臂拼装、转体施工、支架施工三种主要的施工方法以及"其他方法"，得到图1.1-6的统计结果（统计桥例195座）。

从图1.1-6可以看出，对于上承式，悬臂拼装和转体施工是主要的施工方法，只有两座小跨径的跨高速路桥采用了支架施工；拱梁组合桥型中，则主要采用悬臂拼装与支架施工这两种施工方法；其他桥型均以悬臂拼装为主。

拱桥施工方法的选择与桥梁的跨径有一定的联系。图1.1-7为施工方法与桥跨径的关系图。从图中可以看出悬臂拼装和转体施工应用范围较广，并且较多应用于跨径大于100m的桥梁。而支架施工和其他施工方法（主要为整体吊装、整体拖拉等施工方法）多

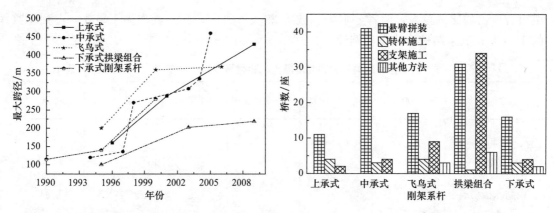

图 1.1-5 钢管混凝土拱桥最大跨径增长趋势　　　　图 1.1-6 施工方法与结构形式的关系

应用于跨径小于 200m 的桥梁。

图 1.1-8 为各种钢管混凝土拱桥桥型在不同行业中的应用情况。在公路桥梁中，中承式和下承式拱梁组合结构数量较多，占总数的 71.4%，其次是上承式和飞鸟式分别占到 12.6% 和 10.9%；在市政桥梁中，下承式拱梁组合数量最多，占总数的 40.6%，中承式、飞鸟式、下承式刚架系杆拱桥的数量相当，因为桥面标高和地质条件较难满足，未见上承式在市政桥中应用的桥例。铁路桥和其他结构类型的桥梁中，则主要以下承式拱梁组合结构为主。

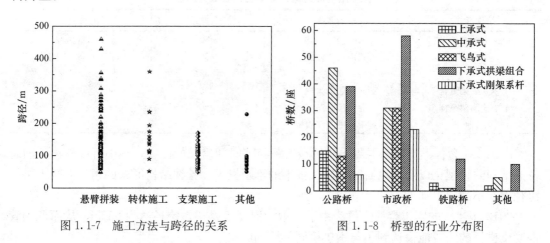

图 1.1-7 施工方法与跨径的关系　　　　图 1.1-8 桥型的行业分布图

1.2 钢管混凝土拱桥技术标准发展简介

在工程经验大量积累的同时，对钢管混凝土拱桥的理论与应用研究也在持续不断地开展之中。1998 年，交通部（现交通运输部）下达了行业标准《钢管混凝土拱桥设计规范》、《钢管混凝土拱桥施工技术规范》的编制任务，由重庆交通科研所（现招商局重庆交通科研设计有限公司）主编，于 2004 年完成了送审稿。同年，西部交通科技项目资助了《钢管混凝土拱桥设计、施工与养护关键技术研究》。为此，交通部决定延迟行业标准的审批发布，待西部交通科技项目研究结束后，根据所取得的研究成果，制订钢管混凝土拱桥的相关行业标准。

2007年西部交通科技项目结束后，交通运输部下达了行业标准《钢管混凝土拱桥设计规范》的编制任务，由四川省交通运输厅公路规划勘察设计研究院主编，目前已完成了送审稿[3]。

在标准方面最早出现钢管混凝土拱桥内容的是《公路工程质量检验评定标准》JTJ 071—94[4]中，随后在JTJ 071—97[5]中对有关钢管混凝土拱桥的内容进行了修订。

《公路桥涵施工技术规范》JTJ 41—2000[6]中也增加了钢管混凝土拱桥的内容，2011年在新版的规范JTJ/T F50—2011[7]中又对相关内容进行了修订。

第一本钢管混凝土拱桥的专门技术标准是福建省工程建设地方标准《钢管混凝土拱桥技术规程》DBJ/T 13-136—2011[8]（住房和城乡建设部备案号：J11 833—2011），由福州大学与中建七局三公司主编，2008年开始编制，2011年4月发布，2011年7月15日正式实施。该规程以公路与城市钢管混凝土拱桥为对象，包括了设计、施工与养护等内容。

2011年7月重庆市交通委员会发布重庆市公路工程行业标准《公路钢管混凝土拱桥设计规范》CQJTG/T D 66—2011[9]，2011年11月1日正式实施。

2011年3月，《钢管混凝土拱桥技术规范》列入国家建设标准的制定任务，由福州大学与中建海峡建设发展有限公司（原中建七局三公司）主编，适用范围为公路与城市钢管混凝土拱桥的设计、施工与养护等。在所有参编单位的共同努力下，于2012年形成了报批稿。2013年11月1日发布，2014年6月1日正式实施，标准号为GB 50923—2013[10]。

1.3 国家标准《钢管混凝土拱桥技术规范》编制概况

1.3.1 编制指导思想

国家标准《钢管混凝土拱桥技术规范》GB 50923—2013（为简洁起见，本书中未明确规范名时，用国标或规范指本规范）适用于我国市政工程与各级公路钢管混凝土拱桥的设计、施工与养护。规范中的钢管混凝土拱桥是指以圆形钢管混凝土拱肋为主要承重结构的桥梁。

就一座桥梁而言，其生命周期（life cycle）可分为规划建设期、使用与回收期两大阶段。规划建设期又可分为规划、设计与施工三个阶段，使用与回收期又可分为使用养护期和拆除回收期两个阶段，因此桥梁生命周期又可细分为五个阶段。就桥梁结构来说，设计、施工与养护是其生命周期中最重要的三个阶段。因此，将这三个阶段在同一本规范中考虑，有利于以生命周期的角度，全面、一致、协调地提出各个阶段的技术要求。为此，编制组的构成中包括了在钢管混凝土拱桥研究、设计、施工和养护等各个方面具有丰富经验的单位与人员。

从1.1节可知，我国钢管混凝土拱桥应用于公路和市政桥梁的占总数的87.9%。从现有的桥梁标准体系来看，虽然分为公路桥梁与城市桥梁两大体系，但二者相差不大且以公路桥梁的规范更为齐全，因此，将公路和城市钢管混凝土拱桥技术规范置于同一本规范中是可行的，也是合适的。为此，在规范编制单位构成时，公路部门和市政部门单位都有，这也有利于集中我国钢管混凝土拱桥的技术力量，来编好这本规范。

作为以钢管混凝土拱桥为主要对象的技术规范，其内容以这种桥型与其他桥型有特殊性的钢管混凝土拱肋、吊索、系杆索的内容为主，对于桥梁上部结构的桥面系、下部结构、基础以及桥梁附属结构等，已有成熟的行业规范，则要求根据工程性质，分别满足公路或城市桥梁相关规范的要求。

对于具体的桥梁对象，本规范适用的对象为以圆形钢管混凝土拱肋为主要承重结构的桥梁。钢管混凝土有圆形截面、方形截面和其他形式截面。圆形钢管混凝土由于平面形状为轴对称，受力性能好，钢管加工容易，因而在钢管混凝土拱桥中应用最广泛，理论研究与工程应用较为成熟。

1.3.2 规范的主要内容

本规范主要技术内容包括：总则、术语和符号、材料、基本规定、持久状况承载能力极限状态计算、持久状况正常使用极限状态计算、结构与构造、钢管拱肋制造、焊接施工、防腐涂装施工、钢管拱肋架设、管内混凝土的浇注、其他构造施工、养护等，共14章。这14章大致可分为通用部分、设计、施工和养护四大部分。

第1章至第3章，分别为总则、术语和符号、材料，可归入通用部分中。

第4章至第7章，分别为基本规定、持久状况承载能力极限状态计算、持久状况正常使用极限状态计算、施工阶段计算、结构与构造，以钢管混凝土拱桥设计为主。其中，第4章的基本规定，不仅与设计有关，也将施工与养护的一些基本规定纳入其中。

第8章至第13章，分别为钢管拱肋制造、焊接施工、防腐涂装施工、钢管拱肋架设、管内混凝土的浇筑和其他构造施工，以钢管混凝土拱桥的施工为主。

第14章为钢管混凝土拱桥养护。

从具体内容来看，规范主要针对的是钢管混凝土拱桥中的钢管混凝土拱肋等特殊结构，其他结构，如桥面系、墩台与基础等钢结构、钢筋混凝土结构、预应力混凝土结构、圬工结构的设计计算与验算，应符合公路或城市桥梁的相应的设计、施工与养护规范标准的要求，如《公路桥涵钢结构及木结构设计规范》JTJ 025、《公路圬工桥涵设计规范》JTG D61、《公路钢筋混凝土及预应力混凝土桥涵设计规范》JTG D62和《公路桥涵地基与基础设计规范》JTG D63等。材料和施工质量验收应符合《钢结构工程施工质量验收规范》GB 50205、《混凝土结构工程施工质量验收规范》GB 50204、《公路工程质量检验评定标准》JTG F80/1和《城市桥梁工程施工与质量验收规范》CJJ 2等的要求。

本规范的内容均是基于近20年来国内外钢管混凝土拱桥理论研究成果和工程实践经验所提出的较为成熟的设计方法和最基本的施工、养护技术要求。当实际工程中钢管混凝土拱桥的受力状况、材料性能、施工、养护方法等基本技术条件与本规范的编制依据有出入时，则需根据具体情况通过试验分析或专项科研等方式加以解决。

1.3.3 关于强制性条文

国家标准《钢管混凝土拱桥技术规范》GB 50923—2013中强制性条文有两条，分别为第7.4.1条和第7.5.1条，即：

7.4.1 钢管混凝土拱桥的吊索与系杆索必须具有可检查、可更换的构造与措施。

7.5.1 中承式和下承式拱桥的悬吊桥面系应采用整体性结构，以横梁受力为主的悬吊桥面系必须设置加劲纵梁，并应具有一根横梁两端相对应的吊索失效后不落梁的能力。

这两条强制性条文是根据我国钢管混凝土拱桥的工程实践经验总结出来的。我国中、下承式拱桥过去多采用以横梁受力为主且无加劲纵梁的桥道系，已发生了多起吊索破坏后车辆、横梁和桥面板坠落的严重后果。造成这种严重事故的主要原因，一是索的破断，二是桥面系强健性不足。

吊索与系杆索的使用寿命小于主结构且为易损构件，因此，除了在设计中应采取防水、防腐构造与措施外，必须具有可检修性与可更换性。因此，提出第7.4.1条的强制性规定。

第7.5.1条则是基于结构强健性的要求而提出的，它是为防止偶然作用下或因局部构件破坏而产生严重破坏后果的重要保证。

1.4 本书主要内容

本书主要涉及《钢管混凝土拱桥技术规范》中的设计计算部分，后述共有九章，以规范编制过程中所进行的有关专题研究内容为主。

每章先介绍计算方法，除了规范中给出的公式与算法外，有些还给出了更加具体的计算公式；随后介绍规范对这一计算方法采用的理由，这部分以规范编制时的专题研究资料为主，当有多种计算方法时还进行了一定的比较分析。当介绍《规范》中的公式时，公式号为《规范》中的公式号，以【 】表示。对于非《规范》中的公式，则采用本书连续统一的公式号，以（ ）表示。

本书共分10章。

第1章"概述"，主要介绍钢管混凝土拱桥应用、钢管混凝土拱桥技术标准发展和国家标准《钢管混凝土拱桥技术规范》的主要构成，为钢管混凝土拱桥的设计计算应用打下基础。

第2章至第10章，主要针对钢管混凝土拱桥设计计算中的拱肋部分，介绍的顺序以国家规范的章节顺序为主。其中，第2章至第4章，主要介绍国标第4章中的几个关键问题。

第2章和第3章对国标4.2节钢管混凝土拱桥有别于其他桥梁的作用计算中的冲击系数和温度作用进行介绍。第2章介绍了冲击系数的研究情况和可供估算的钢管混凝土拱桥一阶竖向频率公式及其来源。第3章则介绍了钢管混凝土拱肋的计算合龙温度与有效温度的研究。

第4章主要介绍在设计计算中要用到的钢管混凝土拱肋的设计计算刚度和毛截面刚度，它是国标4.3节的重要内容之一。

第5章至第9章，主要介绍国标第5章有关钢管混凝土拱肋的"持久状况承载能力极限状态计算"的内容。

第5章介绍钢管混凝土单圆管截面承载力计算。圆形钢管混凝土构件是钢管混凝土拱肋的基本单元。为保证结构的安全，无论是在单管截面，还是哑铃形和桁式截面中，均要对圆钢管混凝土构件进行承载力验算。因此，它是国标承载力计算方法的基础内容，也是本书后面章节介绍的基础内容。此外，对于工程中常见的钢管与管内混凝土脱粘现象，国标中对其承载力进行了折减，本章对这一问题的研究也进行了介绍。

第6章介绍钢管混凝土哑铃形、格构短柱极限承载力计算，它包括轴压短柱和偏压短柱。与房屋建筑中以单圆管截面为主不同，钢管混凝土拱桥，特别是大跨度桥梁中，常用哑铃形和桁式截面（格构），因此，国标中对其承载力计算作了详细的规定。

第 7 章为"钢管混凝土柱稳定计算"，介绍单圆管、哑铃形和格构柱的稳定极限承载计算。

第 8 章"钢管混凝土拱整体稳定计算"，介绍拱的空间稳定计算和面内极限承载力的计算。空间计算主要采用分支屈曲失稳的求特征值法，面内极限承载力则采用等效梁柱法。本章在介绍这两种方法的同时，还对稳定的基本问题进行了分析，以澄清一些不正确的认识。

第 9 章介绍钢管混凝土拱的初应力对承载力影响的研究。钢管混凝土拱肋施工时一般先架设空钢管拱肋，后灌管内混凝土，空钢管在组合结构形成前要承受一定的初应力，它会降低结构的稳定承载力。

第 10 章介绍钢管混凝土的收缩与徐变问题，涉及设计计算的多个方面，在国标中的第 4～第 6 章都有出现，因此放在最后一章介绍。管内混凝土的收缩徐变会引起截面的应力重分布，也会产生附加挠度，并在超静定结构中产生附加内力。徐变还会引起结构刚度的降低，进而影响结构的稳定承载力。

第 1 章参考文献

[1] 陈宝春，刘福忠，韦建刚. 327 座钢管混凝土拱桥的统计分析 [J]. 中外公路，31（3），2011 年 6 月：96—103
[2] 陈宝春，叶琳. 我国混凝土拱桥现状调查与发展方向分析 [J]. 中外公路，2008，28（2）：89-96
[3] 中华人民共和国行业标准 JTG/T D65，钢管混凝土拱桥设计规范 [S]（报批稿）
[4] 中华人民共和国行业标准 JTJ 041—2000，公路桥涵施工技术规范 [S]
[5] 中华人民共和国行业标准 JTJ/T F50—2011，公路桥涵施工技术规范 [S]
[6] 中华人民共和国行业标准 JTJ 071—94，公路工程质量检验评定标准 [S]
[7] 中华人民共和国行业标准 JTJ 071—97，公路工程质量检验评定标准 [S]
[8] 福建省工程建设地方标准 DBJ/T 13-136—2011，钢管混凝土拱桥技术规程 [S]
[9] 重庆市公路工程行业标准 CQJTG/T D66—2011，公路钢管混凝土拱桥设计规范 [S]
[10] 中华人民共和国国家标准 GB 50923—2013，钢管混凝土拱桥技术规范 [S]

第 2 章 钢管混凝土拱肋汽车荷载冲击系数计算

2.1 计算内容与方法

冲击系数是桥梁结构设计计算的一个重要参数。研究表明，钢管混凝土拱桥桥面系的汽车荷载冲击系数与钢管混凝土拱肋的汽车荷载冲击系数不尽相同。桥面系的汽车荷载冲击系数，可根据桥面结构特性按《公路桥涵设计通用规范》JTG D60—2004[1]的规定计算。规范 4.2.2 条给出的是钢管混凝土拱肋的汽车荷载冲击系数计算公式，它以桥梁的一阶竖向频率为主要参数。此外，在条文说明中，介绍了无精确计算值时，钢管混凝土拱桥一阶竖向频率的简化预估计算公式，可供初设等估算时参考。

2.1.1 钢管混凝土拱肋冲击系数计算公式

钢管混凝土拱肋的汽车荷载冲击系数 μ_0，可按下式计算：

$$\mu_0 = 0.05736 f_0 + 0.0748 \qquad 【4.2.2】(2.1\text{-}1)$$

式中：f_0——钢管混凝土拱桥的一阶竖向频率（Hz）。

2.1.2 钢管混凝土拱桥一阶竖向频率计算公式

当采用式【4.2.2】(2.1-1) 计算冲击系数时，需要确定钢管混凝土拱桥一阶竖向基频。钢管混凝土拱桥一阶竖向基频可以很容易地通过有限元分析获得，但是，在初步设计中计算模型尚未建立，此时，可以应用预估钢管混凝土拱桥一阶竖向频率的简易计算公式。对于跨径为 80～300m 的钢管混凝土拱桥，国标的规范条文说明中建议可以采用如下公式进行估算：

$$f_0 = 133/L \qquad (2.1\text{-}2)$$

式中：f_0——面内一阶反对称频率（Hz）；

L——钢管混凝土拱桥计算跨径（m）。

2.1.3 算例

广州丫髻沙大桥主桥为 76m+360m+76m 三跨中承式钢管混凝土刚架系杆拱桥。

按式 (2.1-2) 计算钢管混凝土拱桥主跨一阶竖向频率：

$$f_0' = 133/L = 133/360 = 0.370 \text{Hz}$$

按式 (2.1-1) 计算拱肋冲击系数：

$$\mu_0' = 0.05736 f_0' + 0.0748 = 0.05736 \times 0.370 + 0.0748 = 0.096$$

根据"广州东南西环丫髻沙特大桥主桥 2009 年检查检测及荷载试验报告"，丫髻沙大桥一阶竖向频率实测值为 0.460Hz，冲击系数为 0.1。

计算值与实测值相比较，求得一阶竖向频率相对误差为：

$$\delta f_0 = (0.460 - 0.370)/0.460 = 0.196$$

以及拱肋冲击系数相对误差为：

$$\delta u_0 = (0.1 - 0.096)/0.1 = 0.04$$

相对误差值不大。

2.2 钢管混凝土拱肋冲击系数

2.2.1 钢管混凝土拱桥拱肋冲击系数实测值

为开展钢管混凝土拱肋冲击系数研究,在文献[2]的基础上,继续收集实桥测试资料[3-15],共得到39座实桥的冲击系数实测值,见表2.2-1。

钢管混凝土拱桥冲击系数统计表　　　　表2.2-1

序号	桥名	跨径(m)	形式	面内频率(Hz)	冲击系数
1	福安群益大桥	46	中承式	1.619	0.199
2	福鼎新桐山桥(边)	51	下承式刚架系杆拱	2.660	0.190
3	皋港引河大桥	52	下承式	3.130	0.280
4	武平县东门大桥	58	中承式	2.540	0.410
5	汕头市某系杆拱桥	66	中承式	2.930	0.190
6	绵江大桥	70.6	下承式	1.840	0.200
7	西塘大桥	72	下承式	1.677	0.120
8	福鼎新桐山桥(主)	75	下承式刚架系杆拱	1.720	0.270
9	福鼎山前大桥	80	下承式刚架系杆拱	2.341	0.210
10	泉州百崎湖大桥	80	下承式刚架系杆拱	1.904	0.210
11	福州解放大桥	80	中承式	1.470	0.205
12	安溪兰溪大桥	80	下承式刚架系杆拱	1.620	0.208
13	松原市世纪彩虹桥	85	中承式	1.950	0.091
14	赵家沟大桥	88	下承式	1.560	0.100
15	安溪铭选大桥	90	中承式	2.620	0.421
16	四川省洪雅县青衣江洪州大桥	100	中承式	0.810	0.135
17	新金钢桥	101	中承式	4.050	0.260
18	安宁河桥	110	中承式	2.040	0.390
19	公伯峡黄河大桥	128	中承式	1.033	0.160
20	成都市府河桥	130	中承式	0.967	0.130
21	青龙场立交桥	132	下承式刚架系杆拱	1.030	0.140
22	宁波长丰大桥	132	梁拱组合结构	1.330	0.320
23	石潭溪大桥	136	中承式	0.898	0.160
24	乌江二桥	140	中承式	0.742	0.089
25	瀑布沟大桥	140	中承式	1.294	0.414
26	漳州西洋坪大桥	150	飞鸟式	1.271	0.180
27	长春伊通河桥	158	飞鸟式	1.650	0.450
28	九畹溪大桥	160	上承式	0.637	0.084
29	金华双龙大桥	168	中承式	0.558	0.112
30	桂林石家渡漓江大桥	176.8	中承式	0.700	0.090
31	朝阳市东大桥	180	中承式	1.080	0.173

续表

序号	桥 名	跨径（m）	形 式	面内频率（Hz）	冲击系数
32	合川市合阳嘉陵江大桥	200	中承式	0.552	0.056
33	月亮岛大桥	202	下承式系杆拱	0.630	0.064
34	日本新西海桥	240	中承式	0.640	0.176
35	武汉汉江五桥	240	飞鸟式	0.600	0.250
36	宜宾金沙江戎州大桥	260	中承式	0.615	0.170
37	武汉汉江三桥	280	下承式刚架系杆拱	0.490	0.290
38	南宁永和桥	335.4	中承式	0.550	0.070
39	丫髻沙大桥	360	飞鸟式	0.430	0.100

2.2.2 现有冲击系数计算方法

桥梁结构冲击系数的计算公式分为两类：一类为与桥梁跨径有关的计算公式，另一类为与桥梁的振动频率有关的计算公式。

2.2.2.1 与桥梁跨径有关的计算公式

一般来说，跨径越大，刚度越小，对荷载的缓冲作用越强，近似地认为冲击力与计算跨径成反比，绝大多数国家桥梁设计规范中的冲击系数公式采用桥梁跨径 L 的递减函数的冲击系数公式。

(1)《公路桥涵设计通用规范》JTJ 021—89[16]的混凝土桥梁的冲击系数

当 $L \leqslant 5\text{m}$ 时，　　　　　$\mu_0 = 0.3$

当 $5\text{m} < L < 45\text{m}$ 时，　　$\mu_0 = 0.3 \cdot \dfrac{45-L}{40}$ 　　　　(2.2-1)

当 $L \geqslant 45\text{m}$ 时，　　　　$\mu_0 = 0$

(2)《公路桥涵设计通用规范》JTJ 021—89[16]的钢梁桥的冲击系数

$$\mu_0 = \frac{15}{37.5+L} \quad (2.2\text{-}2)$$

(3)《铁路桥涵设计基本规范》TB 10002.1—2005[17]简支或连续的钢桥跨结构的冲击系数

$$\mu_0 = \frac{28}{40+L} \quad (2.2\text{-}3)$$

式中：L——桥梁跨径（m）。

式（2.2-1）~式（2.2-3）表示的冲击系数与跨径的关系见图 2.2-1。由图 2.2-1 可以看出，《公路桥涵设计通用规范》JTJ 021—89 中混凝土桥梁的冲击系数最小，《公路桥涵设计通用规范》JTJ 021—89 中钢桥的冲击系数与《铁路桥涵设计基本规范》TB 10002.1—2005 中钢桥的冲击系数相近，后者略大于前者。

将表 2.2-1 中各桥的实测冲击系数也画在图 2.2-1 中，且将以上各规范的计算值与实测值的差值进行比较统计于表 2.2-2。由图 2.2-1 可以看出，所有的点均在式（2.2-1）之上，也就是说，采用《公路桥涵设计通用规范》JTJ 021—89 混凝土桥梁的冲击系数将明显小于钢管混凝土拱桥实际的冲击系数。对于另二种算法，除少数实测值与计算结果相近外，大部分均相差较大。

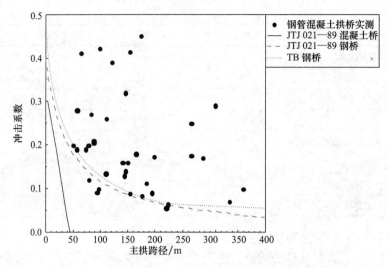

图 2.2-1　冲击系数（按跨径计算）与主拱跨径关系曲线

冲击系数计算值（按跨径计算）与实测值比值统计分析表　　　　表 2.2-2

规　范	均　值	方　差
JTJ 021—89 混凝土桥梁	/	/
JTJ 021—89 钢梁桥	0.61	0.80
TB 10002.1—2005 钢桥跨结构	1.12	0.48

注：JTJ 021—89 中混凝土桥梁当跨径大于 45m 时，冲击系数取为 0，而表 2.2-1 所收集的钢管混凝土拱桥桥例的跨径均大于 45m，因此，按规范的取值均为 0，与实测值无法比较，所以表中未列。

(4) 黄东洲提出的冲击系数[18]

文献 [18] 中分析了 7 座不同跨径的钢管混凝土拱桥，跨径从 20m 变化至 200m，车速从 24km/h 变化到 120km/h，桥面不平整度模拟为一各态历经均值为零的平稳随机过程，并假设为"好"的状态。在大量数值分析的基础上提出了主拱的轴力与弯矩冲击系数的近似计算公式，见式 (2.2-4) 和式 (2.2-5)。

主拱轴力冲击系数及跨中弯矩冲击系数：

当 $L > 80m$ 时　　　　　　$\mu_0 = 0.15$ 　　　　　　(2.2-4)

当 $L \leqslant 80m$ 时　　$\mu_0 = 0.25 - 0.00166(L-20)(\leqslant 0.25)$

主拱拱脚弯矩冲击系数：

当 $L \leqslant 80m$ 时　　　　$\mu_0 = 0.33 + 0.21f/L(\leqslant 0.4)$

当 $80 < L \leqslant 140m$ 时　$\mu_0 = 0.6636 - 0.00417 + 0.21f/L$　　　(2.2-5)

当 $L \geqslant 140m$ 时　　　　$\mu_0 = 0.08 + 0.21f/L$

式中：f——主拱的矢高；

L——主拱的跨径。

对于 1/4 分点的弯矩冲击系数可取支点与跨中弯矩冲击系数的平均值。

由图 2.2-2 可以看出对轴力和弯矩采用不同的冲击系数显然更易于使计算结果符合实际桥梁情况，且上述公式中不仅考虑了跨径，还考虑了拱的矢高这一拱结构的特征几何参数，是一种更趋于精确计算拱的冲击系数的计算方法。然而，这种计算方法也使得计算较为复杂，不便于实际工程的应用，也与现行的桥梁设计规范提供的方法衔接性较差。

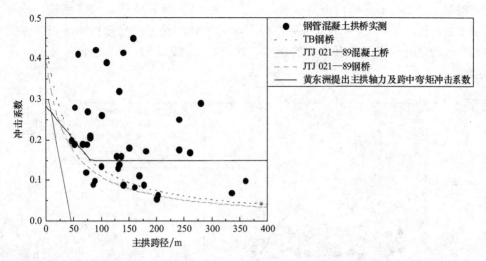

图 2.2-2　冲击系数（频率计算）与主拱跨径关系曲线

(5) 严志刚提出的冲击系数[19]

文献 [19] 通过大量大跨度中承式钢管混凝土拱桥的动力分析，回归得到不同等级桥面下反对称振型共振和对称振型共振的挠度与弯矩的冲击系数经验计算公式，见式（2.2-6）。公式中包含了桥面不平度等级和计算跨径的参数。

反对称振型共振挠度冲击系数　　$\mu_0 = a_1 - \dfrac{(|L - L_{cr}|)^{a_2}}{L_{cr}^2} - 1$

反对称振型共振弯矩冲击系数　　$\mu_0 = b_1 - \dfrac{(|L - L_{cr}|)^{b_2}}{L_{cr}^2} - 1$　　　　(2.2-6)

对称振型共振挠度冲击系数　　　$\mu_0 = c_1 - \dfrac{(|L - L_{cr}|)^{c_2}}{L_{cr}^2} - 1$

对称振型共振弯矩冲击系数　　　$\mu_0 = d_1 - \dfrac{(|L - L_{cr}|)^{d_2}}{L_{cr}^2} - 1$

式中：$a_1, a_2, b_1, b_2, c_1, c_2, d_1, d_2$——与桥面不平度等级有关的系数，按表 2.2-3 取值；

　　　L_{cr}——拱桥临界跨径，按表 2.2-3 取值；

　　　L——主拱计算跨径。

严志刚提出的钢管混凝土拱桥的冲击系数公式的参数取值　　表 2.2-3

桥面等级	a_1	a_2	L_{cr}(m)	b_1	b_2	L_{cr}(m)	c_1	c_2	L_{cr}(m)	d_1	d_2	L_{cr}(m)
很好	1.16	1.5	200	1.28	1.7	200	1.42	2.05	225	1.85	2.05	200
好	1.3	1.8	200	1.42	1.8	200	1.45	1.95	210	1.8	2.1	215
一般	1.4	1.8	200	1.88	2.13	220	1.55	2	220	2.55	2.25	225
差	2.25	2.2	225	3.45	2.4	225	2.63	2.3	220	3.65	2.25	215
很差	2.65	2.25	225	3.9	2.4	237	2.65	2.3	230	4.95	2.4	220

同黄东洲提出的计算方法一样，严志刚提出的以上计算方法考虑的因素也多于现行的规范算法，引入了桥面不平度。大量的工程实践和研究均表明，汽车荷载的冲击系数与桥面的不平度是相关的。因此，上述方法更适用于已建桥梁的承载力计算时采用。而对于新

设计的桥梁,显然难以界定桥面的不平度,或者只能设定为好或很好的桥面等级。设定 39 座钢管混凝土拱桥桥面等级均为好或差,按式(2.2-6)计算的结果与实测值的比较,分别见图 2.2-3 和图 2.2-4。从图中可见,桥面等级为好的状态拟合较桥面等级为差的计算结果稍好,但还是与实测值有较大的误差。此外,式(2.2-6)计算也偏于复杂,不利于工程应用。

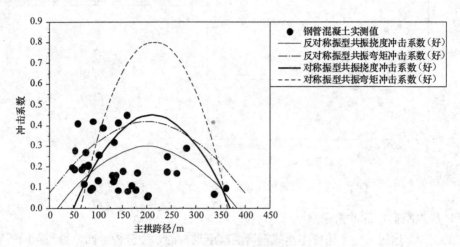

图 2.2-3　冲击系数实测值与式(2.2-6)计算值(假定桥面等级为好)比较图

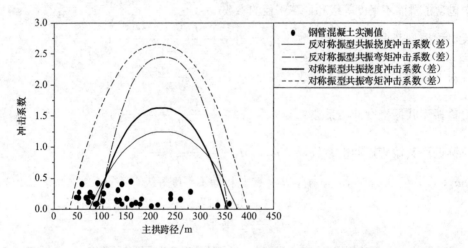

图 2.2-4　冲击系数实测值与式(2.2-6)计算值(假定桥面等级为差)比较图

2.2.2.2　与桥梁竖向基频有关的计算公式

(1)《公路桥涵设计通用规范》JTG D60—2004[1]

JTG D60—2004 采用桥梁上部结构的竖向基频 f_0 来进行冲击系数的计算公式,不再以桥梁跨径为参数、区分桥梁结构类型来计算,见式(2.2-7)。

当 $f_0 < 1.5\,\text{Hz}$ 时,　　　　　　$\mu_0 = 0.05$

当 $1.5\,\text{Hz} \leqslant f_0 \leqslant 14\,\text{Hz}$ 时,$\mu_0 = 0.1767\ln f_0 - 0.0157$　　　(2.2-7)

当 $f_0 > 14\,\text{Hz}$ 时,　　　　　　$\mu_0 = 0.45$

式中:f_0——结构一阶竖向频率(Hz)。

(2)《钢管混凝土拱桥技术规程》DBJ/T 13-136—2011[19]

DBJ/T 13-136—2011 在编制过程中，通过统计 12 座钢管混凝土拱桥实测冲击系数，提出了汽车荷载的冲击系数计算公式，参见式（2.2-1）。

重庆市公路工程行业标准《公路钢管混凝土拱桥设计规范》CQJTG/T D66—2011[20] 未对钢管混凝土拱的冲击系数进行专门的规定，意味着直接采用《公路桥涵设计通用规范》JTG D60—2004 的计算方法。

在国标制定过程中，进一步收集了资料，得到 39 座钢管混凝土拱桥冲击系数和一阶竖向频率（参见表 2.2-1），根据钢管混凝土拱桥实测冲击系数（跨度 45～360m）和实测频率（0.43～2.66Hz），回归分析发现，其冲击系数与一阶竖向频率之间的关系仍然满足福建省工程建设地方标准《钢管混凝土拱桥技术规程》DBJ/T 13-136—2011 提供的计算公式给出的规律，因此国标的冲击系数计算公式继续采用该式，即式【4.2.2】(2.1-1)。

将表 2.2-1 中的冲击系数与一阶竖向频率的结果与式（2.2-7）和式【4.2.2】(2.1-1) 的计算结果绘成图 2.2-5，并对计算结果与实测进行数理统计分析。从图 2.2-5 可以看出，按照《公路桥涵设计通用规范》JTG D60—2004 公式计算得到的钢管混凝土拱桥的冲击系数偏小，与实测值相比的均值为 0.49，方差为 0.90。这是由于该公式是从 6～45m 的钢筋混凝土简支梁桥实测值回归得到的，采样的梁桥基频较高，但是钢管混凝土拱桥跨度大，结构体系较柔，其基频相对较低，因此，《公路桥涵设计通用规范》JTG D60—2004 规定的冲击系数的计算公式并不完全适用于钢管混凝土拱桥的主拱计算。而式【4.2.2】(2.1-1) 计算结果与实测值相比的均值为 1.02，方差为 0.414，预测结果明显高于式（2.2-7）。详见表 2.2-4。

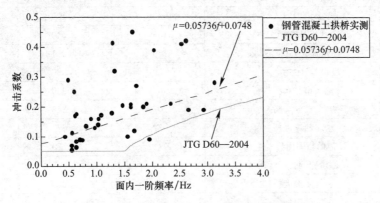

图 2.2-5　冲击系数与一阶竖向频率关系曲线

冲击系数计算值（按频率计算）与实测值比值统计分析表　　　表 2.2-4

规　范	均　值	方　差
《公路桥涵设计通用规范》计算公式	0.49	0.90
国标计算公式	1.02	0.414

2.3　钢管混凝土拱桥一阶竖向频率估算公式

式【4.2.2】(2.1-1) 是以钢管混凝土拱的一阶竖向频率为参数计算的，它与桥梁结

第2章 钢管混凝土拱肋汽车荷载冲击系数计算

构的许多参数有关，但研究表明其最主要的影响参数是桥梁的跨径。为了便于初步设计对冲击系数进行快速的估算，DBJ/T 13-136—2011[19]在编制过程中，统计了30座钢管混凝土拱桥一阶竖向频率与跨径的关系，得出式（2.1-2）。

在国标制定过程中，进一步收集了资料，得到61座钢管混凝土拱桥的一阶竖向频率与跨径的数值（见表2.3-1），回归分析表明，式（2.1-2）具有足够的精度。表2.3-1计算值与实测值差值的均值为−0.140，差值不大，结合图2.3-1可以看出，虽然钢管混凝土拱桥一阶竖向频率不仅与主拱跨径有关，还与矢跨比、拱肋刚度、桥道系刚度、拱肋的横向连接系的形式、数量及位置等都有关，但是，采用该公式进行钢管混凝土拱桥一阶竖向频率的估算已具有较高的精度。见表2.3-2，图2.3-2。

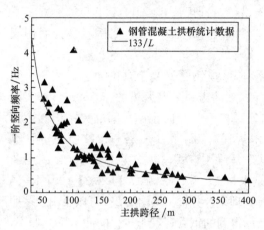

图 2.3-1 一阶竖向频率与主拱跨径关系曲线

一阶竖向频率统计表 表 2.3-1

序号	桥名	跨径（m）	一阶竖向频率	$133/L$ 计算值
1	福安群益大桥	46	1.619	2.891
2	福鼎新桐山桥（边）	51	2.660	2.608
3	皋港引河大桥	52	3.130	2.558
4	武平县东门大桥	58	2.540	2.293
5	福州解放大桥_span1	59	2.281	2.254
6	福州解放大桥_span2	59	2.530	2.254
7	汕头市某系杆拱桥	66	2.930	2.015
8	绵江大桥	70.6	1.840	1.884
9	西塘大桥	72	1.677	1.847
10	福鼎新桐山桥（主）	75	1.720	1.773
11	德清德桐公路运河桥	75	2.395	1.773
12	庙沟大桥	76	1.250	1.750
13	福鼎山前大桥	80	2.341	1.663
14	泉州百崎湖大桥	80	1.904	1.663
15	福州解放大桥	80	1.470	1.663
16	安溪兰溪大桥	80	1.620	1.663
17	松原市世纪彩虹桥	85	1.950	1.565
18	西宁北川河桥	90	2.002	1.478
19	安溪铭选大桥	90	2.620	1.478
20	依兰牡丹江大桥	100	1.693	1.330
21	四川省洪雅县青衣江洪州大桥	100	0.810	1.330
22	新金钢桥	101	4.050	1.317
23	宜春袁州大桥	101.4	1.263	1.312
24	潮白河大桥	108	1.004	1.231

2.3 钢管混凝土拱桥一阶竖向频率估算公式

续表

序 号	桥 名	跨径（m）	一阶竖向频率	133/L 计算值
25	文惠桥	108	1.206	1.231
26	安宁河桥	110	2.040	1.209
27	莲沱河特大桥	114	1.040	1.167
28	新安江大桥	120	1.033	1.108
29	江弯大桥	120	0.933	1.108
30	公伯峡黄河大桥	128	1.033	1.039
31	成都市府河桥	130	0.967	1.023
32	青龙场立交桥	132	1.030	1.008
33	宁波长丰大桥	132	1.330	1.008
34	石潭溪大桥	136	0.898	0.978
35	浑河长青桥	140	1.251	0.950
36	乌江二桥	140	0.742	0.950
37	瀑布沟大桥	140	1.294	0.950
38	沙河特大桥主桥	146	1.077	0.911
39	深圳北站大桥	150	0.550	0.887
40	瓷都大桥	150	1.270	0.887
41	漳州西洋坪大桥	150	1.271	0.887
42	长春伊通河桥	158	1.650	0.842
43	黄柏河大桥	160	1.220	0.831
44	天津彩虹桥	160	1.070	0.831
45	九畹溪大桥	160	0.637	0.831
46	黑石铺湘江大桥	162	1.013	0.821
47	金华双龙大桥	168	0.558	0.792
48	桂林石家渡漓江大桥	176.8	0.700	0.752
49	朝阳市东大桥	180	1.080	0.739
50	三山西大桥	200	0.655	0.665
51	合川市合阳嘉陵江大桥	200	0.552	0.665
52	月亮岛大桥	202	0.630	0.658
53	龙潭河大桥	208	0.799	0.639
54	河南总干渠大桥	225	0.525	0.591
55	象山铜瓦门大桥	238	0.737	0.559
56	江汉五桥	240	0.724	0.554
57	日本新西海桥	240	0.640	0.554
58	武汉汉江五桥	240	0.600	0.554
59	健跳大桥	245	0.725	0.543
60	青干河大桥	256	0.500	0.520
61	宜宾金沙江戎州大桥	260	0.615	0.512
62	三岸邕江大桥	270	0.518	0.493
63	江汉三桥	280	0.210	0.475
64	武汉汉江三桥	280	0.490	0.475
65	梅溪河大桥	288	0.450	0.462
66	南宁永和桥	335.4	0.550	0.397
67	丫髻沙大桥	360	0.430	0.369
68	巫峡长江大桥	400	0.350	0.333

面内基频规范计算值与实测值的比较统计表　　　　表2.3-2

规范	均值
估算式【4.2.2】(2.1-1)	0.97

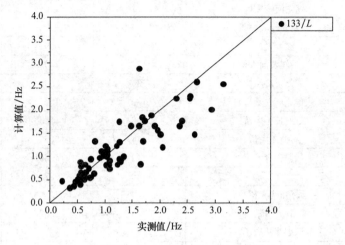

图2.3-2　估算式【4.2.2】(2.1-1)与实测值对比

第2章参考文献

[1] 中华人民共和国行业标准JTG D60—2004，公路桥涵设计通用规范[S]

[2] 孙潮，吴庆雄，陈宝春. 钢管混凝土拱桥车振性能分析[J]. 公路交通科技，2007，24（12）：54-59

[3] 吴庆雄，黄宛昆，陈宝春. 中、下承式钢管混凝土拱桥面内振动模态分析[J]. 工程力学，2012，29（11）：221-227

[4] 陈钒，唐英，杨晓燕. 大跨度中承式钢管混凝土肋拱桥实桥实验研究[J]. 四川建筑，2004，24（6）：81-86

[5] 李岩，陈彦江，黄新艺. 大跨异形钢管混凝土拱桥车载冲击效应分析[J]. 哈尔滨工业大学，2010，42（1）：109-114

[6] 陈友杰，吴庆雄，孙潮，陈宝春. 钢管—钢管混凝土复合拱桥的车桥共振分析[J]. 福州大学学报（自然科学版），2005，33（2）：207-211

[7] 张宏斌，宋广君，张哲，孔宪京. 模态分离法在拱桥动载实验中的应用[J]. 公路交通科技，2005，22（1）：66-68

[8] 蒋月琴. 中承式钢管混凝土拱桥动力特性分析[J]. 交通信息与安全，2009，27（5）：170-179

[9] 张鹤，张治成，谢旭等. 月牙形多拱肋钢管混凝土桁架拱桥动力冲击系数研究[J]. 工程力学，2008，25（7）：118-124

[10] 谢开仲，陈光强，韦立林等. 中承式钢管混凝土拱桥静动载实验[J]. 兰州理工大学学报，2008，31（6）：111-114

[11] 汤国栋，谢玲玲，罗加福等. 中承式无横撑集束钢管混凝土平行肋拱桥[J]. 公路，2001，（2）：1-5

[12] 张宏斌，杜晓光，李杰. 朝阳凌凤钢管混凝土拱桥荷载试验[J]. 辽宁交通科技，2006，（2）：

54-56

[13] 王巍. 中承式钢管混凝土桁式拱桥施工控制与承载力评定 [J]. 交通标准化, 2004, 129 (4): 43-47

[14] 汤国栋, 谢玲玲, 罗加福, 廖光明, 李睿, 袁慧芳, 宋金来. 中承式无横撑集束钢管混凝土平行肋拱桥 [J]. 公路, 2011, 2: 1-5

[15] 施洲, 蒲黔辉, 佘川. 瀑布沟钢管混凝土拱桥的动力性能研究 [J]. 中南公路工程, 2005, 30 (1): 66-68

[16] 中华人民共和国行业标准 JTJ 021—89, 公路桥涵设计通用规范 [S]

[17] 中华人民共和国行业标准 TB 10002.1—2005, 铁路桥涵设计基本规范 [S]

[18] 黄东洲. 钢管混凝土拱桥冲击系数的实用计算方法 [J]. 第十六届全国桥梁学术会议集（下册）, 2004: 387-395

[19] 严志刚. 大跨度中承式钢管混凝土拱桥车辆荷载作用下动力分析 [D]. 博士学位论文, 哈尔滨: 哈尔滨工业大学, 2003, 7

[20] 福建省工程建设地方标准 DBJ/T 13-136—2011, 钢管混凝土拱桥技术规程 [S]

[21] 重庆市公路工程行业标准 CQJTG/T D66—2011, 公路钢管混凝土拱桥设计规范 [S]

第3章 钢管混凝土拱温度作用计算

3.1 计算内容与方法

钢管混凝土拱受温度变化影响将产生变形，由于钢管混凝土拱多为超静定结构，这种变形又会在拱中产生温度次内力。钢管混凝土拱肋截面是由钢和混凝土两种材料组成，又由于两种材料的施工不是同步进行，因此，它与其他拱的温度作用有所不同。这种不同主要体现在截面的温度特性与温度作用（荷载）值上，为此规范特别做了规定。钢管混凝土温度变形与次内力的力学计算方法和其他拱是一样的，本章不进行详细的介绍。

有关钢管混凝土拱桥温度作用的计算规定主要体现在规范条文的第4.2.3条。此外，第11.2.5条和12.1.5条分别对施工中拱肋合龙与灌注管内混凝土有关环境温度提出了要求。

3.1.1 温度作用内力计算方法

根据热胀冷缩的原理，拱肋的截面平均温度相对于基准温度的变化，将引起构件的伸缩变形。对于超静定拱，由于此伸缩变形受到多余约束，因此会在结构中产生附加内力。如图3.1-1（a）所示，设温度变化引起拱轴在水平方向的变位为 Δl_t，则在弹性中心产生一对水平力 H_t。由典型方程得：

$$H_t = \frac{\alpha \cdot l \cdot \Delta t}{\delta_{22}} \tag{3.1-1}$$

式中：Δt——温度变化值，即最高（或最低）温度与合龙温度之差。温度上升时，Δt 和 H_t 均为正；温度下降时，Δt 及 H_t 均为负；

α——材料的线膨胀系数；

l——计算跨径；

δ_{22}——基本结构在 Δl_t 方向的柔度。

钢管混凝土拱肋由钢管与混凝土组成，计算截面均匀温度变化引起的变形时采用组合线膨胀系数。轴线方向的线膨胀系数可按式【4.2.3-1】(3.1-2) 计算：

$$\alpha = \frac{\alpha_s A_s + \alpha_c A_c}{A_s + A_c} \qquad 【4.2.3\text{-}1】(3.1\text{-}2)$$

式中：α_s——钢板（材）线膨胀系数，取 1.2×10^{-5}；

α_c——混凝土材料线膨胀系数，取 1.0×10^{-5}；

A_c——钢管混凝土拱肋中混凝土面积；

A_s——钢管混凝土拱肋中钢管面积。

由温度变化引起拱中任意截面的附加内力可按式（3.1-3）计算。

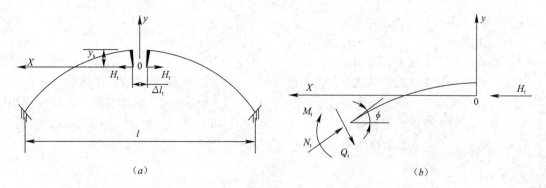

图 3.1-1 温度变形产生的内力
(a) 温度变化引起赘余力计算图式;(b) 温度变化引起拱中的内力

$$\left.\begin{array}{ll}弯矩 & M_t = -H_t y = -H_t(y_s - y_1) \\ 轴向力 & N_t = H_t \cos\varphi \\ 剪力 & Q_t = \pm H_t \sin\varphi\end{array}\right\} \quad (3.1\text{-}3)$$

计算钢管混凝土拱因截面均匀温度变化引起外加变形或约束变形时,应以计算合龙温度 T 为基准温度,考虑最高和最低有效温度的荷载效应。

3.1.2 计算合龙温度

结构温度计算的基准温度是结构受到约束时的结构温度,或者说是结构形成时温度变形为零和超静定结构温度次内力为零时的温度。对于钢拱、石拱、混凝土拱等全截面同时施工的结构,合龙温度即基准温度。然而,钢管混凝土拱肋在施工中钢管与管内混凝土受到约束的时间不同,截面刚度与强度是逐步形成的,因此不存在对应于施工某一时刻(如空钢管拱肋合龙)的基准温度。当混凝土达到强度形成钢管混凝土结构时,受水泥水化热影响和环境温度的影响,已在钢管内和混凝土内累积了应力,拱肋也有了相应的温度变形,因此空钢管的合龙温度不能视为钢管混凝土拱的基准温度,为此应采用计算合龙温度作为基准温度。

所谓计算合龙温度是指以管内混凝土形成强度(也即拱肋形成钢管混凝土组合截面)时所对应的截面平均温度值和温度变形值,反算温度变形为零(对于超静定拱,此时温度次内力为零)时所得的截面平均温度值。

计算合龙温度 T 按式【4.2.3-2】(3.1-4) 计算,也可通过有限元方法计算得出。

$$T = T_{28} + \frac{D - 0.85}{0.2} + T_0 \qquad 【4.2.3\text{-}2】(3.1\text{-}4)$$

式中:T_{28}——钢管内混凝土浇筑后 28d 内的平均气温(℃);

D——钢管外径(m);

T_0——考虑管内混凝土水化热作用的附加升温值,为 3.0~5.0℃,冬季取小值,夏季取大值,混凝土强度等级低于 C40 时,在此基础上减去 1.0℃。

3.1.3 有效温度

最高与最低有效温度可取当地最高与最低气温。

钢管混凝土拱的计算合龙温度、有效温度可根据桥位处的气象资料和桥梁结构由数值计算求得。规范条文给出的简化计算方法与查表取值法综合了福州大学等单位的研究成果。

3.1.4 计算实例

1. 工程概况

群益大桥位于福建省福安市城关，于 1998 年 7 月建成通车。该桥上部结构为一孔净跨 46m、净矢跨比 1/3 的中承式钢管混凝土拱肋。拱轴线为二次抛物线，拱肋断面由 $\phi 800 \times 14$mm 钢管内灌 C30 混凝土形成。桥面以下用 $\phi 600 \times 8$mm 的下横撑和斜撑，桥面上用 $\phi 700 \times 10$mm 的上横撑形成整体。吊杆间距为 4.0m，吊杆由 109 根 $\phi 5$mm 高强钢丝组成，采用 PE 防护。桥道系采用整体现浇。群益大桥总体布置如图 3.1-2 所示。

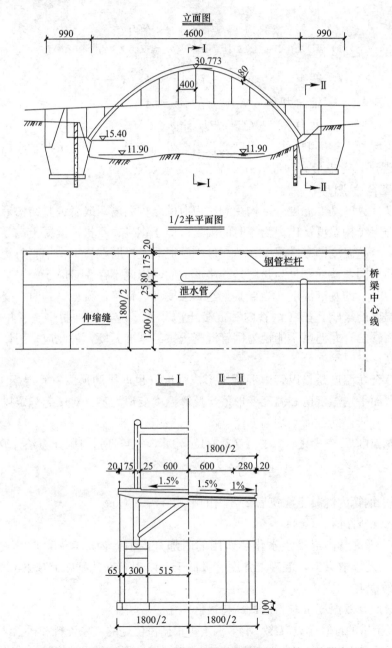

图 3.1-2 群益大桥总体布置图（单位除标高为 m 外，均为 cm）

2. 计算合龙温度

由《钢管混凝土拱桥技术规范》GB 50923—2013 第 4.2.3 条的规定,计算合龙温度按式【4.2.3-2】(3.1-4) 计算。群益大桥于 1998 年 7 月建成,桥址所在地福建省福安市 1998 年 7 月平均气温为 29.1℃,取 $T_{28}=29.1$;钢管外径为 0.8m,$D=0.80$m;附加升温值为夏季合龙,取 5℃,混凝土强度为 C30,故减去 1℃,取 $T_0=4℃$。可得:

$$T = T_{28} + \frac{D-0.85}{0.2} + T_0 = 29.1 + \frac{0.8-0.85}{0.2} + 4 = 32.85℃$$

3. 有效温度

最低有效温度,取福安当地极值低温,为 0℃;

最高有效温度,取福安当地极值高温,为 43.2℃。

4. 计算温差

基准温度为计算合龙温度,为 32.85℃。

升温温差=最高有效温度-基准温度=43.2-32.85=10.35℃;

降温温差=最低有效温度-基准温度=0-32.85=-32.85℃。

3.2 前期研究与 DBJ/T 13-136—2011 的规定

钢管混凝土拱桥在拱肋的材料与组成、截面尺寸、施工方法等多方面都与钢拱桥、混凝土拱桥和圬工拱桥有很大的不同。其温度问题也有着自身的特性。虽然钢管混凝土在建筑结构中已有大量的应用,但建筑结构中关于钢管混凝土结构温度问题的研究,主要是针对火灾等高温作用情况,重点是考虑高温对钢管混凝土结构承载力的影响。而钢管混凝土拱的温度问题,主要是研究在正常使用状态下,受日照、环境温度及水化热等因素共同作用下拱肋的温度场及由此引起的超静定结构温度次内力和非线性温度场引起的温度自应力。其中,截面平均温度变化引起的超静定拱的次内力对结构受力的影响最大,研究开展最多,也较为成熟。然而,在国家标准编制之前,现有的三本有关钢管混凝土拱桥的标准中,仅福建省工程建设地方标准《钢管混凝土拱桥技术规程》DBJ/T 13-136—2011[1](以下简称福建省标)给出了截面平均温度作用计算的内容,而重庆市公路工程行业标准《公路钢管混凝土拱桥设计规范》CQJTG/T D66—2011[2]和交通运输部行业标准《公路钢管混凝土拱桥设计规范》JTG/T D65—2012[3](送审稿)均无相关内容。因此,本节将重点介绍国家标准编制之前的相关研究与福建省标的规定。

3.2.1 计算合龙温度

计算合龙温度与施工过程的拱肋截面温度变化有关,如钢管拱的合龙温度、管内混凝土硬化过程的环境温度及水泥的水化热。

3.2.1.1 施工过程拱肋截面温度场与水泥水化热计算模型研究

文献[4]进行了室外无日照作用的钢管混凝土构件温度场试验,试验实测了从空钢管、浇筑混凝土、混凝土中水化热放热过程到形成钢管混凝土构件共 44 天的温度场。水化热过程的温度场测试表明:空钢管的温度变化与环境温度变化基本同步,但在有日照时钢管温度略高于大气温度;浇筑完管内混凝土后的截面总体温度高于大气温度,并且呈内高外低的分布规律,受水泥水化热的影响,核心混凝土的温度明显高于钢管表面的温度。

文献［5］进行了2个方钢管混凝土试件和2个圆钢管混凝土试件水泥水化阶段截面温度场分布的测试，分析了水泥水化阶段钢管混凝土中核心混凝土温度场的变化规律，得到如下结论：钢管混凝土试件截面各点的温度都是先下降然后持续上升达到峰值，接着急剧下跌直至趋近于室内大气温度；在浇筑完混凝土的初期，钢管混凝土试件截面温度场分布呈现出内高外低的规律，截面中心和外缘的温差较大，且温差随着截面尺寸的增大而增大，试件截面温度明显高于室内大气温度，两者的温差随截面尺寸的增大而增大；钢管混凝土试件截面温度的峰值及峰值区宽度随截面尺寸的增大而增大。

文献［6］进行了一个直径为325mm钢管混凝土模型拱从空钢管合龙、混凝土灌注至最终形成钢管混凝土拱肋整个过程中的结构温度场和温度效应的观测，成型过程温度场观测结果表明：成型过程中，由混凝土水化热引起的结构温度场具有大体积混凝土水化热温度特性，呈现先升温后降温的变化过程，并在拱肋截面上同时产生温度梯度。钢管混凝土拱施工过程中，拱肋的截面温度场除受到环境温度及日照等因素影响外，很大程度上还受到混凝土硬化过程中的水泥水化热的影响。

在数值模型计算时，水化热的放热规律主要体现在水化热计算模型上，水泥水化热的计算模型主要有：指数式、双曲线式和复合指数式[7]。文献［4］水化热模型取指数式。文献［6］、［8］、［9］的计算采用复合指数式。文献［5］对这三种水化热计算模型进行的比较分析表明，指数式、双曲线式和复合指数式水化热模型的计算曲线与实验曲线具有类似的变化规律，总体上，双曲线式水化热模型的计算结果与实验结果最为吻合。但其分析对象是以天为单位的长期温度场，未能体现水化热在一天中各个时刻对截面温度场的影响，实测结果表明，浇筑混凝土后的几天内的各个时刻，水化热对截面温度场均会产生较大的影响。文献［10］计算了浇筑混凝土后一天内各个时刻的温度场，并进行了三种水化热计算模型计算结果与实测结果的比较分析，分析表明：复合指数式水化热模型的计算结果更接近实测值。

3.2.1.2　钢管混凝土拱肋计算合龙温度值研究

文献［4］最早开展了钢管混凝土基准温度的分析，并提出计算合龙温度的概念。分析表明，计算合龙温度与管内开始浇筑混凝土起一个月内的大气平均温度、混凝土中水泥用量、钢管管径、混凝土入仓温度和空钢管合龙温度有关。受水化热的影响，钢管混凝土拱的计算合龙温度高于月平均温度，接近于日平均温度，计算合龙温度取日平均温度较为合理。

文献［6］由成型时拱肋的残余温度内力以及此时的结构温度来推算确定钢管混凝土拱肋计算合龙温度。在具体的计算中，拱肋成型时的结构温度可近似取为管内混凝土灌注后7天的大气平均温度，拱肋残余温度内力则取水化热结束后的残余内力。文献［6］的研究只是针对具体的算例，未能推广进而得到计算合龙温度的普遍取值规律，环境因素也只考虑了环境温度相对恒定的情况，未能考虑日照、风速等因素对温度场的影响。

文献［11］以黑龙江省的钢管混凝土拱桥为分析对象，考虑了日照因素，给出合龙温度的取值建议，即在进行升温计算时，采用浇筑混凝土10天内的平均日气温减去3~5℃作为合龙温度；在进行降温计算时，采用浇筑混凝土10天内的平均日气温加上3~5℃作为合龙温度，如在合龙时日温变化不大，也可将浇筑混凝土10天内的日平均气温值作为合龙温度。该文没有像文献［4］那样通过反算温度内力为零时的计算合龙温度，而是直接通过温度场的分析给出合龙温度取值建议，分析显得粗糙。同时，在拱桥的温度作用计算中，合龙温度是结构的基准温度，从力学概念上来说，它不应该变化。从这一点来说，文献［11］的建议概念不清晰。

为制定福建省标《钢管混凝土拱桥技术规程》DBJ/T 13-136—2011[1]，进一步了解钢管混凝土拱桥的计算合龙温度的主要因素，进而得出更合理的简化取值方法，福州大学在文献［4］、［10］等研究基础上，对一座哑铃形拱和一座桁肋拱又开展了温度场实测，并对不同拱肋开展了计算合龙温度的参数分析。研究结果表明，计算合龙温度与钢管内混凝土浇筑后 28d 内的平均气温直接相关。同时，管内混凝土硬化过程的水化热对其影响也较大，而此项影响与管径（混凝土在截面上的数量）直接相关，管径越大，管内混凝土水化热作用的附加升温值越大。水化热作用还与混凝土等级有一定的关系，水泥量越大，附加温度越高。最后通过大量参数分析，得到了计算合龙温度的估算公式。国家规范的计算合龙温度估算公式采用了与之相同的公式，即式【4.2.3-2】(3.1-2)。

3.2.2 有效温度
3.2.2.1 现有规范的相关规定

有效温度用于计算结构在均匀温度场作用下，相对于基准温度的温度变形与内力，分为最高有效温度和最低有效温度。原《公路桥涵设计通用规范》JTJ 021—89[12]和《铁路桥涵设计基本规范》TB 10002.3—99[13]称之为计算温度，并规定对钢拱桥计算温度取当地最高和最低气温；对于圬工拱桥和钢筋混凝土拱桥，JTJ 021—89 规定取最高和最低月平均温度，TB 10002.3—99 则在其附录 C 中给出了考虑杆件厚度、边界条件和外界温度的计算温度图。现行《公路桥涵设计通用规范》JTG D60—2004[14]按钢桥面板钢桥、混凝土桥面板钢桥、混凝土和石桥三个分类，给出在严寒地区、寒冷地区和温热地区的最高和最低有效温度标准值，见表 3.2-1。

公路桥梁结构的有效温度标准值（℃）　　　　　　表 3.2-1

气温分区	钢桥面板钢桥		混凝土桥面板钢桥		混凝土、石桥	
	最高	最低	最高	最低	最高	最低
严寒地区	46	−43	39	−32	34	−23
寒冷地区	46	−21	39	−15	34	−10
温热地区	46	−9（−3）	39	−6（−1）	34	−3（0）

注：表中括弧内数值适用于昆明、南宁、广州、福州地区。

上述介绍的规范中都没有对钢管混凝土拱桥的计算温度取值给出明确的规定。钢管混凝土拱肋的温度特性应介于钢构件与混凝土构件之间，因为它是有一定管径的实体断面，既不像钢结构那样随大气温度变化而变化，极值温度一般持续时间较短，钢管混凝土断面温度场有明显的滞后现象，其平均温度难以达到大气温度，取极值温度明显不合理。另一方面，由于结构尺寸较小，钢管混凝土拱桥不似圬工或钢筋混凝土拱桥的截面温度场滞后于大气温度那么明显，取月平均温度则偏于不安全。因此，需要对钢管混凝土拱肋的温度场开展研究，进而得出有效温度的标准值。

3.2.2.2 钢管混凝土拱肋温度场研究

文献［4］开展了无日照作用时钢管混凝土拱肋温度场的研究。无日照时，圆钢管截面的温度场是一个只与径向有关的一维温度场。研究表明，水化热作用结束后，拱肋截面温度变化只受到大气温度的影响，温度场相对于大气温度明显滞后，大气温度的变化幅度远大于钢管混凝土构件温度场的变化幅度，核心混凝土的温度变化明显滞后于大气温度的变化，且越靠近圆心，滞后的现象越明显。

文献［6］对一个直径为325mm钢管混凝土模型拱拱肋成型后的温度场随外界环境温度变化情况进行了观测，观测结果表明：当环境温度发生变化时，成型后钢管混凝土拱肋的结构温度滞后于环境温度变化，对于试验所采用的管径，滞后时间约为8～10小时。

受均匀环境温度作用的圆形截面构件温度场问题，由于圆截面的对称性，截面的温度分布可简化为一维问题来分析，当有日照作用时，由于日照作用的不均匀性，截面温度场在截面上呈非对称分布，只能简化为二维平面问题来分析。

考虑日照的作用，文献［11］和［15］分别开展了钢管混凝土单管足尺寸构件室外温度场测试，得到了日照作用下截面温度场的变化规律，除了与无日照温度场同样存在的越靠近圆心混凝土的温度变化滞后于大气温度变化越明显的现象外，钢管向阳面温度变化较大，背阴面和核心混凝土温度变化较小；钢管混凝土温度场并非相对于构件几何中心而完全对称，向阳面一侧高于背阴面一侧。文献［11］和［15］的研究虽然考虑了日照的作用，但其构件截面上的温度测点仅布置在一个直径方向上，测点较少，未能体现整个截面的温度变化情况，且未对截面的温度分布规律作深入的分析。

文献［16］进行了一组置于室外的钢管混凝土足尺寸构件温度场测试，其中一个竖放，一个横放。为能够较全面地反映整个截面的温度分布，截面共布置33个温度测点，按极坐标布置，从圆心到钢管外表面作为一个系列，共有8个系列，每个系列上有5个测点（圆心测点各系列共享）。试验除进一步确认文献［11］和［15］所得的总体规律外，还得到了截面二维温度场的详细数据和规律。结果表明，混凝土中心的温度达到最小时，截面温度场的非线性特性最明显；圆心点的温度变化受各个方向温度的共同作用，更多地受到强势方向的影响；下午时处在向阳面的各系列，同一系列上混凝土各点温度变化随直径缩小趋缓，越靠近圆心，温度变化曲线越缓和，对外部环境（包括气温与日照）的影响呈滞后现象越明显；而下午时处在背阴面的各系列除圆心点外，同一系列上越靠近圆心的混凝土测点，温度变化越缓和。

文献［17］应用通用程序建立了钢管混凝土单圆管拱日照温度分布的分析模型，模型综合考虑气候条件、桥梁地理位置、方位、材料特性、结构尺寸等各因素的影响。分析结果表明，钢管混凝土拱日照作用下横截面会产生较大的非线性温差，最大可达20℃以上，影响截面温差大小的主要因素是钢管混凝土表面对太阳辐射的吸收率。

在单圆管截面研究基础上，文献［18］、［19］进行了哑铃型钢管混凝土拱肋截面温度场的实桥测试和有限元分析，分析结果表明，拱脚截面与$L/4$截面温度场基本相同，拱肋倾角对拱肋各截面温度场的影响不大，说明了沿轴线方向的热传导可以忽略，将三维问题转化为截面上的二维问题的假定成立；日照下，哑铃形钢管混凝土截面的表面钢管的温度变化与环境温度变化趋势相同，温度变化幅度受日照辐射的影响很大，钢管内部（包括腹板内部）的混凝土温度变化滞后于钢管，越往中心滞后越多，且温度变化幅度越小，中心混凝土温度变化幅度只有2～3℃；截面温度分布均匀的时刻为每天上午8:00～9:00左右。白天截面温度呈现外高内低分布，温差最大时刻为午后14:00左右；夜间截面温度分布内高外低，温差最大时刻为夜间22:00。截面温差最大处在上弦管顶部，夏季容易出现较大温差。

文献 [20] 应用通用程序分析了哑铃形截面钢管混凝土拱日照温度分布的分析模型。结果表明，日照作用下横截面非线性温差可达 25℃ 以上。

对于钢管混凝土桁拱，目前仅见文献 [21] 的研究报道。它进行了一座钢管混凝土桁拱的温度场实测与分析。分析表明，桁拱各弦管的温度分布中，与太阳升落方向平行的系列上，上、下弦管温度分布相近；与太阳升落方向垂直的系列上，左、右弦管的温度分布接近。桁拱各弦管的温度分布和平均温度与单圆管的接近，拱轴走向对各弦管平均温度的变化规律影响很小；有日照时腹杆的平均温度大于弦管截面总平均温度，无日照时则与气温基本接近。桁拱各弦管之间的平均温度相差较小，由其引起的温度应力也较小，实际计算中可不考虑；弦杆与腹杆的温差对弦杆和腹杆的应力影响均较小，实际计算中可不考虑。

3.2.2.3 有效作用温度取值研究

文献 [4] 的研究指出：由于钢管混凝土拱肋断面较小，热传导性能相对较好，对大气温度反应速度较快，沿用钢筋混凝土拱桥、圬工拱桥那样取月平均温度作为有效作用温度，则偏于不安全；另一方面，某一天中的极值温度持续时间不久，钢管混凝土结构截面温度明显滞后于大气温度，所以有效作用温度像钢结构那样取瞬时极值温度则偏于保守，算例分析表明有效作用温度取日平均极值温度较为合理。

文献 [11] 对黑龙江省这样年温差和日温差均较大的地区钢管混凝土拱温度内力计算时的有效作用温度的取值给出了如下建议：进行温升计算时，有效作用温度应取日平均温度加上 4～6℃，进行温降计算时，有效作用温度应取日平均温度减去 3～5℃。

然而，在实际工程中，难以从气象部门获得日平均温度，现有的桥梁规范中也没有相应的可参考数值，因此，实际应用较为困难。

文献 [6] 认为钢管混凝土拱肋组成中混凝土占绝大部分，结构的平均温度变化主要取决于混凝土的温度，由此提出钢管混凝土拱的有效温度作用值可按现行桥规中混凝土桥梁的有效温度标准值采用。这实际上忽视了钢管混凝土组合结构的温度特性，没有考虑到温度场沿着厚度方向的变化规律。已有的研究表明，钢管混凝土拱的温度特性介于钢结构与混凝土结构之间，而且钢管混凝土拱截面厚度（直径）相对较小，截面温度场不像混凝土结构截面温度场滞后于大气温度那么明显。因此，有效作用温度按现行桥规中混凝土桥梁的有效温度标准值采用是不合适的。

在编制福建省省标 DBJ/T 13-136—2011 时，福州大学根据福建省的气候特点，将全省分为三个区域，即北部沿海、南部沿海和山区（见表 3.2-2），应用小型气象站采集到三个区域典型的气象资料，应用经三座实桥温度场实测结果验证的有限元模型，分别对钢管混凝土单圆管拱、哑铃形拱和桁拱开展了参数分析。结果表明，最高有效温度与当地最高气温相当，当钢管外层色彩为深色时取相同，浅色时约降低 2℃；最低有效温度与管径有关，以管径 750mm 为界，给出了福建省内三个区域的具体值。有效温度计算取值的规定见表 3.2-3。

福建省三个区域　　　　　　　　　　表 3.2-2

北部沿海	宁德、福州、莆田的沿海、平原与丘陵地区
南部沿海	厦门全市，泉州、漳州的沿海、平原与丘陵地区
山区	南平、三明、龙岩全市和宁德、福州、莆田、泉州、漳州的山区

福建省最高、最低有效温度标准值　　　　表 3.2-3

地　区	北部沿海	南部沿海	山　区
最低有效温度（℃）	1.5（0.5）	3.5（2.5）	0.0（−1.0）
最高有效温度（℃）		深色涂层（红、灰）：当地极值高温 浅色涂层（白）：当地极值高温−2.0	

注：钢管外径 $D<0.75\text{m}$ 时，最低有效温度取括号内的值。

为了分析 JTG D60—2004 中有效温度标准值的适用性，以西洋坪大桥为研究对象，开展了分析研究。该桥主跨跨径为 150m，矢跨比为 1/5，拱轴线为空间悬链线。主拱肋为四肢钢管桁架式断面，拱肋高 3.65m，拱肋宽 2.1m。标准段拱肋上下弦管为 $\phi 850\text{mm}\times 14\text{mm}$（拱脚段为 $\phi 850\text{mm}\times 16\text{mm}$）的钢管，腹杆采用 $\phi 350\text{mm}\times 10\text{mm}$ 无缝钢管。拱肋上下弦管内填 C50 微膨胀混凝土（见图 3.2-1）。该桥的具体资料见文献 [22]。

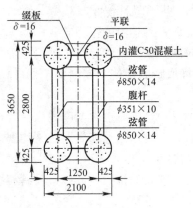

图 3.2-1　拱肋横截面
（单位：mm）

研究中，钢管混凝土拱截面的温度场和温度次内力计算均采用有限元分析方法，应用 ANSYS 通用程序进行分析。钢管混凝土拱日照作用下的温度场是一个非线性的、瞬态的传热问题。假定全拱沿拱轴方向各截面温度场相同，可将三维温度场问题简化为平面问题进行分析。对于复杂的热交换边界条件是将太阳辐射强度、热辐射和对流三种荷载，用对流来等效代替施加，将综合换热系数 h、综合气温 T 赋给边界上的节点。对于钢管混凝土拱的温度次内力分析就是在温度荷载作用下的结构分析，ANSYS 许多结构静力分析单元都具有温度荷载分析功能。

钢管混凝土拱截面有效温度的有限元计算就是求解截面在日照和环境温度共同作用下的温度场变化过程中的极值。采用 PLANE55 单元对截面进行划分，将每个单元的温度按面积作为权重求得截面每个时刻的平均温度，进而得到极值截面温度。

计算合龙温度的有限元计算方法是：先计算拱肋弦管截面温度场，采用增量法，以 1 小时为单位时段计算从混凝土浇筑完成至此后的 28d 内，钢管混凝土拱在水化热和日照、环境温度共同作用下的温度场变化过程，然后求出每时刻截面的平均温度，进而得到每个时段内拱的平均温度增量 ΔT_i 和 28d 时的截面平均温度 t_{28}。将不同时刻（每小时）截面温度荷载 ΔT_i 施加在拱的结构模型上，连续计算 28d 并将每个时段内的温度内力累加，最终得到 28d 后的温度内力。以此内力和 t_{28}，反算截面内力为 0 时的温度值，该值即为拱的计算合龙温度。

为简化计算，假设各弦管混凝土是同时灌注完成的，初始温度取浇筑时的环境温度。在施工阶段，拱肋表面涂层为红色漆，而成桥后涂层为银白色漆。由于确定钢管混凝土拱的计算合龙温度需要对施工过程的温度场进行分析，而有效温度主要考虑成桥后相当长服务时间内的影响，因此在计算该拱的计算合龙温度和有效温度时，钢管表面对太阳辐射的吸收系数 α 分别取为 0.7 和 0.55[23,24]。

由于混凝土刚度是逐渐形成的，28d 内大气温度周期性变化在混凝土内积累了应力；

水化热使管内混凝土升温，随后慢慢降温，在混凝土内积累了应力。因此该过程中每个时段的计算应采用对应的结构刚度。混凝土水化热模型根据文献［10］采用复合指数式，弹性模量增长规律参考文献［25］，按式（3.2-1）确定：

$$E(t) = E_c(1-\beta \times e^{-0.09t}) \tag{3.2-1}$$

式中：E_c——混凝土最终弹性模量；

$E(t)$——龄期为 t 的混凝土弹性模量；

β——系数，$\beta=1$。

对于本算例，混凝土最终弹性模量为 3.5×10^4 MPa，代入式（3.2-1）可以确定该混凝土弹性模量增长曲线。

采用大型通用软件 ANSYS 进行建模分析。截面温度场计算采用 PLANE55 热单元进行单元划分，全截面共划分成 340 个单元。对于温度次内力的计算，将拱肋简化为杆系结构，采用 BEAM188 梁单元模拟，共计 471 个节点，906 个单元。模型经实桥在日照作用下实测温度场验证，见文献［21］。

按福州地区对西洋坪大桥中拱肋的最高、最低有效温度进行取值，见表 3.2-4。同时，分别根据极端气温、日平均气温和 JTG D60—2004 中的相关规定计算并比较它们产生的温度内力，以得到钢管混凝土桁肋拱有效温度的取值标准。

公路桥梁结构的有效温度标准值（℃）　　　　　　　　　　　　表 3.2-4

钢桥面板钢桥	混凝土桥面板钢桥	混凝土、石桥
46	39	34
−9（−3）	−6（−1）	−3（0）

从表 3.2-5 可以看出，如果按 JTG D60—2004 中的规定来取值，计算结果与实际结果均相差较大；如果按照当地的最高、最低气温来取值，则温升时温度内力的计算结果只比实际大 12.28%，温降时温度内力计算结果只比实际结果大 19.68%，按最高、最低气温来取值，内力计算结果与实际结果最为接近。因此，西洋坪大桥中拱的有效温度可按当地的最高、最低气温来取值。

西洋坪大桥有效温度取值对比　　　　　　　　　　　　表 3.2-5

有效温度取值		本文	极端气温	日平均温度	按 JTG D60—2004 取值		
					钢桥面板钢桥	混凝土桥面板钢桥	混凝土、石桥
升温	最高温度（℃）	37.88	39.4	32.21	46	39	34
	温度差（℃）	12.10	13.62	6.43	20.22	13.22	8.22
	内力差	0	12.28%	46.99%	67.10%	9.26%	−32.07%
降温	最低温度（℃）	5.89	2	6.72	−3	−1	0
	温度差（℃）	−19.87	−23.78	−18.76	−28.78	−26.78	−25.78
	内力差	0	19.68%	5.59%	44.85%	34.78%	29.75%

当按照 JTG D60—2004 的相关温度作用取值中，混凝土桥面板钢桥的最高有效温度，混凝土、石桥的最低有效温度取值，相对地靠近实际温度作用，但仍有较大的差距，特别是最低有效温度，而一般来说，降温产生的附加内力较之升温所产生的附加内力要不利于拱桥结构。上述分析表明，直接套用现行规范的取值仍有不合理之处，需要进一步的研究。

3.3 国标中温度取值的研究[26]

在编制国家标准《钢管混凝土拱桥技术规范》时，为探讨如何将 DBJ/T 13-136—2011 中钢管混凝土拱均匀温度作用设计取值方法推广应用至全国范围，开展了相应的研究。

由文献[19]分析可知，在环境温度和弦管管径相同的情况下，实肋拱和桁肋拱的计算合龙温度取值仅相差 0.25℃；最高、最低有效温度取值相同。因此，在不失一般性的前提下，以一座钢管混凝土桁拱为研究对象，采用有限元软件 ANSYS，应用从我国三个不同地区采集到的环境温度资料进行分析，讨论 DBJ/T 13-136—2011 中计算合龙温度取值方法精度及温度次内力与有限元理论值（以下简称理论值）的差异；对钢管混凝土拱截面平均温度进行计算分析，以提出适合于全国钢管混凝土拱桥设计的有效温度取值方法。

3.3.1 研究对象与计算方法

仍以西洋坪大桥为研究对象。钢管混凝土拱的温度场与环境温度、太阳辐射、水化热、钢管管径、混凝土入仓温度和空钢管合龙温度等因素有关。研究表明[4]，在计算合龙温度中，影响最大的是环境温度与管内混凝土水化热；在有效温度中，最主要的影响因素是环境温度和弦管管径。为此，本文取各地的气温条件和管径的大小为主要分析参数。

为了对比，分析时桥梁对象相同，通过将其置于福建省漳州市（华东温热地区）、四川省雅安市（西南寒冷地区）和河南省南阳市（华中寒冷地区）三个不同区域实测环境温度下，通过有限元模型计算，来分析不同气温条件对计算合龙温度与有效温度的影响。

在我国已建的钢管混凝土拱桥中，弦管的管径 D 一般为 550～1500mm[27]。为了研究管径变化对均匀温差设计取值的影响，选择了 $D_1=550$mm、$D_2=850$mm、$D_3=1200$mm 和 $D_4=1500$mm，共 4 种管径尺寸进行计算分析。需要指出的是，一般情况下，管径随着桥梁跨径的增大而增大，但本文主要分析截面均匀温差设计值，在相同条件下比较截面均匀温差及其产生的内力，进行参数分析时只改变管径而不改变桥梁跨径。

3.3.2 计算结果分析
3.3.2.1 计算合龙温度

通过有限元计算和式【4.2.3-2】(3.1-4) 得到不同环境温度下的计算合龙温度。为讨论简洁，将研究对象置于福建省漳州市环境温度下称为算例 1；置于四川省雅安市环境温度下称为算例 2；置于河南省南阳市环境温度下称为算例 3。

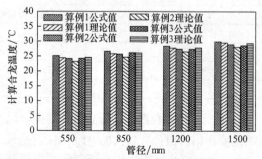

图 3.3-1 不同环境温度下计算合龙温度公式值与理论值对比

图 3.3-1 为不同算例的计算合龙温度公式值和理论值。从图中可以看出，计算合龙温度公式值和理论值有一定的误差，其原因在于式（3.1-4）忽略了不同区域环境温度变化幅度、太阳辐射和风速等次要因素对计算合龙温度的影响。不过，最大误差仅为 1.0℃。

对公式进行精度分析，计算结果见图 3.3-2。图中横坐标为管径，纵坐标

$K_{公式值}/K_{理论值}$ 表示计算合龙温度公式值与理论值的比值。可以看出，两者相比的差值均小于 5%，比值的平均值为 0.986，均方差为 0.024。从下文的讨论可知，误差对温度次内力的影响也很小。这说明，管内混凝土浇筑后 28d 的平均气温能很好反映环境温度在管内混凝土达到设计强度过程中对合龙温度的影响程度。因此，式【4.2.3-2】(3.1-4) 对于不同温度环境具有相当好的适应性。换句话说，式【4.2.3-2】(3.1-4) 可用于全国各地的钢管混凝土拱桥的计算合龙温度的计算。

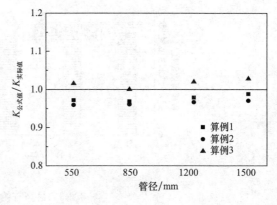

图 3.3-2 计算合龙温度计算精度

3.3.2.2 有效温度

有效温度主要考虑大桥建成后相当长的运营期间内拱肋截面的平均温度值，其影响最主要的因素是当地环境温度，次主要的因素是管径大小和太阳辐射。

(1) 最高有效温度

最高有效温度分析时，从各个区域实测 8 月份气象资料中，选择持续高温的最不利的天气情况进行计算，计算结果见图 3.3-3。可以看出，不同地区气温变化、太阳辐射和风

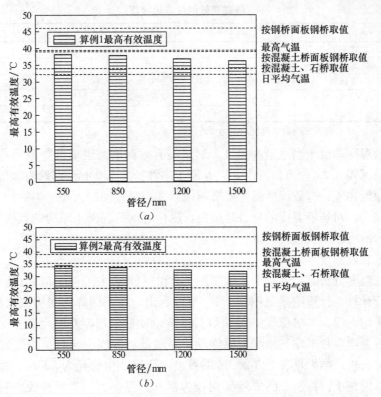

图 3.3-3 最高有效温度值对比图（一）
(a) 算例 1；(b) 算例 2

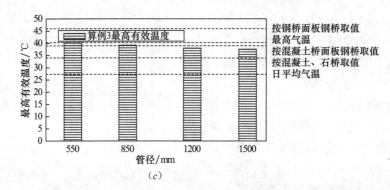

图 3.3-3 最高有效温度值对比图（二）
(c) 算例 3

速的差异对最高有效温度有一定的影响，但总体上截面最高有效温度均接近当地最高温度，而与日平均气温相差较大。

现行《公路桥涵设计通用规范》JTG D60—2004 给出的有效温度标准值，见表 3.2-1。三个气温分区最高有效温度均取相同，分别为按钢桥面板钢桥为 46℃、混凝土桥面板钢桥为 39℃、混凝土和石桥为 34℃。从图 3.3-3 可知，对于算例 1 和 3，最高有效温度按照混凝土桥面板钢桥取值相对接近理论值；对于算例 2，最高有效温度按照混凝土、石桥取值相对接近理论值，因此无法按照 JTG D60—2004 的同一分类取值。

最高有效温度取值精度　　　　　　　表 3.3-1

管径（mm）		550	850	1200	1500
Δt（℃）	算例 1	1.19	1.52	2.54	3.13
	算例 2	0.96	1.79	2.82	2.97
	算例 3	0.11	1.05	2.22	2.68
Δt 平均值（℃）		0.753	1.453	2.527	3.060
Δt 均方差（℃）		0.569	0.374	0.300	0.350

注：表中 $\Delta t = t_2 - t_1$，t_1 为最高有效温度，t_2 为当地最高气温。

最高有效温度均低于当地最高温度，对最高有效温度与当地最高温度差值 Δt 进行精度分析，结果见表 3.3-1。可以看出，以算例 1 中管径为 1500mm 时两者差值 Δt 最大，为 3.13℃，其原因在于：有效温度的主要影响因素之一是管径的大小，当管径较大时，混凝土所占比例越大，对环境温度的反映越缓慢，越接近钢筋混凝土结构的效应。该差值对温度次内力的影响将在下文进行讨论。

(2) 最低有效温度

最低有效温度分析时，从各个区域实测 1 月份气象资料中，选择持续低温的最不利的天气情况进行计算，计算结果见图 3.3-4。可以看出，在不同算例变化截面最低有效温度均较接近日平均气温，与最低气温及 JTG D60—2004 取值均相差较大。

最低有效温度在日平均气温线上下浮动，对最低有效温度与日平均气温差值 Δt 的绝对值进行精度分析，结果见表 3.3-2。可以看出，算例 3 中管径为 550mm 时 Δt 最大，为 3.14℃，其原因在于：算例 3 的气温变化较为剧烈，温差大，当管径较小时，截面越小，对环境温度的反映越迅速，截面温度场滞后相对不明显，越接近钢结构的效应。该差值对温度次内力的影响将在下文进行讨论。

3.3 国标中温度取值的研究

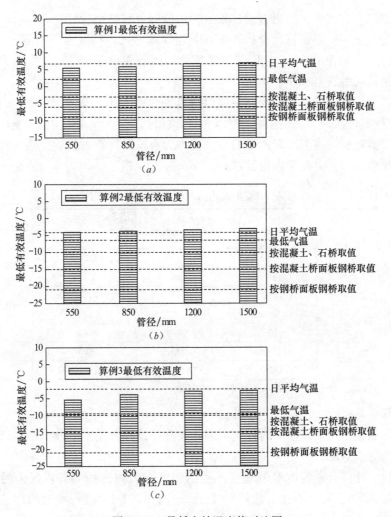

图 3.3-4 最低有效温度值对比图
(a) 算例1；(b) 算例2；(c) 算例3

最低有效温度取值精度　　　　　　　表 3.3-2

管径（mm）		550	850	1200	1500
Δt（℃）	算例1	1.27	0.81	0.06	0.26
	算例2	0.1	0.45	0.85	1.18
	算例3	3.14	1.6	0.6	0.39
Δt 平均值（℃）		1.503	0.953	0.503	0.610
Δt 均方差（℃）		1.533	0.588	0.404	0.498

注：表中 $\Delta t = |t_2 - t_1|$，t_1 为最低有效温度，t_2 为日平均气温。

3.3.2.3 温度次内力比较

钢管混凝土拱桥主拱肋多为超静定结构，随着结构均匀温度的变化，由于多余约束的存在而产生温度次内力。我国地域辽阔，气候差异性大，影响气温的因素众多，因此气温波动大，截面温度难以准确计算。钢管混凝土拱截面均匀温差设计值取值考虑了环境温度和管径这两个最主要因素，因此设计值与计算值存在一定的误差。本小节将对均匀温差设计值取值误差产生的温度次内力进行比较以对取值的合理性进行讨论。

对钢管混凝土桁拱实桥进行分析，由有限元计算可知，拱截面平均温度上升1℃产生的温度次内力见表3.3-3。由于是均匀温度变化，因此温度下降1℃的次内力绝对值与温升相同，只是两者的符号相反。

拱桥是以受压为主的结构，因此主要讨论其轴力的大小。从表3.3-3可以看出，升温1℃以拱脚上弦温度次内力占桥梁自重内力的比重最高，为1.69%，在下文的分析中，将温差乘以该比值就可以得到温差产生的温度次内力占桥梁自重内力的比重，以此说明截面均匀温差设计取值误差对桥梁内力的影响。

结构温升1℃的次内力与桥梁自重内力的比较   表3.3-3

荷载类型			S_1	S_2	S_1/S_2
拱脚	上弦	M (kN·m)	4.017	65.158	6.16%
		N (kN)	−82.409	−4870.200	1.69%
	下弦	M (kN·m)	11.443	−86.607	−13.21%
		N (kN)	53.164	−7631.200	−0.70%
拱顶	上弦	M (kN·m)	−6.182	124.778	−4.95%
		N (kN)	23.977	−6033.900	−0.40%
	下弦	M (kN·m)	−6.869	209.890	−3.27%
		N (kN)	−37.153	−4134.100	0.90%

注：表中 S_1 为结构温升1℃的次内力，S_2 为桥梁自重内力。

(1) 计算合龙温度

拱桥均匀温度作用常以温降为控制，因此在分析计算合龙温度取值中以降温产生的温度次内力作为分析对象。

对三个地区计算合龙温度取值差值产生的温度次内力占桥梁自重内力的比重进行计算，结果见表3.3-4。可以看出，按照式【4.2.3-2】(3.1-4)进行取值的误差产生的温度次内力占桥梁自重内力的比重均在2%以内。而且，由前文分析可知，计算合龙温度公式值和理论值最大误差为1.0℃，误差平均值为0.37℃；而如果按照3.2节有效温度取值方法，其最大误差为3.14℃，误差平均值为1.41℃。计算合龙温度的取值精度远高于有效温度。桥梁设计中结构受到的（均匀）温度作用是通过最高和最低有效温度与结构的位移受到约束时的温度（基准温度）之差计算的，由计算合龙温度和有效温度共同决定。因此，建议将其作为计算合龙温度设计值，而对有效温度进行保守取值。

计算合龙温度取值对比   表3.3-4

项 目	计算合龙温度 t (℃)			t_1-t_2 产生的温度次内力占桥梁自重内力比重
	公式值 t_1	理论值 t_2	t_1-t_2	
算例1	26.61	25.78	0.83	1.40%
算例2	25.66	24.66	1.00	1.69%
算例3	26.07	26.08	−0.01	−0.02%

(2) 最高有效温度

为了研究最高有效温度取值方法，表3.3-5分别按照最高气温、日平均气温和JTG

3.3 国标中温度取值的研究

D60—2004 中的相关规定进行最高有效温度取值,计算合龙温度采用理论值,计算并比较不同取值的温度次内力占桥梁自重内力比重。从表中可以看出,如果按 JTG D60—2004 的规定取值,算例1和算例3按照混凝土桥面板钢桥取值与实际值较为接近;算例2按照混凝土、石桥取值与理论值较为接近。如果按照最高气温取值,温度次内力占桥梁自重内力比重与理论值的差值均在5%以内,且偏于保守。

最高有效温度取值对比 表 3.3-5

项 目		理论值	最高气温	最高日平均气温	按 JTG D60—2004 取值		
					钢桥面板钢桥	混凝土桥面板钢桥	混凝土、石桥
算例1 ($t_1=25.78℃$)	t_2(℃)	37.88	39.42	32.21	46	39	34
	K	20.45%	23.05%	10.87%	34.17%	22.34%	13.89%
算例2 ($t_1=24.66℃$)	t_2(℃)	33.61	35.42	25.16	46	39	34
	K	15.13%	18.15%	0.85%	36.06%	24.23%	15.78%
算例3 ($t_1=26.08℃$)	t_2(℃)	39.25	40.30	27.28	46	39	34
	K	22.26%	24.03%	2.03%	33.66%	21.83%	13.38%

注:表中 K 为温度次内力占桥梁自重内力比重,t_1 为计算合龙温度,t_2 为最高有效温度。

由于在气象观测期内可能并未出现历史极端气温,因此查询了中央气象局不同地区极端气温资料(数据时间跨度:1951年01月01日~2008年12月31日),相关数据见表 3.3-6。可以看出,三个地区历史最高气温与本文观测值相差小于3℃,温度次内力占桥梁自重内力比重小于5.07%。因此基于本文观测的最高温度数据分析结果具有代表性,最高有效温度建议取当地最高气温。

最高气温对比(℃) 表 3.3-6

地 区	本文观测	历史气温	
	最高气温	最高气温	平均最高气温
漳州市	39.42	40	38
雅安市	35.42	38	30
南阳市	40.30	41	36

(3)最低有效温度

采用与最高有效温度同样的研究方法分析最低有效温度取值。表3.3-7分别按照最低、日平均气温和 JTG D60—2004 进行最低有效温度取值,且 JTG D60—2004 中的最低有效温度根据不同地区所属的气温分区取值。从表中可以看出,如果按 JTG D60—2004 取值,温度次内力与理论值相差较大。如果按照日平均气温取值,温度次内力占桥梁自重内力比重与理论值的差值均在5%以内。

最低有效温度取值对比 表 3.3-7

项 目		理论值	最低气温	最低日平均气温	按 JTG D60—2004 取值		
					钢桥面板钢桥	混凝土桥面板钢桥	混凝土、石桥
算例1 ($t_1=25.78℃$)	t_2(℃)	5.91	2.16	6.72	−9	−6	−3
	K	33.58%	39.92%	32.21%	58.78%	53.71%	48.64%

续表

项目		理论值	最低气温	最低日平均气温	按JTG D60—2004取值		
					钢桥面板钢桥	混凝土桥面板钢桥	混凝土、石桥
算例2 (t_1=24.66℃)	t_2 (℃)	−3.75	−6.42	−4.18	−21	−15	−10
	K	48.01%	52.53%	48.74%	77.17%	67.03%	58.58%
算例3 (t_1=26.08℃)	t_2 (℃)	−3.83	−9.51	−2.23	−21	−15	−10
	K	50.55%	60.15%	47.84%	79.57%	69.43%	60.98%

注：表中K为温度次内力占桥梁自重内力比重，t_1为计算合龙温度，t_2为最低有效温度。

查询中央气象局不同地区历史极端气温资料，相关数据见表3.3-8。可以看出，雅安、漳州地区历史极端最低气温与本文观测值相差小于5℃，且其历史平均最低气温均高于本文观测到的最低气温，由前文关于钢管混凝土截面温度场特性可知，其截面温度差值小于5℃，温度次内力占桥梁自重内力比重小于8.45%。对于南阳地区，历史极端最低气温（出现在1955年）与本文观测值相差12℃，但是其历史平均最低气温只有−5℃，可以认为该极端气温只是短暂出现，并且根据钢管混凝土截面温度滞后特性及JTG D60—2004对可变作用乘以1.4分项系数的规定，因此基于本文观测数据的分析结果具有代表性。建议取日平均气温作为最低有效温度。

最低气温对比（℃）　　　　　　　　　　表3.3-8

地区	本文观测		历史气温	
	最低气温	最低日平均气温	最低气温	平均最低气温
漳州市	2.16	6.72	−2	6
雅安市	−6.42	−4.18	−8	−3
南阳市	−9.51	−2.23	−21	−5

考虑到一般设计人员不易得到最低日平均气温，因此偏保守考虑，可以取当地最低气温作为最低有效温度。

第3章参考文献

[1] 福建省工程建设地方标准DBJ/T 13-136—2011，钢管混凝土拱桥技术规程 [S]
[2] 重庆市公路工程行业标准CQJTG/T D66—2011，公路钢管混凝土拱桥设计规范 [S]
[3] 中华人民共和国行业标准JTG/T D65—2012，钢管混凝土拱桥设计规范 [S]（报批稿）
[4] 陈宝春，徐爱民，孙潮. 钢管混凝土拱桥温度内力计算时温差取值分析 [J]. 中国公路学报，2000，13（2）：52-56
[5] 冯斌. 钢管混凝土中核心混凝土的水化热、收缩与徐变计算模型研究 [D]. 硕士学位论文，福州：福州大学，2004
[6] 林春姣. 钢管混凝土拱计算合龙温度研究 [D]. 广西：广西大学，2008
[7] 朱伯芳. 大体积混凝土的温度应力与温度控制 [M]. 北京：中国电力出版社，1999
[8] 林春姣，郑皆连，秦荣. 哑铃形钢管混凝土截面水化热温度分布有限元分析 [J]. 中外公路，2007（4）：125-127
[9] 林春姣，郑皆连，秦荣. 钢管混凝土拱肋成型过程水化热影响分析 [J]. 广西大学学报，2007（2）：186-188

[10] 刘振宇，陈宝春. 钢管混凝土拱肋施工过程截面温度特性分析 [J]. 公路交通科技，2006，23（5）：52-55

[11] 范丙臣. 中承式钢管混凝土拱桥的温度评价及试验研究 [D]. 哈尔滨：哈尔滨工业大学，2001

[12] 交通部标准 JTJ 021—89，公路桥涵设计通用规范 [S]

[13] 铁道部标准 TB 10002.3—99，铁路桥涵设计基本规范 [S]

[14] 中华人民共和国行业标准 JTG D60—2004，公路桥涵设计通用规范 [S]

[15] 王璐，向中富，杜秋. 钢管混凝土构件温变试验分析 [J]. 辽宁省交通高等专科学校学报，2005，7（4）：9-11

[16] 陈宝春，刘振宇. 日照作用下钢管混凝土构件温度场实测分析 [J]. 公路交通科技，2008，25（12）：117-122

[17] 彭友松，强士中，刘悦臣. 钢管混凝土圆管拱肋日照温度分布研究 [J]. 桥梁建设，2006（6）：18-24

[18] 柯婷娴，陈宝春，刘振宇. 日照下钢管混凝土哑铃形拱肋截面的温度场有限元计算 [J]. 长沙交通学院学报，2008，24（4）：12-17

[19] 黄福云，柯婷娴，陈宝春. 钢管混凝土哑铃形拱的计算温度取值研究 [J]. 福州大学学报，2011，39（2）：266-275

[20] 彭友松，强士中，李松. 哑铃形钢管混凝土拱日照温度分布研究 [J]. 桥梁建设，2006，27（5）：9-11

[21] 陈宝春，刘振宇. 日照作用下钢管混凝土桁拱温度场实测研究 [J]. 中国公路学报，2011，24（3）：72-79

[22] 汤少青. 中承式钢管混凝土悬臂拱桥施工监控研究 [J]. 中外公路，2010，30（3）：172-175

[23] 马庆芳，方荣生，项立成. 实用热物理性质手册 [M]. 北京：中国农业机械出版社，1986

[24] 西格尔 R，豪厄尔 JR. 热辐射传热 [M]. 曹玉璋，黄素逸，陆大有，等译. 北京：科学出版社，1990

[25] 王铁梦. 工程结构裂缝控制 [M]. 北京：中国建筑工业出版社，1997

[26] 陈津凯，陈宝春，刘振宇，余新盟. 钢管混凝土拱均匀温差设计取值研究 [J]. 土木工程与管理学报，2013，30（4）：1～7

[27] 陈宝春. 钢管混凝土拱桥（第二版）[M]. 北京：人民交通出版社，2007

第4章 钢管混凝土拱肋截面刚度计算

4.1 计算内容与方法

钢管混凝土拱作为一种组合结构，拱肋截面刚度是设计计算中的一个基本参数，其取值会对内力、应力、变形、稳定以及动力特性的计算结果产生影响；因此钢管混凝土拱肋截面设计刚度是桥梁设计中一个比较重要的参数[1]。

在规范中将钢管混凝土拱肋的截面刚度分为毛截面设计刚度和整体截面设计刚度两种，应用于结构极限承载能力计算和荷载作用效应计算中，对应的规范条文分别为第4.3.4条和第4.3.3条。

4.1.1 基本计算公式

4.1.1.1 毛截面设计刚度

钢管混凝土毛截面压缩与弯曲设计刚度均采用截面上钢材与混凝土设计刚度直接迭加的方法计算。因此，毛截面压缩设计刚度 $(EA)_{sc1}$ 与整体压缩设计刚度 $(EA)_{sc}$ 相同，毛截面弯曲设计刚度 $(EI)_{sc1}$ 不考虑对混凝土刚度的折减，用式 (4.1-1)（实际上也就是式【4.3.3-1】）和式【4.3.4-2】(4.1-2) 计算。

$$(EA)_{sc1} = E_s A_{s1} + E_c A_{c1} = (EA)_{sc} \qquad (4.1\text{-}1)$$

$$(EI)_{sc1} = E_s I_{s1} + E_c I_{c1} \qquad 【4.3.4\text{-}2】(4.1\text{-}2)$$

式中：$(EA)_{sc1}$——钢管混凝土毛截面压缩设计刚度（N），可按本规范公式【4.3.3-1】计算；

$(EI)_{sc1}$——钢管混凝土毛截面弯曲设计刚度（N·mm²）。

4.1.1.2 整体截面设计刚度

根据规范第4.3.3条的规定，钢管混凝土拱肋整体截面设计刚度计算按下式计算：

$$(EA)_{sc} = E_s A_{s1} + E_c A_{c1} \qquad 【4.3.3\text{-}1】(4.1\text{-}3)$$

$$(EI)_{sc} = E_s I_{s1} + 0.6 E_c I_{c1} \qquad 【4.3.3\text{-}2】(4.1\text{-}4)$$

式中：$(EA)_{sc}$——钢管混凝土拱肋截面整体压缩设计刚度（N）；

$(EI)_{sc}$——钢管混凝土拱肋截面整体弯曲设计刚度（N·mm²）；

A_{s1}——拱肋截面钢材面积（mm²）；

A_{c1}——拱肋截面混凝土面积（mm²）；

I_{s1}——钢材截面惯性矩（mm⁴）；

I_{c1}——混凝土截面惯性矩（mm⁴）。

钢管混凝土整体截面设计刚度中，压缩设计刚度直接采用截面上钢材部分与混凝土部分设计刚度迭加计算求得，弯曲设计刚度则在迭加计算时对管内混凝土刚度进行了0.6倍的折减，以考虑混凝土开裂对刚度削弱的影响。

4.1.2 具体计算公式与算例

钢管混凝土拱肋常用的截面有单圆管、哑铃形和桁式,以下就具体计算进行介绍。

4.1.2.1 单圆管截面

单圆管既是单圆管拱肋的截面,也是哑铃形与桁式拱肋的基本组成构件,因此在涉及拱肋截面承载力计算时都将用到单圆管截面的刚度。

钢管混凝土单圆管毛截面压缩设计刚度$(EA)_{sc2}$和弯曲设计刚度$(EI)_{sc2}$分别按式(4.1-5)和式(4.1-6)计算,计算示意如图4.1-1所示。

$$(EA)_{sc2} = E_s A_s + E_c A_c \quad (4.1-5)$$

$$(EI)_{sc2} = E_s I_s + E_c I_c \quad (4.1-6)$$

式中:E_s——钢材弹性模量;

E_c——混凝土弹性模量;

A_s——钢管混凝土单圆管截面钢管面积,$A_s = \dfrac{\pi[D^2-(D-2t)^2]}{4}$;

A_c——钢管混凝土单圆管截面混凝土面积,$A_c = \dfrac{\pi(D-2t)^2}{4}$;

I_s——钢管混凝土单圆管截面钢管惯性矩,$I_s = \dfrac{\pi[D^4-(D-2t)^4]}{64}$;

I_c——钢管混凝土单圆管截面混凝土惯性矩,$I_c = \dfrac{\pi(D-2t)^4}{64}$。

对于单圆管拱肋,其截面的压缩设计刚度和弯曲设计刚度就是单根圆管相应的设计刚度,即$(EA)_{sc1} = (EA)_{sc2}$,$(EI)_{sc1} = (EI)_{sc2}$。

钢管混凝土单圆管截面整体压缩设计刚度$(EA)_{sc}$和弯曲设计刚度$(EI)_{sc}$分别按式(4.1-3)和式(4.1-4)计算,下面以福建省福安市群益大桥为例,进行拱肋整体截面设计刚度的计算。

【算例1】 福建群益大桥拱肋截面钢管采用$\phi 800\text{mm} \times 14\text{mm}$,A3钢,弹性模量$E_s = 2.06 \times 10^5 \text{MPa}$,内灌C30混凝土,弹性模量$E_c = 3 \times 10^4 \text{MPa}$。如图4.1-2所示。

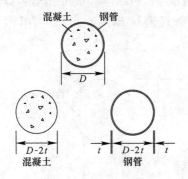
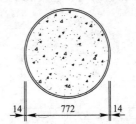

图4.1-1 单圆管毛截面设计刚度计算示意图　　图4.1-2 群益大桥拱肋整体截面设计刚度计算示意图(单位:mm)

单圆管截面钢管面积:$A_s = \dfrac{\pi}{4} \times (0.80^2 - 0.772^2) = 0.0346 \text{m}^2$

单圆管截面混凝土面积:$A_c = \dfrac{\pi}{4} \times 0.772^2 = 0.4681 \text{m}^2$

单圆管截面钢管惯性矩：$I_s = \dfrac{\pi}{64} \times (0.80^4 - 0.772^4) = 0.0027 \text{m}^4$

单圆管截面混凝土惯性矩：$I_c = \dfrac{\pi}{64} \times 0.772^4 = 0.0174 \text{m}^4$

对于单圆管拱肋截面，$A_{s1} = A_s$，$A_{c1} = A_c$，$I_{s1} = I_s$，$I_{c1} = I_c$。

拱肋截面整体压缩设计刚度：

$$\begin{aligned}(EA)_{sc} &= E_s A_{s1} + E_c A_{c1} \\ &= 2.06 \times 10^{11} \times 0.0346 + 3 \times 10^{10} \times 0.4681 \\ &= 2.117 \times 10^{10} \text{N}\end{aligned}$$

拱肋截面整体弯曲设计刚度：

$$\begin{aligned}(EI)_{sc} &= E_s I_{s1} + 0.6 E_c I_{c1} \\ &= 2.06 \times 10^{11} \times 0.0027 + 0.6 \times 3 \times 10^{10} \times 0.0174 \\ &= 8.694 \times 10^8 \text{N} \cdot \text{m}^2\end{aligned}$$

4.1.2.2 哑铃形截面

哑铃形截面由上下两根钢管混凝土肢管和中间腹腔连接钢板组成，如图 4.1-3 所示，其毛截面压缩刚度 $(EA)_{sc1}$ 和弯曲刚度按 $(EI)_{sc1}$ 分别按式（4.1-7）和式（4.1-8）计算。

$$(EA)_{sc1} = 2 \times (EA)_{sc2} + 2 \times E_s A_{sf} \tag{4.1-7}$$

$$(EI)_{sc1} = 2 \times (EI)_{sc2} + 2 \times (E_s A_s + E_c A_c) \times d^2 + 2 \times E_s I_{sf} \tag{4.1-8}$$

式中：A_{sf}——单肢腹腔连接钢板面积，$A_{sf} = t_1 \times h_1$；

I_{sf}——单肢腹腔连接钢板惯性矩，$I_{sf} = \dfrac{t_1 h_1^3}{12}$；

d——肢管形心与哑铃形截面形心轴距离。

钢管混凝土哑铃形截面整体压缩设计刚度 $(EA)_{sc}$ 和弯曲设计刚度 $(EI)_{sc}$ 分别按式（4.1-3）和式（4.1-4）计算，下面以福建省福鼎新桐山大桥为例，进行拱肋整体截面设计刚度的计算。

【算例 2】福建新桐山大桥主拱肋截面采用两根 $\phi 800\text{mm} \times 10\text{mm}$ 钢管，Q345c 钢，弹性模量 $E_s = 2.06 \times 10^5 \text{MPa}$，内灌 C40 混凝土，弹性模量 $E_c = 3.25 \times 10^4 \text{MPa}$，两管之间用钢腹板和加劲构造连接成整体。如图 4.1-4 所示。

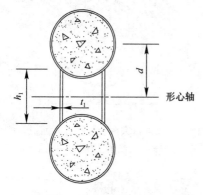

图 4.1-3 哑铃形截面刚度计算示意图

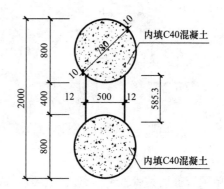

图 4.1-4 新桐山大桥拱肋整体截面设计刚度计算示意图（单位：mm）

单圆管钢管面积： $A_s = \dfrac{\pi}{4} \times (0.80^2 - 0.78^2) = 0.0248 \text{m}^2$

单圆管混凝土面积： $A_c = \dfrac{\pi}{4} \times 0.78^2 = 0.4778 \text{m}^2$

单圆管钢管惯性矩： $I_s = \dfrac{\pi}{64} \times (0.80^4 - 0.78^4) = 1.936 \times 10^{-3} \text{m}^4$

单圆管混凝土惯性矩： $I_c = \dfrac{\pi}{64} \times 0.78^4 = 1.817 \times 10^{-2} \text{m}^4$

腹板面积： $A_{sf} = t_1 \times h = 0.012 \times 0.5853 = 7.024 \times 10^{-3} \text{m}^2$

腹板惯性矩： $I_{sf} = \dfrac{t_1 h^3}{12} = \dfrac{0.012 \times 0.5853^3}{12} = 2.005 \times 10^{-4} \text{m}^4$

哑铃形拱肋截面钢材面积：
$$A_{s1} = 2 \times (A_s + A_{sf}) = 2 \times (0.0248 + 7.024 \times 10^{-3}) = 6.365 \times 10^{-2} \text{m}^2$$

哑铃形拱肋截面混凝土面积：
$$A_{c1} = 2 \times A_c = 2 \times 0.4778 = 0.9556 \text{m}^2$$

哑铃形拱肋截面钢材惯性矩：
$$I_{s1} = 2 \times (I_s + A_s d^2) + 2 \times I_{sf}$$
$$= 2 \times (1.936 \times 10^{-3} + 0.0248 \times 0.6^2) + 2 \times 2.005 \times 10^{-4} = 2.213 \times 10^{-2} \text{m}^4$$

哑铃形拱肋截面混凝土惯性矩：
$$I_{c1} = 2 \times (I_c + A_c d^2) = 2 \times (1.817 \times 10^{-2} + 0.4778 \times 0.6^2) = 0.3804 \text{m}^4$$

哑铃形拱肋截面整体压缩设计刚度：
$$(EA)_{sc} = E_s A_{s1} + E_c A_{c1}$$
$$= 2.06 \times 10^{11} \times 6.365 \times 10^{-2} + 3.25 \times 10^{10} \times 0.9556 = 4.417 \times 10^{10} \text{N}$$

哑铃形拱肋截面整体弯曲设计刚度：
$$(EI)_{sc} = E_s I_{s1} + 0.6 E_c I_{c1}$$
$$= 2.06 \times 10^{11} \times 2.213 \times 10^{-2} + 0.6 \times 3.25 \times 10^{10} \times 0.3804$$
$$= 1.198 \times 10^{10} \text{N} \cdot \text{m}^2$$

4.1.2.3 桁式截面

钢管混凝土桁式截面一般由三根肢管以上组成，其中四肢桁式占了大部分[2]。以图4.1-5所示的四肢桁式截面为例，其毛截面压缩设计刚度$(EA)_{sc1}$和弯曲设计刚度$(EI)_{sc1}$分别按式（4.1-9）和式（4.1-10）计算。

$$(EA)_{sc1} = 4 \times (EA)_{sc2} \tag{4.1-9}$$

$$(EI)_{sc1} = 4 \times (EI)_{sc2} + 4 \times (E_s A_s + E_c A_c) \times d^2 \tag{4.1-10}$$

钢管混凝土桁式截面整体压缩设计刚度$(EA)_{sc}$和弯曲设计刚度$(EI)_{sc}$分别按式（4.1-3）和式（4.1-4）计算，下面以福建省石潭溪大桥为例，进行拱肋整体截面设计刚度的计算。

【算例3】 福建石潭溪大桥采用4根$\phi 550 \text{mm} \times 8 \text{mm}$钢管、$\phi 400 \text{mm} \times 8 \text{mm}$上下平联和$\phi 219 \text{mm} \times 8 \text{mm}$的直腹杆和斜腹杆组成高3.0m、宽1.6m的桁式主拱肋，A3钢，弹性模量$E_s = 2.06 \times 10^5 \text{MPa}$，钢管内灌注C40混凝土，弹性模量$E_c = 3.25 \times 10^4 \text{MPa}$。如图4.1-6所示。

第4章 钢管混凝土拱肋截面刚度计算

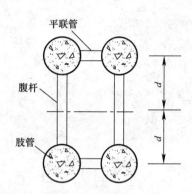

图 4.1-5 四肢桁式截面刚度计算示意图

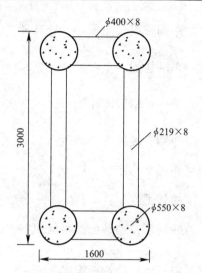

图 4.1-6 石潭溪大桥拱肋整体截面设计刚度计算示意图（单位：mm）

单圆管钢管面积： $A_\mathrm{s} = \dfrac{\pi}{4} \times (0.55^2 - 0.534^2) = 0.0136 \mathrm{m}^2$

单圆管混凝土面积： $A_\mathrm{c} = \dfrac{\pi}{4} \times 0.534^2 = 0.2240 \mathrm{m}^2$

单圆管钢管惯性矩： $I_\mathrm{s} = \dfrac{\pi}{64} \times (0.55^4 - 0.534^4) = 5.003 \times 10^{-4} \mathrm{m}^4$

单圆管混凝土惯性矩： $I_\mathrm{c} = \dfrac{\pi}{64} \times 0.534^4 = 0.00399 \mathrm{m}^4$

桁式拱肋截面钢材面积： $A_\mathrm{sl} = 4 \times A_\mathrm{s} = 4 \times 0.0136 = 0.0544 \mathrm{m}^2$

桁式拱肋截面混凝土面积： $A_\mathrm{cl} = 4 \times A_\mathrm{c} = 4 \times 0.2240 = 0.8960 \mathrm{m}^2$

桁式拱肋截面钢材惯性矩：
$$I_\mathrm{sl} = 4 \times (I_\mathrm{s} + A_\mathrm{s} d^2) = 4 \times (5.003 \times 10^{-4} + 0.0136 \times 1.225^2) = 0.0836 \mathrm{m}^4$$

桁式拱肋截面混凝土惯性矩：
$$I_\mathrm{cl} = 4 \times (I_\mathrm{c} + A_\mathrm{c} d^2) = 4 \times (0.00399 + 0.2240 \times 1.225^2) = 1.3605 \mathrm{m}^4$$

桁式拱肋截面整体压缩设计刚度：
$$\begin{aligned}(EA)_\mathrm{sc} &= E_\mathrm{s} A_\mathrm{sl} + E_\mathrm{c} A_\mathrm{cl} \\ &= 2.06 \times 10^{11} \times 0.0544 + 3.25 \times 10^{10} \times 0.8960 \\ &= 4.375 \times 10^{10} \mathrm{N}\end{aligned}$$

桁式拱肋截面整体弯曲设计刚度：
$$\begin{aligned}(EI)_\mathrm{sc} &= E_\mathrm{s} I_\mathrm{sl} + 0.6 E_\mathrm{c} I_\mathrm{cl} \\ &= 2.06 \times 10^{11} \times 0.0836 + 0.6 \times 3.25 \times 10^{10} \times 1.3605 \\ &= 4.375 \times 10^{10} \mathrm{N \cdot m}^2\end{aligned}$$

4.1.3 应用

在钢管混凝土拱整体极限承载能力方面，规范采用的是等效梁柱法，即按照拱的约束条件，将其等效为一定长度的梁柱，根据等效梁柱的极限承载力与拱特定位置的荷载效作用的对比，来计算拱的承载能力[3-5]。

由于在钢管混凝土柱的稳定极限承载力研究中，均采用毛截面，所以在采用等效梁柱法进行拱的极限承载力计算时，也采用了毛截面设计刚度，如规范第5.3节中单圆管、哑铃形和格构柱的承载力计算，计算长细比时所采用的均为毛截面，对此规范在第4.3.4条的钢管混凝土拱肋截面回转半径 i 的计算时明确规定按毛截面设计刚度计算，见式【4.3.4-1】(4.1-11)。

$$i = \sqrt{(EI)_{scl}/(EA)_{scl}} \qquad 【4.3.4\text{-}1】(4.1\text{-}11)$$

此外，在哑铃形拱肋的构件内力分配计算中也要用到毛截面刚度，即规范第5.2.1条，详见本书第6章相关内容。

在钢管混凝土拱桥的设计中，在进行钢管混凝土拱超静定结构的截面内力计算、第5.3.1条和6.0.3条的有限元空间稳定计算和正常使用极限状态下变形计算时，拱肋刚度应采用整体设计刚度。整体截面设计刚度中，弯曲设计刚度的计算考虑了混凝土开裂对截面弯曲刚度削弱的影响，而压缩设计刚度则仍采用钢和混凝土直接迭加，与毛截面的压缩设计刚度相同。

4.2 钢管混凝土（单圆管）构件刚度

如前所述，截面整体设计刚度主要用于有限元建模分析中，用于了解荷载作用下结构反应，因此，这种截面刚度的取值应以能准确反映钢管混凝土结构的受力特性为原则。

钢管混凝土作为组合构件，刚度的计算最简单的方法是直接将钢管和混凝土的刚度相加，见式(4.1-1)和式(4.1-2)。显然，式中的 EA、EI 应是整体符号。因为，如果 A 和 I 取钢管混凝土毛截面的截面积和惯性矩的话，则压缩时的变形模量（记为 E_{sc}^N）和受弯的变形模量（E_{sc}^M）是不同的，为明确起见，规范加了括号来表示其整体符号的意义。文献[6]将直接相加得到的刚度称为换算刚度，模量称为换算模量。由于钢管与管内混凝土存在着相互作用，许多学者认为钢管混凝土的实际刚度不等同于换算刚度、其变形模量不等同于换算模量，因此开展了许多的研究，相应的各种钢管混凝土结构规范中对此的规定也不尽相同。在国标编制时，对此进行了专题的分析。本节将对此分析结果进行简要的介绍。

4.2.1 压缩刚度
4.2.1.1 理论分析

文献[6]认为由于钢管与混凝土的相互作用，应该采用组合刚度。一般情况下，混凝土受到钢管的约束，处于三向受压应力状态，弹性模量比单向受压时高，组合压缩刚度也比换算刚度大。只有当混凝土强度等级较低、含钢率较小时，负紧箍力会使混凝土的弹性模量有所降低，组合压缩刚度略小于换算刚度。

文献[7]将钢管混凝土短柱分成混凝土和钢管两部分，对混凝土进行轴对称柱体分析和钢管的薄壳分析，考虑钢管和混凝土径向位移、纵向应变协调，建立了钢管混凝土短柱压缩刚度公式。

文献[8]应用连续介质的方法，根据弹性力学轴对称广义平面应变分析理论，导出了钢管混凝土柱组合轴压弹性模量和组合刚度的理论计算公式。

文献［9］应用弹性力学中的能量法和最小势能原理，对钢管混凝土柱进行了小变形的弹性理论分析，导出了钢管混凝土轴压组合弹性模量的理论计算公式和刚度计算公式。

文献［10］考虑钢管和混凝土之间的径向压力作用，建立了钢管混凝土中核心混凝土的弹性模量，进而导出钢管混凝土轴压组合刚度计算公式。

4.2.1.2　规范规定

各种钢管混凝土组合结构的规范对压缩刚度的取值进行了规定。英国BS5400[11]、美国AISC[12]、欧洲EC4[13]、美国ACI[14]、日本AIJ[15]、中国的CECS 28:2012[16]（对CECS 28:90修订后的版本，刚度的取值沿用CECS 28:90的相关规定）均采用钢管和混凝土两者的压缩刚度之和，也即采用了换算刚度，见式（4.1-1）和式（4.1-3）。

JCJ 01—89[17]没有区分轴压和弯曲刚度，只给出了一个组合弹性模量，以含钢率ρ为参数，对钢管与混凝土弹性模量进行叠加后再进行折减，见式（4.2-1），将其乘以钢管混凝土的毛截面面积就得到压缩刚度。

$$E_{sc} = 0.85[(1-\rho)E_c + \rho E_s] \tag{4.2-1}$$

式中：ρ——截面含钢率。

DL/T 5085—1999[18]将钢管混凝土作为一种材料，建立了组合构件的轴压弹性模量，即：

$$E_{sc}A_{sc} = E_{sc}(A_s + A_c) \tag{4.2-2}$$

式中：E_{sc}——钢管混凝土的组合轴压模量；

A_{sc}——钢管混凝土截面面积。

近年来我国编制的有关钢管混凝土结构的地方建设标准，如DBJ 13-51—2003[19]，较多地采用与式（4.2-2）相似的公式来计算钢管混凝土的压缩刚度，即采用组合弹性模量来计算组合刚度。

4.2.1.3　比较分析

文献［20］对各种规范受压弹性模量的计算结果进行了比较分析。结果发现，各种计算结果相差不是太大，其中采用换算弹性模量（文献［11］～［16］）的计算结果最大，JCJ 01—89的计算结果最小。显然，JCJ 01—89由于没有区分轴压和抗弯弹性模量，对轴压时也进行了折减，是不合理的。

文献［21］除了国内几本规程CECS 28:2012、JCJ 01—89和DL/T 5085—1999的计算方法外，还加入了文献［7］～［10］的理论方法，对钢管混凝土压缩刚度计算结果进行了对比。结果表明，除JCJ 01—89和DL/T 5085—1999的计算结果略小外，其余计算结果相差不大，且理论方法计算的结果均较CECS 28:2012的直接相加略高。

4.2.2　弯曲刚度

4.2.2.1　理论分析

文献［22］认为在正常使用荷载作用下，处于弹性阶段的钢管混凝土，其套箍作用尚不甚显著而可忽略，钢管犹如普通钢筋混凝土中的纵向钢筋一样与核心混凝土保持协调变形，根据钢管与核心混凝土的弹性变形协调条件，同时考虑到在构件弯曲过程中受拉区混凝土会开裂，导致管内混凝土的刚度将随荷载过程衰减，因此对管内混凝土的刚度进行了

0.6倍的折减,从而得到钢管混凝土抗弯设计刚度,见式(4.2-3)。

$$(EI)_c = E_s I_s + 0.6 E_c I_c \tag{4.2-3}$$

文献[6]根据"统一理论",导出了钢管混凝土组合抗弯模量,进而得到钢管混凝土组合弯曲刚度计算公式,见式(4.2-4)。

$$E_{scm} I_{sc} = E_{scm}(I_s + I_c) \tag{4.2-4}$$

此外,文献[6]还通过对截面组合惯性矩折减,给出了考虑管内混凝土开裂时的弯曲刚度计算方法。

文献[23]基于全过程分析,认为含钢率、钢材强度和混凝土等级对组合抗弯弹性模量的影响大体呈线性规律,其中含钢率的影响最为显著。

4.2.2.2 规范规定

CECS 28:2012计算钢管混凝土的弯曲刚度时,同压缩刚度一样,直接将钢管与管内混凝土的弯曲刚度相加,见式(4.1-2)

JCJ 01—89规定的弯曲刚度,以式(4.2-1)的组合弹性模量,乘以钢管混凝土的毛截面惯性矩得到。

DL/T 5085—1999应用"统一理论",建立了组合构件的抗弯弹性模量,见式(4.2-5)。

$$E_{sc} I_{sc} = E_{sc}(I_s + I_c) \tag{4.2-5}$$

DBJ 13-51—2003中钢管混凝土组合弹性弯曲刚度的计算见式(4.2-6),它考虑了对管内混凝土弯曲刚度0.8的折减。

$$EI = E_s I_s + 0.8 E_c I_c \tag{4.2-6}$$

从以上可以看出,国内规范对于弯曲刚度,与压缩刚度一样,有两大类的方法,一类是根据"统一理论"提出的按组合模量来计算;另一类是将钢管和混凝土的弯曲刚度简单叠加,并考虑到在构件弯曲过程中受拉区混凝土会开裂,将混凝土的弯曲刚度进行折减,其计算公式为$EI = E_s I_s + \alpha E_c I_c$。国外的规范基本上都与国内的第二类方法相似,具体计算方法列于表4.2-1。

钢管混凝土弯曲刚度的计算式　　　　　　表4.2-1

日本 AIJ	美国 AISC	美国 ACI	欧洲 EC4	英国 BS5400
$E_s I_s + 0.2 E_c I_c$	$E_s I_s + 0.8 E_c I_c$	$E_s I_s + 0.2 E_c I_c$	$E_s I_s + 0.6 E_c I_c$	$E_s I_s + E_c I_c$

4.2.2.3 比较分析

文献[20]对各种规范受弯模量的计算结果进行了比较分析。结果表明,CECS 28:2012和英国BS5400均未对钢和混凝土进行刚度折减,认为这两种材料在组合结构中完全发挥作用,计算的弯曲刚度最大。美国ACI和日本AIJ规范对混凝土弯曲刚度的折减系数只有0.2,所以计算结果最小。对于轴压与受弯弹性变形模量,一般受弯弹性变形模量E_{sc}^M要大于受压弹性变形模量E_{sc}^N。

文献[24]进行了6个圆钢管混凝土纯弯构件的试验。国内外相关规范计算结果与试验结果的对比表明,对于初始弹性刚度(取0.2极限弯矩时的切线刚度),美国的AISC和中国的DBJ 13-51—2003计算结果与试验结果吻合最好;对于使用阶段的弯曲刚度(取0.6极限弯矩时的切线刚度),欧洲EC4的计算结果吻合最好。

4.3 钢管混凝土拱的设计刚度取值研究

4.3.1 单圆管拱

文献[25]、[26]以福建群益大桥为研究对象，讨论了在不同加载工况下，钢管混凝土单圆管截面压缩刚度和弯曲刚度取值对拱的面内内力、应力、变形、稳定、自振频率与振型计算结果的影响。

研究结果显示，在压缩刚度的取值变化66%的情况下，内力计算结果最大的变化幅度仅为1.5%，而对于拱肋截面应力的计算，在拱肋受弯为主的工况中最大变化幅度为1.9%，在拱肋受压为主工况下也仅为4.6%~12.0%。

与此同时，在弯曲刚度取值变化幅度为62%的情况下，在拱肋受弯为主的工况中，其截面内力的变化幅度达到24.3%~25.7%；但在拱肋受压工况中，内力的变化幅度仅为0.4%。由此可见，在拱肋以受弯为主时，截面弯曲刚度的变化对内力的计算是有着较大的影响；当拱肋以受压为主时，截面弯曲刚度的变化对内力的影响就相对较小。而对于截面应力的计算，在压缩刚度与弯曲刚度变化幅度大致相当的情况下，弯曲刚度的变化对应力计算的影响幅度至少达到了16.1%，而压缩刚度的变化对应力计算的影响最多达到12.0%，因此弯曲刚度对拱肋截面应力计算的影响要大于压缩刚度的影响。

对于拱的挠度计算，由于拱的挠度由两部分组成，一部分为拱在弯矩作用下的下挠，另一部分为拱由于弹性压缩使拱轴线缩短引起的下挠。因此，无论是压缩刚度还是弯曲刚度的变化，均会影响拱的挠度计算结果。在基本相同取值变化幅度（压缩刚度的取值变化66%，弯曲刚度取值变化幅度为62%）情况下，当拱以受弯为主时，弯曲刚度的变化引起拱肋截面位移的变化幅度为20.3%~21.4%，而压缩刚度引起的变化仅为3.4%~12.9%；而当拱以受弯为主时，压缩刚度的变化引起拱肋截面位移的变化幅度为36.7%，而弯曲刚度仅为10.0%。

对于拱的弹性屈曲计算，压缩刚度取值变化对弹性屈曲临界荷载的计算结果影响极小，但弯曲刚度的取值则对计算结果有很大的影响。

在动力特性分析中，拱肋刚度取值的变化不会影响和改变钢管混凝土拱桥的振型，同时压缩刚度和弯曲刚度取值的变化对于各阶振型频率计算的影响较小。

由此可见，在进行钢管混凝土单圆管截面拱桥极限承载力分析时，有限元建模中截面压缩刚度的取值对内力、应力、稳定、动力特性的计算结果影响不大，在受压状态下对挠度的计算结果影响较大；而弯曲刚度的取值则对各项性能的计算结果均有影响。因此，钢管混凝土单圆管拱肋截面刚度的取值应以真实反应结构受力状态并考虑一定的安全度为原则。

根据前面钢管混凝土单圆管构件刚度分析的结果来看，压缩刚度取值分析时，钢管对混凝土的套箍作用并不明显。根据与文献[7]试验结果的对比，同时综合考虑准确性和安全度，建议拱截面的整体压缩设计刚度采用钢管与混凝土刚度的直接迭加，即$(EA)_{sc}=E_sA_s+E_cA_c$。

对于拱肋截面整体弯曲设计刚度，考虑混凝土开裂会对截面刚度产生削弱，可采用对混凝土刚度进行折减的计算方法，取折减系数为α，如式（4.3-1）所示。以下来分析α取值。

4.3 钢管混凝土拱的设计刚度取值研究

$$(EI)_{sc} = E_s I_s + \alpha E_c I_c \quad (4.3\text{-}1)$$

对文献［24］两种抗弯试件，取不同的 α 值，按式（4.3-1）计算的弯曲刚度值见表 4.3-1。

单圆管弯曲刚度计算值（kPa）　　　　　　　　　　　表 4.3-1

D (m)	t (m)	f_y	$\alpha=0.2$	$\alpha=0.6$	$\alpha=0.8$	$\alpha=1.0$
0.14	0.003	235	718	940	1050	1160
0.18	0.003	235	1620	2260	2570	2890

将试验值与计算值进行对比，结果见表 4.3-2。从表中可以发现，折减系数 α 取值为 0.6 时，计算值与实验值之比的平均值最接近 1，且方差最小，吻合情况最好。因此，综合考虑准确性与安全度等各方面因素，国标中钢管混凝土单圆管整体弯曲设计刚度计算时，取 α 为 0.6，即式【4.3.3-2】（4.1-4）。

单圆管弯曲刚度试验值与计算值比值表（kPa）　　　　　　　　　　　表 4.3-2

D (m)	t (m)	f_y	试验值	试验值/计算值			
				$\alpha=0.2$	$\alpha=0.6$	$\alpha=0.8$	$\alpha=1.0$
0.14	0.003	235	883~912	0.74~0.81	0.97~1.06	1.08~1.19	1.2~1.31
0.18	0.003	235	2321~2770	0.58~0.70	0.81~0.97	0.92~1.1	1.04~1.25
平均值				0.724	0.976	1.10	1.225
方差				0.070	0.069	0.071	0.072

4.3.2 哑铃形截面拱

对于钢管混凝土哑铃形截面，有限元分析有两种建模方法，如建模时哑铃形截面采用上下两根管分别建立模型，则这种情况下，上下肢管的压缩刚度的取值与单圆管相同；若采用单根管单元来模拟哑铃型截面，则这种情况下哑铃形截面整体压缩设计刚度的取值是否与单圆管截面一致需要进一步的分析。

文献［27］以福建新桐山大桥为背景工程，进行了钢管混凝土设计刚度取值（压缩刚度和弯曲刚度）对哑铃形钢管混凝土拱桥内力、应力、变形、稳定、动力特性等计算结果的影响分析。研究发现，刚度取值的影响与单圆管拱肋基本一致，并建议哑铃形钢管混凝土拱桥拱肋截面整体设计刚度取值采用与单圆管拱肋相同的形式。

因此，同样借鉴钢管混凝土单圆管截面整体压缩刚度的公式，来计算哑铃型截面的整体压缩刚度，见公式（4.3-2），文献［28］曾进行过钢管混凝土哑铃形轴压短柱的试验，将试验结果与公式（4.3-2）的计算结果进行对比，如表 4.3-3 所示：

$$(EA)_{sc}^{哑铃形} = E_s A_{sl} + E_c A_{cl} \quad (4.3\text{-}2)$$

哑铃形截面压缩刚度比较　　　　　　　　　　　表 4.3-3

管径 (m)	钢管壁厚 (m)	h (m)	b (m)	E_s ($\times 10^5$ MPa)	E_c ($\times 10^5$ MPa)	式（4.3-1） ($\times 10^5$ N)	实验值 ($\times 10^5$ N)	公式值/实验值
0.108	0.004	0.04	0.05	2.01	0.33	0.0117	0.0124	0.944
0.108	0.004	0.04	0.1	2.01	0.33	0.0124	0.0126	0.984
0.108	0.004	0.07	0.05	2.01	0.33	0.0127	0.0133	0.955

由表 4.3-3 可知，公式值与实验值较接近，为了进一步证明钢管混凝土哑铃形截面的整体压缩刚度也可用式（4.3-2）计算，以文献［29］所统计的参数为基础，建立有限元进行计算。图 4.3-1 为有限元计算值与式（4.3-2）计算结果的对比曲线。从图中可知，两者之间的结果十分接近，因此钢管混凝土哑铃形截面整体压缩设计刚度可采用混凝土压缩刚度与钢结构压缩刚度的迭加，即如式（4.3-2）的形式。

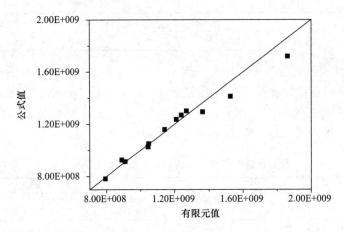

图 4.3-1 钢管混凝土哑铃形截面整体压缩刚度计算结果对比曲线

对于哑铃形截面的整体弯曲刚度，借鉴钢管混凝土单圆管截面弯曲刚度的计算形式，即将钢管和混凝土的弯曲刚度简单叠加，并考虑到在构件弯曲过程中受拉区混凝土会开裂，将混凝土的弯曲刚度进行折减，计算公式为 $(EI)_{sc}^{哑铃形}=E_sI_{s1}+\alpha E_cI_{c1}$，其中 α 分别取 0.2、0.4、0.6、0.8、1.0 进行分析，计算结果与文献［30］进行的钢管混凝土哑铃形构件抗弯试验数据进行对比，如表 4.3-4 所示。

从表 4.3-4 可知，由公式 $(EI)_{sc}^{哑铃形}=E_sI_{s1}+0.6E_cI_{c1}$ 计算得到的哑铃形截面弯曲刚度值与弹性阶段弯曲刚度的实验值最接近。为了进一步扩大数据样本，建立了有限元模型进行分析，图 4.3-2 为有限元值与公式值对比曲线，从图中可以看出，折减系数 α 取 0.6 或 0.8 时计算结果都与有限元值较接近，但取 0.6 偏于安全，利于工程应用。

哑铃形截面弯曲刚度试验值与计算值对比　　　　表 4.3-4

管径（mm）	壁厚（mm）	腹腔尺寸（mm）	弯曲刚度值（kN·m²）					试验值
			α 取值					
			1.0	0.8	0.6	0.4	0.2	
108	4	40×50	6930	6260	5590	4930	4260	5671

4.3.3 桁肋拱

文献［31］以福建石潭溪大桥（钢管混凝土多肢桁式拱桥）为实例，进行了弦管截面刚度取值对受力性能计算结果影响的分析。桁式拱肋截面压缩刚度由各弦杆的压缩刚度相加而成；弯曲刚度则由两部分相加而成，一部分是弦管弯曲刚度，另一部分是弦管压缩刚度与弦杆中心与中性轴距离的平方乘积。从工程实际调查结果来看，第二部分占了截面弯曲刚度的主要部分，而且跨径越大这项的影响也越大。因此，对于桁式拱肋来说，钢管混凝土弦杆的压缩刚度取值不仅影响到截面的压缩刚度，而且影响到截面的弯曲刚度。

4.3 钢管混凝土拱的设计刚度取值研究

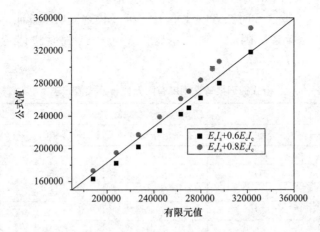

图 4.3-2 钢管混凝土哑铃形截面整体弯曲刚度有限元值与公式值对比曲线

由于在有限元分析中,钢管混凝土拱肋桁式截面建模时由四个单圆管组成,因此此时每根肢管的截面整体压缩刚度可直接采用单圆管的压缩刚度计算公式,即 $(EA)_{sc}^{桁式} = E_s A_{s1} + E_c A_{c1}$。

与哑铃形截面一样,桁式截面同样借鉴单圆管截面弯曲刚度计算的计算公式,考虑对混凝土截面弯曲刚度的折减。文献[32]曾进行了一组不同腹杆布置形式的钢管混凝土桁梁构件的抗弯实验,根据这组钢管混凝土梁的试验数据,按照计算公式,反算出混凝土刚度折减系数的取值在 0.45~0.6 之间,如表 4.3-5 所示。

桁式截面混凝土弯曲刚度折减系数试验值　　表 4.3-5

钢管混凝土桁梁腹杆布置形式	单斜 pratt	Pratt	Warren	修正 warren
混凝土截面弯曲刚度折减系数 α	0.57	0.48	0.50	0.47

进一步建立桁式截面梁有限元模型,扩大分析样本,以折减系数 α 取 0.6 或 0.5 进行分析,其公式计算结果与有限元计算结果的对比如图 4.3-3 和表 4.3-6 所示。

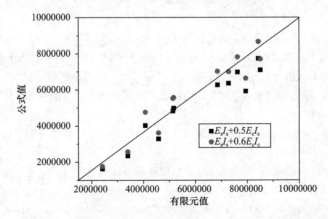

图 4.3-3 钢管混凝土桁式截面整体弯曲刚度有限元值与公式值对比曲线

从图 4.3-3 可见,α 取 0.6 或 0.5 的公式计算值与有限元计算结果均相近。进一步的分析,从表 4.3-6 的误差统计分析可知,二者的方差均为 0.03,表明公式值计算结果稳定,但从平均值来看 α 取 0.6 时二者的比值为 1.08,较之 α 取 0.5 时的 1.20 来说,计算结果与有限元值更为接近。因此,建议钢管混凝土桁式截面整体弯曲设计刚度取为 $(EI)_{sc}^{桁式}=E_sI_{sl}+0.6E_cI_{cl}$。

桁式截面梁弯曲刚度有限元值与公式值比较　　　　表 4.3-6

有限元值（kN·m²）	公式值（kN·m²）			
	$\alpha=0.5$	有限元值/公式值	$\alpha=0.6$	有限元值/公式值
2420	1620	1.49	1757.36	1.38
3400	2340	1.45	2565.97	1.33
4590	3280	1.40	3618.36	1.27
7950	5910	1.35	6628.9	1.20
4079	4029.36	1.01	4757.26	0.86
5140	4824.29	1.07	5521.66	0.93
7282	6350.83	1.15	6989.56	1.04
8520	7083.11	1.20	7693.72	1.11
5170	4981.71	1.04	5570.72	0.93
6858	6260.11	1.10	7011.83	0.98
7626	6968.84	1.09	7810.08	0.98
8445	7724.99	1.09	8661.21	0.98
平均值	1.20		1.08	
方差	0.03		0.03	

综合单圆管、哑铃形与桁肋拱的研究结果,钢管混凝土整体截面设计刚度中,压缩设计刚度直接采用截面上钢材部分与混凝土部分设计刚度迭加计算求得,弯曲设计刚度则在迭加计算时对管内混凝土刚度进行了 0.6 倍的折减,以考虑混凝土开裂对刚度削弱的影响,也就是国标第 4.3.3 条的规定,具体计算公式见式【4.3.3-1】(4.1-3) 和式【4.3.3-2】(4.1-4)。

第 4 章参考文献

[1] 陈宝春. 钢管混凝土拱桥计算理论研究进展 [J]. 土木工程学报,2003,36 (12):47-57

[2] Bao-chun Chen, Ton-Lo Wang. Overview of concrete filled steel tube arch bridges in China [J]. Practice Periodical on Structural Design and Construction, ASCE, 2009, 14 (2):70-80

[3] 陈宝春,秦泽豹. 钢管混凝土（单圆管）肋拱面内极限承载力计算的等效梁柱法 [J]. 铁道学报,2006,28 (6):99-104

[4] 韦建刚,陈宝春,吴庆雄. 钢管混凝土压弯拱非线性临界荷载计算的等效梁柱法 [J]. 工程力学,2010,27 (10):104-109

[5] 陈宝春,肖泽荣,韦建刚. 钢管混凝土哑铃形偏压构件试验研究 [J]. 工程力学,2005,22 (2):89-95

[6] 钟善桐. 钢管混凝土刚度的分析 [J]. 哈尔滨建筑大学学报,1999,32 (3):13-18

[7] 夏桂云,曾庆元,李传习,等. 钢管混凝土轴压刚度的分析与计算 [J]. 长沙交通学院学报,2003,19 (1):1-5

[8] 康希良,赵鸿铁,薛建阳,等. 钢管混凝土组合轴压刚度的理论分析 [J]. 工程力学,2007,24 (1):101-105

[9] 康希良,赵鸿铁,薛建阳,等.钢管混凝土套箍机理及组合弹性模量的理论分析[J].工程力学,2007,24(11):121-125

[10] 黄平明,卓静.受箍混凝土力学机理的研究[J].华东公路,2000,(122):26-29

[11] British Standards Institute,BS5400,Part 5,Concrete and Composite Bridges[S].Britain

[12] Load and Resistance Factor Design Specification for Structural Steel Buildings. 2nd ed[S]. America Institute of Steel Construction. Chicago. USA. 1999

[13] European Committee for Standardization,Eurocode 4:Design of Composite Steel and Concrete Structures[S]. Europe

[14] Building Code Requirements for Structural Concrete and Commentary ACI 318-99.[S]. Farmington Hills. American Concrete Institute. Detroit. USA. 1999

[15] AIJ.日本建築学会,コンクリート充填鋼管構造設計施工指針[S].1997

[16] 中国工程建设标准化协会标准CECS 28:2012.钢管混凝土结构设计与施工规程[S]

[17] 中国建材工业标准JCJ 01—89.钢管混凝土结构设计与施工规程[S]

[18] 中国电力行业标准DL/T 5085—1999.钢管混凝土组合结构设计规程[S]

[19] 福建省工程建设地方标准DBJ 13-51—2003.钢管混凝土结构技术规程[S]

[20] 陈宝春.钢管混凝土拱桥(第二版)[M].北京:人民交通出版社,2007

[21] 周晓华.蒋翔.钢管混凝土轴压刚度取值比较[J].公路,2003,(8):105-107

[22] 蔡绍怀.现代钢管混凝土结构[M].北京:人民交通出版社,2003

[23] 张文福,赵文艳,詹界东,等.钢管混凝土抗弯刚度的计算及影响因素[J].大庆石油学院学报,2001,25(2):100-101

[24] 卢辉,韩林海.圆钢管混凝土抗弯刚度计算方法探讨[J].福建建筑,2004,34(1):1-5

[25] 韦建刚,陈宝春,彭桂瀚.钢管混凝土(单圆管)刚度取值对静力计算的影响[J].公路交通科技,2004,21(11):47-51

[26] 陈宝春,韦建刚.钢管混凝土(单圆管)拱肋刚度对其动力特性的影响[J].地震工程与工程振动,24(3):105-109

[27] 韦建刚,王加迫,陈宝春.钢管混凝土哑铃形拱肋设计刚度取值问题研究[J].福州大学学报(自然科学版),35(4):582-587

[28] 陈宝春,黄福云,盛叶.钢管混凝土哑铃形短柱轴压实验研究[J].工程力学,2005,22(1):187-194

[29] 陈宝春,刘福忠,韦建刚.327座钢管混凝土拱桥的统计分析[J].中外公路,2011,31(3):96-103

[30] 盛叶.钢管混凝土哑铃形构件抗弯刚度分析[J].北方大学学报(自然科学版),2010,11(6):566-570

[31] 韦建刚,陈宝春.钢管混凝土拱桥拱肋刚度设计取值分析[J].交通运输工程学报,2008,8(2):34-39

[32] 黄文金,陈宝春.腹杆形式对钢管混凝土桁梁受力性能影响的试验研究[J].建筑结构学报,2009,30(1):55-61

第5章 钢管混凝土单圆管构件截面承载力计算

5.1 计算内容与方法

圆形钢管混凝土构件是钢管混凝土拱肋的基本单元。为保证结构的安全，无论是在单管截面，还是哑铃形和桁式截面中，均要对圆钢管混凝土构件进行承载力验算。因此，钢管混凝土单圆管构件截面承载力计算是钢管混凝土拱桥设计计算的基本内容，也是本规范计算方法中重要的内容。本章仅介绍钢管混凝土单圆管构件截面轴压和偏压承载力的计算方法，它主要体现在规范条文的5.2.2条、5.2.3条、5.2.4条和5.2.5条。哑铃形和桁式拱肋的截面计算将在第6章介绍，稳定计算将在第7章介绍。

5.1.1 轴心受压

5.1.1.1 基本公式（不考虑脱粘）

钢管混凝土单圆管截面轴心受压承载力 N_0，应按下式计算：

$$\gamma_0 N_s \leqslant N_0 \qquad 【5.2.2\text{-}1】(5.1\text{-}1)$$

$$N_0 = (1.14 + 1.02\xi_0) \cdot (1 + \rho_c) \cdot f_{cd} A_c \qquad 【5.2.2\text{-}2】(5.1\text{-}2)$$

式中：N_s——轴向压力组合设计值；

N_0——钢管混凝土单圆管截面轴心受压承载力；

ξ_0——钢管混凝土的约束效应系数设计值，按式【3.3.3-1】(5.1-3) 计算：

$$\xi_0 = \frac{A_s f_s}{A_c f_{cd}} \qquad 【3.3.3\text{-}1】(5.1\text{-}3)$$

ρ_c——钢管混凝土截面含钢率，按式【3.3.3-2】(5.1-4) 计算：

$$\rho_c = A_s / A_c \qquad 【3.3.3\text{-}2】(5.1\text{-}4)$$

f_{cd}——混凝土轴心抗压强度设计值；

A_s——钢管的截面面积（mm²）；

A_c——钢管内混凝土的截面面积（mm²）；

f_s——钢材抗拉、抗压和抗弯强度设计值（N/mm²），按规范表3.1.3采用；

f_{cd}——混凝土轴心抗压强度设计值（N/mm²），按规范表3.2.2采用。

5.1.1.2 考虑脱粘影响

对有脱粘影响的钢管混凝土单圆管截面轴心抗压强度设计值 N_0'，应按下式计算：

$$N_0' = K_t N_0 \qquad 【5.2.3】(5.1\text{-}5)$$

式中：N_0'——考虑脱粘影响的钢管混凝土单圆管截面轴心抗压强度设计值；

K_t——钢管混凝土承载力脱粘折减系数，拱顶截面取0.90，拱跨 $L/4$ 截面取0.95，拱脚截面取1.00，中间各截面的系数取值可用线性插值法确定。

5.1.2 偏心受压

钢管混凝土单圆管截面偏心受压承载力 N_{01}，应按下式计算：

$$\gamma_0 N_s \leq N_{01} \qquad \text{【5.2.4-1】(5.1-6)}$$

$$N_{01} = \varphi_e N_0 \qquad \text{【5.2.4-2】(5.1-7)}$$

式中：φ_e——偏心率折减系数；

N_{01}——钢管混凝土单圆管截面偏心抗压强度设计值。

钢管混凝土单圆管偏心受压构件承载力的偏心率折减系数 φ_e，应按下式计算：

$\dfrac{e_0}{r_c} \leq 1.55$ 时

$$\varphi_e = \dfrac{1}{1+1.85\dfrac{e_0}{r_c}} \qquad \text{【5.2.5-1】(5.1-8)}$$

$\dfrac{e_0}{r_c} > 1.55$ 时

$$\varphi_e = \dfrac{1}{2.50\dfrac{e_0}{r_c}} \qquad \text{【5.2.5-2】(5.1-9)}$$

式中：e_0——截面偏心距（mm）；

r_c——钢管内混凝土横截面的半径（mm）。

5.1.3 应用实例

某钢管混凝土柱，钢管为 $\phi 500\text{mm} \times 30\text{mm}$，Q235B 钢，内灌 C60 混凝土。由规范表 3.1.3 和表 3.2.2，得 $f_s = 205\text{MPa}$，$f_{cd} = 27.5\text{MPa}$，代入式【3.3.3-1】(5.1-3)，可得约束效应系数 ξ_0：

$$\begin{aligned}\xi_0 &= \dfrac{A_s f_s}{A_c f_{cd}} = \dfrac{[d^2 - (d-2t)^2] f_s}{(d-2t)^2 f_{cd}} \\ &= \dfrac{[500^2 - (500 - 2 \times 30)^2] \times 205}{(500 - 2 \times 30)^2 \times 27.5} \\ &= 2.162\end{aligned}$$

由式【3.3.3-2】(5.1-4)，可得截面含钢率 ρ_c：

$$\rho_c = \dfrac{A_s}{A_c} = 0.29$$

由式【5.2.2-2】(5.1-2)，可得其轴心受压承载力 N_0：

$$\begin{aligned}N_0 &= (1.14 + 1.02\xi_0) \cdot (1+\rho_c) \cdot f_{cd} A_c \\ &= (1.14 + 1.02 \times 2.162) \times (1+0.29) \times 27.5 \times 0.1936 \\ &= 22975 \text{kN}\end{aligned}$$

假设其轴向压力偏心距为 100mm，现计算钢管混凝土单圆管截面偏心受压承载力 N_{01}。先计算其偏心率：

$$\dfrac{e}{r_c} = \dfrac{100}{220} = 0.45 \leq 1.55$$

故按式【5.2.5-1】(5.1-8)，计算偏心率折减系数 φ_e：

$$\varphi_e = \dfrac{1}{1+1.85\dfrac{e_0}{r_c}} = \dfrac{1}{1+1.85 \times 0.45} = 0.546$$

将 φ_e 代入式【5.2.4-2】(5.1-7)，得单圆管截面偏心受压承载力：

$$N_{01} = \varphi_e N = 0.546 \times 22975 \text{kN} = 12544 \text{kN}$$

5.2 轴心受压承载力计算

随着钢管混凝土结构在土木工程中的应用不断发展,国内外对钢管混凝土的基本理论进行了大量的研究,在此基础上,国内外的许多规范都对钢管混凝土结构承载力的计算作出了规定。对于钢管混凝土轴心受压强度 N_0 的计算,从大的方面来说,可分为考虑紧箍作用和不考虑紧箍作用两大类,我国的规范均考虑紧箍作用。

规范编制组对众多的计算方法进行了分析,结果表明由于这些计算方法均建立在大量的试验研究基础之上,所以计算结果相差不大。规范目前采用的计算方法,主要基于其具有形式简单、参数适用范围广的特点而选用。

我国有关规范中,采用该计算方法的有行标《拱形钢结构技术规程》JGJ/T 249—2011[1]、福建省工程建设地方标准《钢管混凝土结构技术规程》DBJ/T 13-51—2010[2]以及行业标准《公路钢管混凝土拱桥设计规范》JTG/T D65—2012[3]和本书介绍的国标[4]。

5.2.1 规范所采用公式的研究介绍[5]

大量的试验研究表明,对于钢管混凝土轴心受压短试件,随着截面几何特性和物理特性参数的变化,钢管混凝土的荷载-变形关系曲线有的出现下降段,而有的则不出现下降段,如图 5.2-1,它主要与钢管混凝土的约束效应系数 ξ_0 [见式【3.3.3-1】(5.1-3)] 有关[5],图中各参数含义详见文献[5]。

为了合理确定钢管混凝土的轴压强度承载力指标,对圆形钢管混凝土的 $\sigma_{sc}-\varepsilon$ 关系曲线进行了大量的计算分析[5]。计算参数范围为:$f_y=200\sim700\text{N/mm}^2$, $f_{cu}=20\sim120\text{N/mm}^2$, $\alpha=0.03\sim0.2$。考虑到钢管和核心混凝土受力的特点,及钢管混凝土轴心受压时的工作特性等因素,在工程常用约束效应系数范围,即 $\xi=0.2\sim5$ 内,发现近似可用直线来描述 $\gamma_c(=f_{scy}/f_{ck})$ 与 ξ 之间的关系,如图 5.2-2 所示,钢管混凝土 $\sigma_{sc}-\varepsilon$ 关系全曲线上的轴压强度承载力指标 f_{scy} 可用式(5.2-1)计算。

$$f_{scy} = (1.14 + 1.02\xi) \cdot f_{ck} \tag{5.2-1}$$

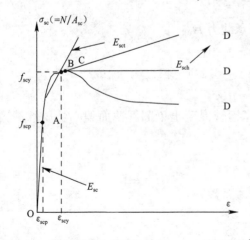

图 5.2-1 钢管混凝土典型的轴压 $\sigma_{sc}-\varepsilon$ 关系曲线[5]

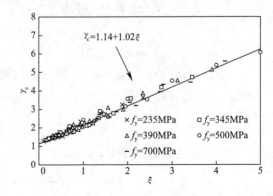

图 5.2-2 γ_c-ξ 关系[5]

确定了圆形钢管混凝土的轴压强度指标 f_{scy} 后,可导出钢管混凝土轴压强度承载力计算公式:

$$N_0 = (A_s + A_c) \cdot f_{scy} = (1 + \rho_c) \cdot A_c \cdot f_{scy} \qquad (5.2\text{-}2)$$

图 5.2-3 给出轴压强度承载力按式（5.2-2）的计算结果（N_{uc}），与收集到的不同研究者实验结果（N_{ue}）的对比情况，试件数量为 356 个。分析结果表明，N_{uc}/N_{ue} 比值的平均值和均方差分别为 0.924 和 0.103。可见，式（5.2-2）的计算结果与实验结果吻合较好，且总体上稍偏于安全。

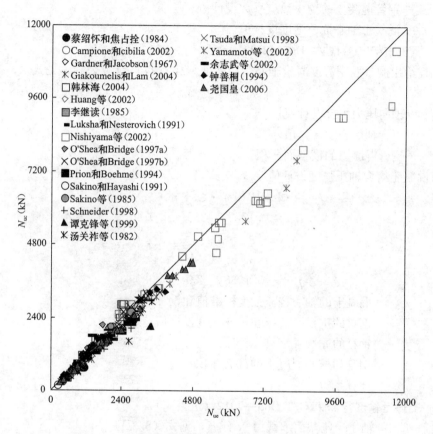

图 5.2-3　轴压强度承载力计算结果与实验结果比较[5]

需要说明的是，不同研究者在进行钢管混凝土轴心受压短试件的实验时，可能会由于实验方法、试件长短和承载力指标取法等方面的不同，从而导致轴压强度取值存在一定的差异，在进行比较时并没有试图区分这种差异。这种比较的目的只是期望从总体上说明该计算公式在计算钢管混凝土轴压强度承载力的准确程度[5]。

5.2.2　其他三本钢管混凝土拱桥规程的计算公式介绍

目前，国内有关钢管混凝土拱桥的规范有四本，除本书介绍的国标外，分别是福建省标《钢管混凝土拱桥技术规程》DBJ/T 13-136—2011[6]、重庆市标《公路钢管混凝土拱桥设计规范》CQJTG/T D66—2011[7] 和交通运输部行标《公路钢管混凝土拱桥设计规范》JTG/T D65—2012（送审稿）[3]。

5.2.2.1　福建省标 DBJ/T 13-136—2011[6]

该规程给出的钢管混凝土单圆管截面轴心受压承载力 N_0，按式（5.2-3）和式（5.2-4）

计算。

$$\gamma_0 N_s \leqslant N_0 \quad (5.2\text{-}3)$$

$$N_0 = f_{cd} \cdot A_c \cdot (1 + \sqrt{\xi_0} + \xi_0) \quad (5.2\text{-}4)$$

式中：N_s——轴向压力组合设计值；

N_0——钢管混凝土单圆管截面轴心受压承载力；

ξ_0——钢管混凝土的约束效应系数设计值；

f_{cd}——混凝土轴心抗压强度设计值。

5.2.2.2　重庆市标 CQJTG/T D66—2011[7]

该规程给出的单肢钢管混凝土轴心受压截面承载力 N 的计算公式，见式（5.2-5）。

$$\gamma_0 N \leqslant f_{sc} A_{sc} \quad (5.2\text{-}5)$$

式中：N——轴向压力组合设计值；

f_{sc}——组合轴压强度设计值；

A_{sc}——钢管混凝土的横截面面积。

钢管混凝土组合轴压强度设计值 f_{sc}，按式（5.2-6）~式（5.2-10）计算：

$$f_{sc} = (1.212 + \eta_s \cdot \xi_0 + \eta_c \cdot \xi_0^2) \cdot f_c \quad (5.2\text{-}6)$$

$$\eta_s = 0.1759 f_y/235 + 0.974 \quad (5.2\text{-}7)$$

$$\xi_0 = \alpha_s f_s / f_c \quad (5.2\text{-}8)$$

$$\alpha_s = A_s / A_c \quad (5.2\text{-}9)$$

$$\eta_c = -0.1038 f_{ck}/20 + 0.0309 \quad (5.2\text{-}10)$$

式中：f_{ck}、f_c——混凝土的轴心抗压强度标准值和设计值；

f_s——钢材的抗拉、抗压和抗弯强度设计值；

f_y——钢材的屈服强度；

A_s、A_c——钢管和核心混凝土的截面面积；

η_s、η_c——计算系数。

5.2.2.3　交通运输部行标 JTG/T D65—2012（送审稿）[3]

该规程给出的轴心受压截面承载力 N 计算，见式（5.2-11）。

$$\gamma N \leqslant \varphi_a \varphi_b f_{sc} A_{sc} \quad (5.2\text{-}11)$$

式中：γ——系数，无地震作用组合时，$\gamma = \gamma_0$；有地震作用组合时，$\gamma = \gamma_E$；

φ_a——构件条件系数，取 0.93；

φ_b——材料修正系数，取 0.95；

N——轴向压力组合设计值；

A_{sc}——钢管混凝土的组合截面面积；

f_{sc}——钢管混凝土组合轴压强度设计值。

钢管混凝土组合轴压强度设计值 f_{sc}，根据钢管壁厚 t，采用二段式进行计算，见式（5.2-12）~式（5.2-13）。

当 $t \leqslant 16\text{mm}$ 时

$$f_{sc} = (1.14 + 1.02\xi_0) \cdot f_{cd} \quad (5.2\text{-}12)$$

当 $t > 16\text{mm}$ 时

对 Q235 和 Q345 钢：$f_{sc} = 0.96 \times (1.14 + 1.02\xi_0) \cdot f_{cd} \quad (5.2\text{-}13\text{a})$

对 Q390 钢：$\qquad f_{sc} = 0.94 \times (1.14 + 1.02\xi_0) \cdot f_{cd}$ (5.2-13b)

式中：ξ_0——钢管混凝土的约束效应系数设计值；

f_{cd}——混凝土轴心抗压强度设计值。

5.2.3 不同规范计算方法比较分析

从这四本规范的相关规定来看，在计算截面几何尺寸上没有差异，主要差异在于对钢管和混凝土组合效应的考虑程度的不同。为便于比较，定义钢管混凝土轴压强度提高系数 k 的计算公式如下：

$$k = \frac{N}{f_{cd} A_c}$$ (5.2-14)

上式中，N 为各规范（程）计算所得轴压强度承载力。表 5.2-1 给出工程常用参数情况下，采用国标公式计算获得的钢管混凝土轴压强度提高系数 k 值。

钢管混凝土强度提高系数 k 值（第一组钢材）　　　　表 5.2-1

钢材强度等级	混凝土强度等级	含钢率 ρ_c								
		0.04	0.06	0.08	0.1	0.12	0.14	0.16	0.18	0.2
Q235	C30	1.824	2.184	2.556	2.941	3.338	3.747	4.169	4.602	5.049
	C40	1.663	1.939	2.223	2.517	2.820	3.132	3.453	3.784	4.124
Q345	C40	1.874	2.261	2.662	3.075	3.502	3.942	4.395	4.861	5.341
	C50	1.755	2.079	2.414	2.760	3.117	3.484	3.863	4.253	4.653
	C60	1.664	1.940	2.225	2.519	2.822	3.135	3.456	3.787	4.128
Q390	C60	1.726	2.034	2.353	2.682	3.022	3.371	3.732	4.103	4.484

相关统计资料表明，目前已建成的钢管混凝土拱桥中，90%左右的拱肋采用 Q345 钢材、C40 或 C50 混凝土、含钢率在 0.04～0.1 之间。为了较为充分地比较，以 Q235 和 Q345 钢材（第一组钢材）、C30～C50 混凝土、含钢率 0.04～0.12 为基准，变化含钢率参数，计算了四本规范的强度提高系数 k，具体结果见图 5.2-4，图中横坐标为含钢率参数，纵坐标为强度提高系数。

基于图 5.2-4 的比较结果，在钢管混凝土拱桥常用参数范围内，可得到如下结论：

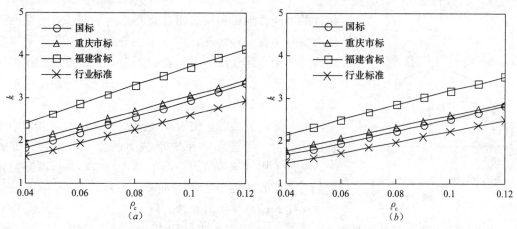

图 5.2-4　钢管混凝土轴压强度提高系数 k-ρ_c 关系曲线的比较（一）
(a) Q235 钢，C30 混凝土；(b) Q235 钢，C40 混凝土

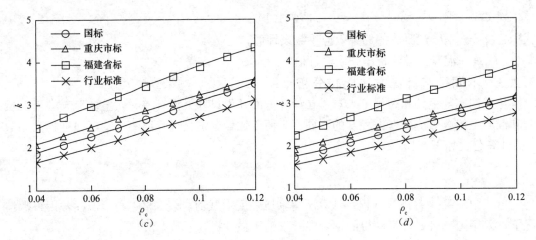

图 5.2-4　钢管混凝土轴压强度提高系数 k-ρ_c 关系曲线的比较（二）
(c) Q345 钢，C40 混凝土；(d) Q345 钢，C50 混凝土

(1) 福建地标计算获得的轴压强度提高系数最大，重庆市标其次，国标再次，行业标准计算值最小；

(2) 国标和重庆市地标计算获得的轴压强度提高系数值较为接近。

5.3　偏心受压承载力计算

5.3.1　规范采用的计算公式的介绍

在钢管混凝土拱桥中，拱肋以受压为主，同时承担部分弯矩，因此钢管混凝土拱肋构件多为偏心受压构件。钢管混凝土压弯构件，一开始受力就存在着挠曲，截面上的应力分布不均匀。

图 5.3-1 给出钢管混凝土偏心受压构件的轴力 N（或截面平均应力）和杆中最大横向挠度 y_m 的关系曲线示意图。曲线上 oa 段为弹性工作阶段。过了 a 点，截面受压区不断发展塑性，钢管和受压区混凝土之间产生了非均匀的紧箍力，构件处于弹塑性工作阶段，由构件的不同长细比和荷载相对偏心率的不同，危险截面上应力的分布有三种情况，相应于图 5.3-1 中三条荷载挠度曲线，即全截面受压[图 5.3-1 曲线（1）]、受压侧单侧发展塑性变形[图 5.3-1 曲线（2）]和压拉两侧都发展塑性变形[图 5.3-1 曲线（3）]。

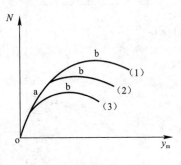

图 5.3-1　偏心受压构件
N-y_m 曲线

大量的研究表明，钢管混凝土偏压短柱的承载力小于轴压承载力。考虑偏心率对承载力的影响，在表达方式上，有的采用轴压承载力与小于 1.0 的偏心率折减系数相乘的方式，有的采用轴力-弯曲相关方程的方式。在各种计算方法中，偏心率折减系数有所不同。

规范编制组在大量分析基础上，参照《钢管混凝土结构设计与施工规程》CECS 28：90[8]第 4.1.3 条和 CECS 28：2012[9]第 5.1.3 条的计算方法制定。

5.3 偏心受压承载力计算

图 5.3-2 给出了采用式【5.2.4-1】(5.1-6) 计算的钢管混凝土偏压构件极限承载力 (N_{uc}) 与收集到的钢管混凝土偏压短柱实测结果 (N_{ue})[10-15] 的对比情况,实验数据 61 个。计算结果表明,N_{uc}/N_{ue} 的平均值为 0.905,均方差为 0.120,可见,规范公式计算结果与实验结果总体吻合,且稍偏于安全。

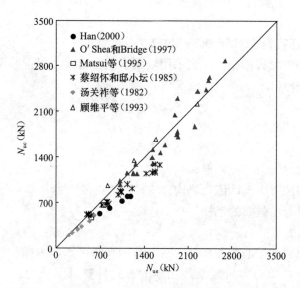

图 5.3-2 压弯构件承载力计算结果与实验结果的比较

5.3.2 其他规范规定

5.3.2.1 福建省标 DBJ/T 13-136—2011[6]

该规程给出的计算公式与国标基本相同,仅偏率折减系数略有差别,按式 (5.3-1) 和式 (5.3-2) 计算。

$\dfrac{e_{max}}{r_c} \leqslant 1.55$ 时

$$\varphi_e = \dfrac{1}{1 + 1.85 \dfrac{e_{max}}{r_c}} \qquad (5.3\text{-}1)$$

$\dfrac{e_{max}}{r_c} > 1.55$ 时

$$\varphi_e = \dfrac{0.3}{\dfrac{e_{max}}{r_c} - 0.4} \qquad (5.3\text{-}2)$$

5.3.2.2 重庆市标 CQJTG/T D66—2011[7]

该规程采用轴力-弯曲相关方程的形式,给出了钢管混凝土单圆管构件在承受压弯共同作用时的承载力计算公式,见式 (5.3-3)。

当 $N/A_{sc} \geqslant 0.2 f_{sc}$ 时

$$\dfrac{N}{N_u} + \dfrac{\beta_m \cdot M}{1.071 \cdot \gamma_m \cdot W_{sc} \cdot f_{sc}} \leqslant 1 \qquad (5.3\text{-}3a)$$

当 $N/A_{sc} < 0.2 f_{sc}$ 时

$$\frac{N}{1.4N_u} + \frac{\beta_m \cdot M}{\gamma_m \cdot W_{sc} \cdot f_{sc}} \leq 1 \quad (5.3\text{-}3b)$$

式中：N，M——分别为构件轴力和弯矩设计值；

β_m——等效弯矩系数，按《钢结构设计规范》GB 50017—2003[16]的规定取值；

γ_m——构件截面抗弯塑性发展系数，当 $\xi \geq 0.85$ 时，$\gamma_m = 1.4$；当 $\xi < 0.85$ 时，$\gamma_m = 1.2$。

5.2.3.3 交通运输部行标 JTG/T D65—2012（送审稿）[3]

该规范与国标和福建省标相似，也采用轴压承载力与偏心率折减系数相乘的方式，具体计算公式见式（5.3-4）。

$$\gamma N \leq \varphi_a \varphi_b \varphi_e f_{sc} A_{sc} \quad (5.3\text{-}4)$$

式中：φ_e——弯矩折减系数，$\varphi_e = 1/(1+1.85e_0/r)$；

e_0——偏心距 $e_0 = M/N$，要求 $e_0/r \leq 1.55$；

N——压弯构件轴向力设计值；

M——压弯构件弯矩设计值，取构件两端弯矩的较大值；

r——钢管混凝土截面的半径。

5.3.3 比较分析

对于钢管混凝土拱肋偏心受压构件，从上节的介绍可知，国标和福建省标、交通部行标均采用轴压承载力与偏心率折减系数相乘的方式计算其承载力。三者计算方法中，当 $e_0/r \leq 1.55$ 时的偏心率折减系数时是相同的。对于交通部行标，要求 $e_0/r \leq 1.55$，所以不会出现 $e_0/r > 1.55$ 的情况。对于福建省标，$e_0/r > 1.55$ 时，其偏心率折减系数表达公式与国标相近，计算结果差别不大，且从交通部行标可知，出现这种情况也不多，所以这里就不再比较。以下主要比较重庆市标与国标的不同。

为了便于比较，图 5.3-3 给出了典型参数（Q345 钢材、C50 混凝土、含钢率 0.05 和 0.1）情况下计算偏压构件的 $N/N_0 \sim M/M_0$ 截面相关关系曲线的比较。从图 5.3-3 的比较结果可见，国标和重庆市标的偏压相关曲线均为两条折线，二者差异总体不大，当轴力较小时，两条曲线的差异稍大。

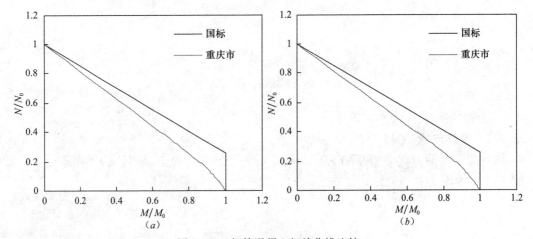

图 5.3-3 钢管混凝土相关曲线比较
(a) 含钢率=0.05；(b) 含钢率=0.1

5.4 钢管混凝土拱肋脱粘问题研究

5.4.1 研究简介

钢管混凝土组合结构在力学性能方面的主要优势有钢管对管内混凝土的套箍作用和管内混凝土对钢管向内变形的阻止作用。钢管与管内混凝土结合紧密，是使其优势充分发挥的保证。然而，大量工程实践表明，钢管与混凝土之间经常会出现界面分离的现象。界面分离现象可分为两种，一种是由于施工质量引起的较大程度的脱离，可称之为脱空。脱空应通过提高施工技术，改进施工工艺来避免，因此国标在承载力计算时没有考虑脱空的情况；另一种是由于混凝土收缩、温度变化等非质量原因引起的二者之间粘结力的丧失，可称之为脱粘。

对于钢管混凝土柱中脱粘部位和尺寸，已有进行了一些调查。对圆形截面钢管混凝土柱和方形截面钢管混凝土试验柱的调查表明，这些钢管混凝土柱中存在一定程度的脱粘，脱粘厚度大约为0.2~0.6mm，脱粘部位无明显规律[17,18]。文献[19]对我国66座钢管混凝土拱桥的调查结果显示，60座发现了脱粘的现象，约占总样本的90.9%；其中18座脱粘严重，达到27.3%。文献[18]~[23]的调查也均表明，钢管混凝土拱存在着较为普遍的脱粘现象，脱粘尺寸多为1~3mm左右；而脱粘部位以拱顶上部最为严重，1/4拱肋和拱脚处也存在一定程度的脱粘，其余部位具有不确定性。因此，应该区分钢管混凝土拱桥拱顶处、1/4拱肋和拱脚处脱粘对截面承载力的影响。

目前国内外已颁布多部关于钢管混凝土结构设计与施工的规程。国外的有欧洲规范EC4[24]，英国规范BS5400-5[25]，日本规范AIJ[26]，以及美国的两本规范ACI[27]和AISC[28]。国内的主要有JCJ 01—89[29]，CECS 28:2012[9]，DL/T 5085—1999[30]和DBJ/T 13-51—2010[2]等。但是这些规程中都没有对脱粘问题是否会对钢管混凝土结构产生影响，以及其影响程度究竟有多大进行相应的规定。

《公路钢管混凝土桥梁设计与施工指南》[31]有相关的表达。该指南开展了不同脱粘宽度W_d（无脱粘、9mm和15mm）情况下，钢管混凝土柱极限承载力变化的试验研究，应用有限元实体模型，计算了不同脱粘宽度W_d（无脱粘、5mm、10mm、15mm、20mm、40mm和80mm）对钢管混凝土柱极限承载力的影响。结果显示随着脱粘宽度W_d增大，钢管混凝土柱的承载能力降低，构件的轴向应变不均匀性增加。指南定义脱空折减系数为K_t。规定当脱粘率A_d不大于1.2%时，脱空折减系数K_t取0.97；当脱粘率A_d大于1.2%时，由于构件应变的不均匀性更明显，出现侧弯破坏，建议对脱粘进行修补。

此外，行标JTG/T D65—2012（送审稿）[3]规定当脱空率小于0.6%时，可取脱空折减系数$K_t=0.95$；当脱空率大于0.6%时，或脱空高度大于5mm时，应对钢管内混凝土脱空缺陷进行修补。

上述指南和行标均未对脱粘角度率R_d的影响进行相应的研究和规定。同时脱粘对钢管混凝土轴压柱力学性能影响的计算结果是否直接适用于脱粘钢管混凝土拱，并没有进行相应的说明。

现有研究中，考虑脱粘的主要参数有脱粘宽度W_d、脱粘角度率R_d、脱粘长度L_d、脱粘率A_d、钢管混凝土套箍系数ξ、长细比λ和偏心率e/r等。图5.4-1显示了脱粘宽度

W_d、脱粘角度率 R_d 和脱粘长度 L_d 的定义方式，其中脱粘宽度 W_d 是指钢管混凝土构件横截面上钢管与混凝土的径向脱粘距离最大值；脱粘角度率 R_d 是指钢管混凝土构件横截面上产生脱粘区域角度 θ 与整个截面角度 2π 的比值；脱粘长度 L_d 是指钢管混凝土构件纵向脱粘现象出现区域的长度。脱粘率 A_d 是指钢管混凝土横截面上脱粘区域的面积与整个截面面积之比。国标编制组研究脱粘问题，采用了脱粘角度率的定义。

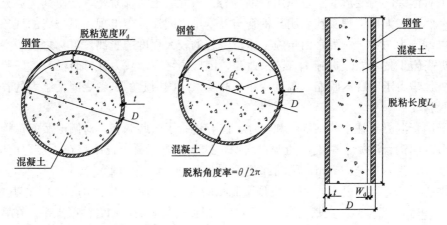

图 5.4-1 脱粘影响参数示意图

大量工程实践表明，脱粘处的空隙厚度一般较为均匀且不大，以拱顶截面出现为多，拱脚截面极少。国标第 12.3.2 对管内混凝土浇筑后的质量检验提出"检测发现钢管混凝土拱肋脱粘（角度）率大于 20% 或脱粘空隙厚度大于 3mm 时，应对脱粘处进行钻孔压浆补强处理"。因此，5.2.3 条考虑脱粘对承载力的影响计算是基于脱粘（角度）率不大于 20% 或脱粘空隙厚度不大于 3mm 的情况。

以下介绍我们对脱粘问题的研究[32]。

5.4.2 试验研究

5.4.2.1 试验简介

试验共制作了 24 根试件，试件的外径为 219mm，长度为 700mm，脱粘空隙厚度为 3mm，脱粘空隙长度为 700mm，即构件全长。试验取加载方式、套箍系数和脱粘空隙弧长率为主要参数。按照套箍系数的不同（分别为 0.43、0.58、0.73）将每部分试件分成 3 组（采用不同的钢管壁厚分别为 3mm、4mm、5mm）。试件分成两部分，分别进行轴心加载和偏心加载。每组 4 根试件，其中 1 根为无脱粘对比试件。其余 3 根考虑不同的脱粘空隙弧长率（0.25，0.50 和 0.75）。图 5.4-2 为其中一组不同脱粘空隙弧长率试件横截面图。

试件详细资料见表 5.4-1。试件编号中首字母 D 表示有脱粘试件，字母 N 表示无脱粘试件。字母后面的第一个数字（3、4、5）分别表示不同的钢管壁厚（3mm、4mm、5mm），其代表不同的套箍系数（0.43、0.58、0.73）。第二个数字（0、1、2、3）分别代表不同的脱粘空隙弧长率（0.25、0.5、0.75）。最后一个字母 A、E 分别代表轴心加载和偏心加载。例如，试件 D3-2-E 表示偏心加载，脱粘空隙弧长率为 0.5 的钢管混凝土短柱（钢管壁厚为 3mm）。

5.4 钢管混凝土拱肋脱粘问题研究

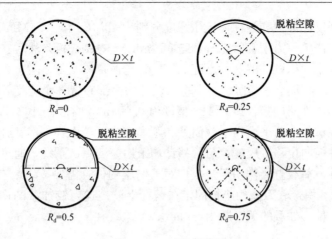

图 5.4-2 试件横截面

脱粘试件资料一览表　　　　表 5.4-1

序号	试件编号	壁厚 t (mm)	含钢率 α	套箍系数 ξ	偏心率 e (mm)	脱粘空隙弧长率 R_d	极限承载力 $N_{u,EXP}$ (kN)	脱粘极限承载力影响系数 K_D
1	N3-0-A	3	0.057	0.43	0	0	2647	1
	D3-1-A					0.25	2433	0.919
	D3-2-A					0.5	2306	0.871
	D3-3-A					0.75	2281	0.862
2	N4-0-A	4	0.077	0.58	0	0	2896	1
	D4-1-A					0.25	2602	0.895
	D4-2-A					0.5	2538	0.861
	D4-3-A					0.75	2503	0.853
3	N5-0-A	5	0.098	0.73	0	0	3218	1
	D5-1-A					0.25	2805	0.872
	D5-2-A					0.5	2706	0.841
	D5-3-A					0.75	2673	0.831
4	N3-0-E	3	0.057	0.43	50	0	1457	1
	D3-1-E					0.25	1282	0.880
	D3-2-E					0.5	1265	0.868
	D3-3-E					0.75	1245	0.855
5	N4-0-E	4	0.077	0.58	50	0	1634	1
	D4-1-E					0.25	1434	0.878
	D4-2-E					0.5	1408	0.861
	D4-3-E					0.75	1392	0.852
6	N5-0-E	5	0.098	0.73	50	0	1847	1
	D5-1-E					0.25	1602	0.867
	D5-2-E					0.5	1573	0.851
	D5-3-E					0.75	1559	0.844

说明：所有试件管径均为 219mm，长度均为 700mm。

对每种钢板厚度（3mm、4mm、5mm）各制作了 6 根标准拉伸试件，测得钢材的平均屈服强度和平均极限强度分别为 313MPa 和 418MPa。试件的混凝土强度等级为 C50，测得混凝土抗压强度标准值和圆柱体抗压强度分别为42MPa和52.5MPa。

试验在混凝土浇筑前沿钢管管壁插入厚度为3mm的镀锌板,然后在混凝土浇筑后一段时间拔出镀锌板来模拟试件的脱粘空隙。

试验的加载方法如图5.4-3所示。在每个试件的中部布置8个应变片来测量其纵向应变和环向应变。在试件两侧竖直放置4个精度为0.005mm的位移计(LVDTs)来测量试件纵向位移。并在试件弯曲平面内中截面处和距离上、下端面各一倍管径处水平放置3个位移计来测量试件横向位移。应变片与位移计均采用应变测试系统,通过电脑采集数据。

对于轴压构件,荷载直接作用于垫板。对于偏压构件,需要2块带有刀槽的垫板和2块刀铰用于加载。2块带有刀槽的垫板固定在盖板上以传递刀铰加载的作用力。这样就可以准备施加荷载。偏心加载的偏心距为50mm。

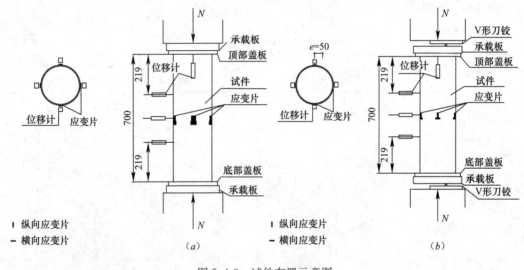

图 5.4-3 试件布置示意图
(a) 轴压;(b) 偏压

试验在福州大学结构工程试验中心的500t压力机上进行。试验采用分级加载。在构件弹性阶段,每级荷载为预计极限荷载的1/40,每级荷载的持荷时间约为2~3min;当荷载达到0.6倍预计极限荷载后,每级加载减为预计极限荷载的1/60。直到构件的承载能力急剧下降时停止加载。

5.4.2.2 试验结果及分析

对比加载后试件的破坏模式,发现不同脱粘空隙弧长率试件的破坏模式与无脱粘试件几乎相同。钢管的典型破坏模式就是局部屈曲(向外褶皱)。所有偏压构件(有脱粘和无脱粘)破坏模式都表现为侧向弯曲。但是,有脱粘试件钢管的局部屈曲现象比无脱粘试件的更严重。并且,随着脱粘空隙弧长率的增大,局部屈曲也更加严重。

图5.4-4为试件荷载N-纵向位移U_V曲线,图5.4-5为试件荷载N-$L/2$处横向位移$U_{L/2}$曲线。从图可以看出,加载初期试件位移与荷载几乎成正比;到约70%极限承载力时,轴压试件纵向位移和偏压试件横向位移变化值明显增大;达到极限承载后,轴压试件荷载迅速下降,偏压试件荷载下降较为平缓。表5.4-1列出了所有构件的极限承载力。可以发现,随脱粘空隙弧长率R_d的增大,试件的极限承载力明显下降,而刚度稍有降低。

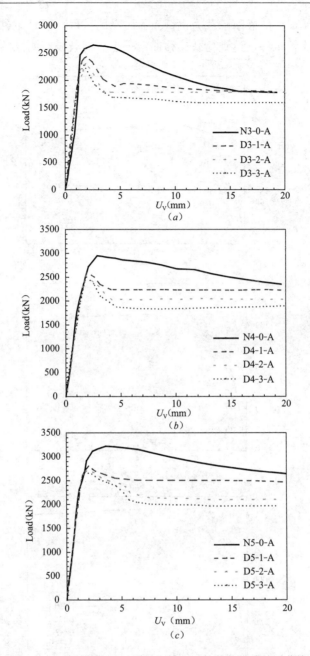

图 5.4-4　单圆管短柱（脱粘）轴压试件荷载位移关系曲线
(a) $t=3$mm；(b) $t=4$mm；(c) $t=5$mm

对于轴压试件，从图 5.4-4 可以看出，每组脱粘试件的极限承载力低于无脱粘的试件。脱粘试件达到极限承载力时对应的位移小于无脱粘试件。除此之外，达到极限承载力之后，脱粘试件的承载力比无脱粘试件下降得更快。但是，当荷载下降到某一值时就不再降低了，荷载可以保持甚至有略微的增大。这是因为部分脱粘空隙由于混凝土的膨胀和钢管向内的屈曲而消失，钢管对核心混凝土产生了套箍作用。

对于偏压试件，从图 5.4-5 可见，脱粘和无脱粘试件的荷载位移曲线的形状几乎是相同的。每组中，脱粘试件的极限承载力也低于无脱粘的试件。脱粘试件达到极限承载力时对应的位移小于无脱粘试件，达到荷载位移曲线顶点后荷载没有明显的降低。

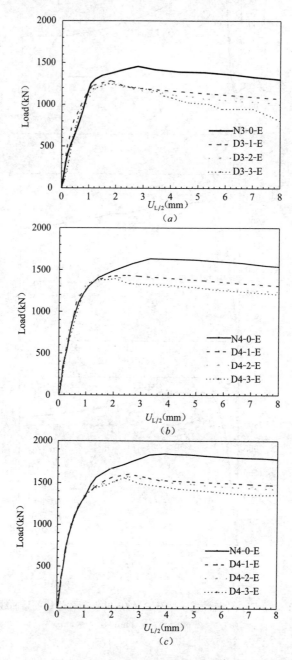

图 5.4-5　单圆管短柱（脱粘）偏压试件荷载位移关系曲线
(a) $t=3$mm；(b) $t=4$mm；(c) $t=5$mm

定义了脱粘钢管混凝土单圆管短柱极限承载力折减系数 K_D，如式（5.4-1）所示。

$$K_D = N_D/N_u \tag{5.4-1}$$

式中：N_D——脱粘试件的极限承载力；

N_u——无脱粘标准试件的极限承载力。

试验结果见图 5.4-6。结果表明，随着脱粘空隙弧长率 R_d 的增大，试件的脱粘极限承载力折减系数 K_D 逐渐减小。随着套箍系数的增大，试件的脱粘极限承载力折减系数 K_D 也逐渐减小。

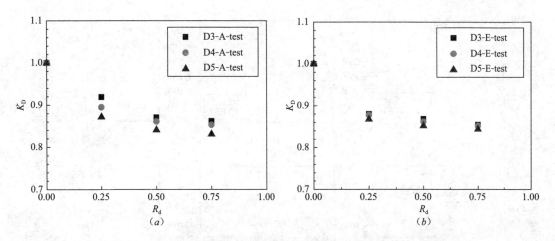

图 5.4-6 脱粘空隙弧长率对脱粘极限承载力折减系数 K_D 的影响
(a) 轴压；(b) 偏压

5.4.3 有限元分析和简化计算公式
5.4.3.1 有限元模型

采用 ABAQUS 有限元软件进行有限元分析。计算中考虑了材料和几何双重非线性，运用了著名的牛顿-拉弗森增量迭代法，采用变形控制技术追踪加载路径。分析采用了 ABAQUS 单元库中的三种单元。钢管采用四节点缩减积分格式的壳单元 S4R。壳单元厚度方向采用 9 个积分点的 Simpson 积分。采用八节点缩减积分格式的三维实体单元 C3D8R 模拟核心混凝土；采用四节点双线性四边形刚体单元 R3D4 模拟不变形的端板；通过钢管和混凝土之间的空隙来模型脱粘。对于加载方式，所有试件均采用位移控制的分级加载，并根据平衡方程计算每级加载后钢管混凝土构件的反应。建立的有限元模型如图 5.4-7 所示。

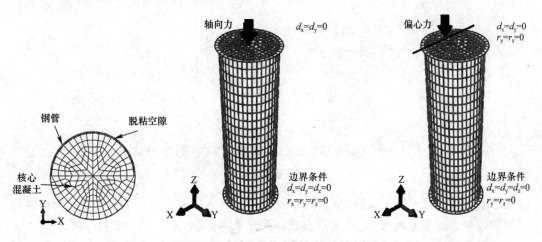

图 5.4-7 脱粘构件有限元模型示意图

有限元计算的荷载位移曲线与试验的荷载位移曲线非常接近，表明有限元模型能够较好地模拟脱粘钢管混凝土短柱的荷载位移曲线。图 5.4-8 给出了部分试件有限元计算的荷载位移曲线与相应的试验曲线的对比情况，实心点表示试验的荷载位移曲线，实线表示有限元模型的结果。

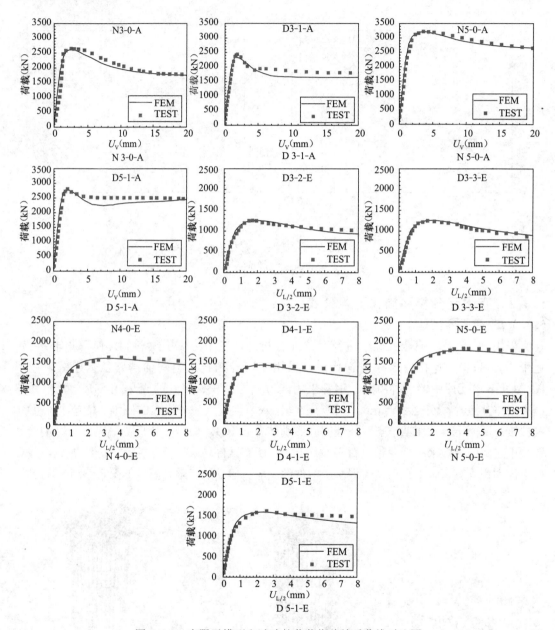

图 5.4-8 有限元模型和试验的荷载位移关系曲线对比图

5.4.3.2 简化计算

为了对脱粘钢管混凝土试件的极限承载力进行更深入的研究，提出钢管混凝土单圆管短柱极限承载力折减系数 K_D 简化计算公式，因此采用有限元模型进行参数分析。

通过参数分析中可知，套箍系数、脱粘空隙弧长率和脱粘空隙厚度为主要的影响因素。考虑到实际的钢管混凝土工程中脱粘空隙厚度检测的难度,因此在简化计算公式中取 3mm 作为脱粘空隙厚度的最大临界值。这样,简化计算公式中的参数为套箍系数 ξ 和脱粘空隙弧长率 R_d。国标规定钢管混凝土单圆管的套箍系数 ξ 不宜小于 0.6,所以拟合分析中取 ξ 大于或等 0.6。

根据参数分析结果,采用拟合分析,提出简化计算公式为:

$$N_D = K_D \cdot N_u$$

$$K_D = \begin{cases} 1 - a_1 \cdot R_d & (0 \leqslant R_d \leqslant 0.3) \\ 1.015 - 0.3 \cdot a_1 - 0.05 \cdot R_d & (0.3 \leqslant R_d \leqslant 1) \end{cases} \quad (5.4\text{-}2)$$

式中:系数 $a_1 = \begin{cases} 0.25 \cdot \xi + 0.25 & (0.6 \leqslant \xi \leqslant 1.5) \\ 0.625 & (1.5 \leqslant \xi) \end{cases}$

为了分析计算公式的精度,进行了大量对比计算。如图 5.4-9 所示的脱粘空隙弧长率-脱粘极限承载力折减系数 (R_d-K_D) 曲线,实心点代表试验的荷载位移关系曲线,空心点代表有限元模型分析结果,虚线代表简化计算公式的结果。除此之外,图 5.4-10 所示为简化公式、试验和有限元模型分析结果的脱粘极限承载力折减系数对比,x 轴为套箍系数,y 轴为脱粘极限承载力折减系数 K_D 的比值。从中可以发现三者的偏差小于 5%,其平均值和均方差分别为 0.998 和 0.0003。因此,简化计算公式有较高的精度,可以用来估算试验和相关有限元模型的极限承载力折减系数 K_D。

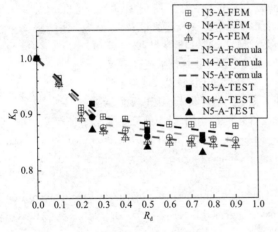

图 5.4-9 试验、有限元模型、简化计算公式的脱粘空隙弧长率-脱粘极限承载力折减系数 (R_d-K_D) 曲线

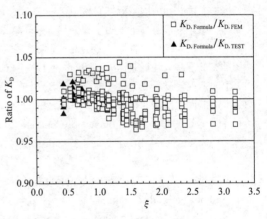

图 5.4-10 精度分析

为了便于工程应用,表 5.4-2 给出了常用参数范围内,脱粘钢管混凝土结构极限承载力折减系数的具体数值。中间值可采用插入法取得。

实际上,设计文件中一般是不允许拱肋存在脱粘现象的,式(5.5-2)或表 5.4-2 主要用于使用中钢管混凝土拱桥的拱肋承载力的计算。在设计中,所考虑的脱粘对承载力的影响,主要考虑在实际使用过程中,对于拱肋存在的较小的、难以补强的脱粘对承载力的影响,如第 5.4.1 节所述,国标第 12.3.2 条提出脱粘(角度)率大于 20% 或脱粘空隙厚度大于 3mm 时应进行补强。因此,取最不利的情况,将脱粘(角度)率等于 20%、脱粘空隙厚度等于 3mm 代入式(5.5-2)或表 5.4-2,取常见的钢管混凝土套箍

系数 ξ 为 1.0，可求得承载力折减系数为 0.90。进一步的研究表明，对于偏心受压构件脱粘率的影响要小于对轴压构件的影响。调查结果显示拱顶截面上部的脱粘现象最严重，综合安全性与经济性，拱顶截面的承载力考虑较大的折减，取折减系数为 0.90；而拱脚处一般不会脱粘，取折减系数为 1.0；1/4 拱肋处脱粘程度认为介于拱顶与拱脚之间，取承载力折减系数为 0.95。

钢管混凝土单圆管极限承载力折减系数值列表 表 5.4-2

ξ \ R_d	0	0.1	0.2	0.3	0.5	0.7	0.9
0.6	1	0.96	0.92	0.88	0.87	0.86	0.85
1.0	1	0.95	0.90	0.85	0.84	0.83	0.82
≥1.5	1	0.94	0.88	0.81	0.80	0.79	0.78

注：表中各参数常用范围分别为：f_{cu}＝C30～C60；f_s＝Q235；Q345；Q390；R_d＝0～0.9；ξ≥0.6；D＞219mm；适用于轴压构件或小偏心受压构件。

第 5 章参考文献

[1] 中华人民共和国行业标准 JGJ/T 249—2011，拱形钢结构技术规程 [S]

[2] 福建省工程建设地方标准 DBJ/T 13-51—2010，钢管混凝土结构技术规程 [S]

[3] 中华人民共和国行业标准 JTG/T D65，钢管混凝土拱桥设计规范 [S]（报批稿）

[4] 中华人民共和国国家标准 GB 50923—2013，钢管混凝土拱桥技术规范 [S]

[5] 韩林海，钢管混凝土结构—理论与实践（第二版）[M]．北京：科学出版社，2007

[6] 福建省工程建设地方标准 DBJ/T 13-136—2011，钢管混凝土拱桥技术规程 [S]

[7] 重庆市公路工程行业标准 CQJTG/T D66—2011，钢管混凝土拱桥设计规范 [S]

[8] 中国工程建设标准化协会标准 CECS 28：90，钢管混凝土结构设计与施工规程 [S]

[9] 中国工程建设标准化协会标准 CECS 28：2012，钢管混凝土结构设计与施工规程 [S]

[10] Han, L. H., The Influence of Concrete Compaction on the Strength of Concrete Filled Steel Tubes [J]. Advances in Structural Engineering-An International Journal, 2000, Vol. 3, No. 2, 131-137

[11] O'Shea, M. D. and Bridge, R. Q., Local Buckling of thin-walled circular steel sections with or without internal restraint [J], Department of Civil Engineering Research Report No. R740, the University of Sydney, Sydney, Australia. 1997

[12] Matsui, C., Tsuda, K. and Ishibashi Y., Slender concrete filled steel tubular columns under combined compression and bending, Structural Steel, PSSC95, 4th Pacific Structural Steel Conference, Vol. 3, Steel-Concrete Composite Structures, Singapore, 1995, 29-36

[13] 蔡绍怀，邱小坛．钢管混凝土偏压柱的性能和强度计算 [J]．建筑结构学报，1985 (4)：32-41

[14] 汤关祚，招炳泉，竺惠仙，沈希明．钢管混凝土基本力学性能的研究 [J]．建筑结构学报，1982 (1)：13-31

[15] 顾维平，蔡绍怀，冯文林．钢管高强混凝土偏压柱性能与承载能力的研究 [J]，建筑科学，1993 (3)：8-12

[16] 中华人民共和国国家标准 GB 50017—2003，钢结构设计规范 [S]

[17] 胡玉涛，李艳丽．某钢管混凝土柱超声波检测与评价 [J]．科技信息，2008 (25)：175-176

[18] 周旭．方钢管与混凝土缝隙试验及方钢管混凝土组合异形柱研究 [D]．天津大学硕士学位论文，

2005

[19] 张劲泉，杨元海. 钢管混凝土拱桥设计、施工与养护关键技术研究专题四子课题—既有钢管混凝土拱桥养护技术研究报告 [R]. 交通部公路科学研究所，2006

[20] 童寿兴，商涛平. 拱桥拱肋钢管混凝土质量的超声波检测 [J]. 无损检测，2002，24（11）：464-466

[21] 童寿兴. 钢管混凝土脱粘的超声波检测与验证 [J]. 无损检测，2007（12）：731-732

[22] 张敏，虢曙安. 钢管拱混凝土脱空距离检测计算新方法的研究 [J]. 湖南交通科技，2008（34）：83-85

[23] 潘绍伟，叶跃忠，徐全. 钢管混凝土拱桥超声波检测研究 [J]. 桥梁建设，1997（1）：32-35

[24] EC4. European Committee for Standardization, Eurocode 4 (draft): Design of Composite Steel and Concrete Structures. Europe

[25] British Standards Institute BS5400. BS5400, Part 5, Concrete and Composite Bridges [S]

[26] 日本建筑学会 AIJ 1997，コンクリート充填钢管构造设计施工指针 [S]

[27] American Concrete Institute ACI 318-99. Building Code Requirements for structural Concrete and Commentary [S]

[28] America Institute of Steel Construction AISC-LRFD. 2nd ed. Load and resistance factor design specification for structural steel buildings [S]

[29] 中国建材工业标准 JCJ 01—89. 钢管混凝土结构设计与施工规程 [S]

[30] 国家经济贸易委员会 DL/T—5085—1999. 钢-混凝土组合结构设计规程 [S]

[31] 四川省交通运输厅公路规划勘察设计研究院，公路钢管混凝土桥梁设计与施工指南 [S]. 北京：人民交通出版社，2008

[32] J. Xue, B. Briseghella, B. Chen. Effects of debonding on circular CFST stub columns [J]. International Journal of Constructional Steel Research, 2011

第6章 钢管混凝土拱肋强度计算

6.1 计算内容与方法

6.1.1 本章内容

国标将钢管混凝土拱的承载能力极限状态计算分为强度计算和稳定计算两部分，分别见规范的第5.2节和第5.3节。第5章介绍了单圆管轴压、偏压承载力和考虑脱粘影响的承载力的计算内容与方法，本章继续介绍强度计算部分余下的内容，主要有哑铃形与桁肋组成构件的强度计算和哑铃形与桁肋截面强度计算。

对于单管截面，拱肋的组成构件只有一个，就是一根圆钢管混凝土，其组成构件就是整体截面。截面强度计算可直接采用第5章介绍的钢管混凝土构件截面承载力计算公式。对于哑铃形与桁式拱肋，构件计算时要计算其构成的单根圆钢管混凝土的承载能力，还应对腹板或腹杆、平联等其他拱肋组成构件和连接构造进行受力计算。这些连接件一般为钢构件，其承载能力可按钢结构计算。钢管混凝土节点和空钢管节点应按照钢管节点进行节点连接、节点承载力和节点疲劳计算。

在组成构件计算中，桁肋拱的组成构件若涉及稳定计算，则可按规范第5.3节的要求进行，见本书的第7章介绍。规范第5.1.4条对计算内容进行了规定："钢管混凝土拱强度计算应为拱肋各组成构件，稳定计算应包括各组成构件与拱肋整体。对桁式拱肋的钢管混凝土弦管，当单肢一个节间的长细比 λ_1 小于或等于10时，承载力计算可仅进行强度计算，并应符合本规范第5.2.2条~5.2.5条的规定；当 λ_1 大于10时，承载力计算应进行稳定计算，并应符合本规范第5.3.3条的规定。λ_1 的计算应符合本规范式（5.3.9-3）~式（5.3.9-5）的规定"。

哑铃形与桁肋截面强度计算可视为哑铃形短柱与格构短柱的（轴压与偏压）承载力计算。由第8章可知，钢管混凝土拱肋的面内稳定承载力计算按等效梁柱法，等效力取自 $L/4$ 截面。由于稳定承载力不大于偏压短柱承载力，因此，$L/4$ 截面的内力不需要再进行强度计算。而拱肋的其他控制截面则需要进行强度计算，如拱顶截面、拱脚截面以及其他可能的控制截面。

对于偏压长柱的稳定承载力，国标采用偏心率折减系数与长细比折减系数（稳定系数）相乘的方式来考虑二者的影响，所以本章介绍的哑铃形、格构短柱承载力计算公式，也是第7章稳定计算的基础（即在偏压短柱承载力基础上再乘以稳定系数）。

6.1.2 组成构件强度计算

6.1.2.1 钢管混凝土弦杆内力计算

拱肋构件验算时，首先要计算截面的内力。截面的内力可采用弹性理论计算。在内力计算时，如果将哑铃形截面或钢管混凝土拱肋截面当作一根杆件计算时，应将计算出来截面的内力分配到各根钢管混凝土构件上,进行单根钢管混凝土构件的强度验算。桁式截面高度较大,弦管分配到的弯矩较小,所以可以直接采用桁式截面进行内力分配。但对于哑铃形构件,由于其截面高度较小,如果不考虑每根钢管混凝土分配到的弯矩,假定各管只承受轴力,没有考虑偏心对承载力削弱的影响,计算结果将偏于不安全。

因此规范在第5.2.1条对哑铃形截面各肢内力计算时,规定"应考虑各肢所承受的弯矩",如图6.1-1所示。哑铃形截面一般由上下相同截面的两肢组成。此时各肢的内力可按式【5.2.1-1】(6.1-1)~式【5.2.1-4】(6.1-4)计算。

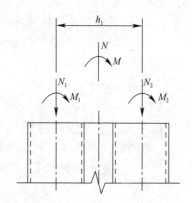

图 6.1-1 哑铃形拱肋内力计算示意图

$$M_1 = M_2 = \eta_1 M \qquad 【5.2.1\text{-}1】(6.1\text{-}1)$$

$$N_1 = \left[\frac{1}{2} + \frac{(1-2\eta_1)}{h_1}\frac{M}{N}\right]N, \quad N_2 = \left[\frac{1}{2} - \frac{(1-2\eta_1)}{h_1}\frac{M}{N}\right]N$$

$$【5.2.1\text{-}2】(6.1\text{-}2)$$

$$\eta_1 = \frac{1}{2 + 0.5h_1^2\chi} \qquad 【5.2.1\text{-}3】(6.1\text{-}3)$$

$$\chi = \frac{(EA)_{sc2}}{(EI)_{sc2}} \qquad 【5.2.1\text{-}4】(6.1\text{-}4)$$

式中:N,M——截面轴向力设计值和弯矩设计值(N,N·mm);

M_1,M_2——分配到两个肢管上的弯矩值(N·mm);

N_1,N_2——分配到两个肢管上的轴向力值(N);

η_1——单肢钢管混凝土和整个构件截面弯曲刚度之比;

h_1——哑铃形截面受弯面内两肢中心距离(mm);

χ——计算系数;

$(EA)_{sc2}$——单肢钢管毛截面轴压刚度,按式(4.1-7)计算;

$(EI)_{sc2}$——单肢钢管毛截面抗弯刚度,按式(4.1-7)计算。

对于桁式截面各弦杆的内力,简化计算时,可直接由截面内力平衡求得,各弦杆只受轴向力,而无弯矩,与实际结构相比,忽略了弦杆的弯矩,但由于其一般不大,属小偏心构件,对计算结果影响较小。

6.1.2.2 钢管混凝土桁肋腹杆轴力计算

规范第5.2.10条规定,钢管混凝土桁式拱肋腹杆所受轴力设计值V_1应取实际轴力或按式【5.2.10】(6.1-5)计算结果取较大值。

$$V_1 = \sum_{1}^{n} N_{0i}/60 \qquad 【5.2.10】(6.1\text{-}5)$$

式中:V_1——腹杆所受轴力设计值(N);

n——桁式拱肋弦杆数;

N_{0i}——桁式拱肋第i根弦杆轴心抗压强度设计值(N),按规范公式【5.2.2-2】计算。

6.1.2.3 其他组成构件强度与节点承载力计算

哑铃形与桁式拱肋除了弦杆钢管混凝土构件外，还应对腹板或腹杆、平联等其他拱肋组成构件和连接构造进行受力计算。

钢管混凝土节点和空钢管节点应按钢管节点进行节点连接承载力计算，并应符合现行国家标准《钢结构设计规范》GB 50017 的规定。

6.1.3 轴心受压构件截面承载力

单圆管受压构件的截面承载力计算见第 5 章的介绍。

钢管混凝土哑铃形截面和格构柱截面轴心抗压强度设计值 N_D 应按式【5.2.6-1】(6.1-6)~式【5.2.6-3】(6.1-8) 计算。

$$\gamma_0 N_s \leqslant N_D \qquad 【5.2.6\text{-}1】(6.1\text{-}6)$$

$$N_D = \sum (N_0^i + N_f^i) \qquad 【5.2.6\text{-}2】(6.1\text{-}7)$$

$$N_f^i = A_{fs} f_s \qquad 【5.2.6\text{-}3】(6.1\text{-}8)$$

式中：N_D——钢管混凝土哑铃形和格构柱构件截面轴心抗压强度设计值（N）；

N_0^i——拱肋截面各肢钢管混凝土截面轴心抗压强度设计值（N），按式【5.2.2-2】(5.1-2) 计算；

N_f^i——与钢管混凝土主肢共同承担荷载的连接钢板的极限承载力设计值（N）；

A_{fs}——连接钢板的截面面积（mm²）。

6.1.4 偏心受压截面承载力

6.1.4.1 基本公式

根据规范第 5.2.6 条规定，钢管混凝土哑铃形构件和格构柱偏心受压承载力 N_{D1}，应按式【5.2.7-1】(6.1-9) 和式【5.2.7-2】(6.1-10) 计算。

$$\gamma_0 N_s \leqslant N_{D1} \qquad 【5.2.7\text{-}1】(6.1\text{-}9)$$

$$N_{D1} = \varphi_e N_D \qquad 【5.2.7\text{-}2】(6.1\text{-}10)$$

式中：φ_e——偏心率折减系数。

偏心率折减系数 φ_e，哑铃形构件按规范第 5.2.8 条的规定计算，见第 6.1.4.2 节介绍；格构柱按规范第 5.2.9 条的规定计算，见第 6.1.4.3 节介绍。

6.1.4.2 哑铃形构件偏心率折减系数 φ_e

根据规范第 5.2.8 条规定，钢管混凝土哑铃形构件的偏心率折减系数 φ_e，应按式【5.2.8-1】(6.1-11) 式【5.2.8-2】(6.1-12) 计算。

$e_0/(2i) \leqslant 0.85$ 时

$$\varphi_e = \frac{1}{1 + 2.82 e_0/(2i)} \qquad 【5.2.8\text{-}1】(6.1\text{-}11)$$

$e_0/(2i) > 0.85$ 时

$$\varphi_e = \frac{0.25}{e_0/(2i)} \qquad 【5.2.8\text{-}2】(6.1\text{-}12)$$

式中：e_0——哑铃形构件截面的偏心距。

6.1.4.3 桁式构件（格构柱）偏心率折减系数 φ_e

根据规范第 5.2.9 条规定，钢管混凝土格构式柱的偏心率折减系数 φ_e，应按式【5.2.9-1】(6.1-13)~式【5.2.9-3】(6.1-15) 计算。

$e_0/l_1 \leqslant \xi_b$ 时

$$\varphi_e = \frac{1}{1+\frac{2e_0}{l_1}} \quad [5.2.9\text{-}1](6.1\text{-}13)$$

$e_0/l_1 > \xi_b$ 时

$$\varphi_e = \frac{\xi_0}{(1+\sqrt{\xi_0}+\xi_0)\left(\frac{2e_0}{l_1}-1\right)} \quad [5.2.9\text{-}2](6.1\text{-}14)$$

$$\varepsilon_b = 0.5 + \frac{\xi_0}{1+\sqrt{\xi_0}} \quad [5.2.9\text{-}3](6.1\text{-}15)$$

式中：ε_b——界限偏心率；

l_1——格构柱柱肢节间距离；

e_0——格构柱截面的偏心距。

6.2 组成构件强度计算

6.2.1 概述

钢管混凝土拱肋主要结构形式可分为单圆管、哑铃形与桁式三种。单圆管拱的组成构件就是整体截面，所以这里所说的组成构件的计算主要是指哑铃形与桁式。

钢管混凝土哑铃形截面是由上下两个圆钢管混凝土和连接构件组成。应用于拱肋之中，它又可分为竖向和横向两种。竖哑铃形截面上下两管与吊杆或立柱平行，除受压外一般还受到弯矩作用，因此属于偏心受压构件。在竖哑铃形截面中，通常将连接钢板称为（钢）腹板。两块钢腹板与上下两管部分圆弧组成的空间称为腹腔。传统哑铃形截面，如图6.2-1（a）所示，腹腔中填有混凝土，由于灌注混凝土基本上采用泵送法，腹板受混凝土压力的作用容易外鼓，严重时在钢管与腹板连接处的焊缝会被拉裂而引发爆管事故[1]。有关哑铃形断面灌注拱肋混凝土时的截面应力分析，详见文献［2］的第7章第3节。

为了克服传统哑铃形截面的上述不足之处，提出了一种腹腔内不灌注混凝土的新型哑铃形截面形式，称为新型哑铃型拱肋，如图6.2-1（b）所示。为了保证平截面假定的成立和防止腹板的局部屈曲，在腹腔内采用工字钢、H型钢或圆钢管对腹板进行了加劲。在灌注管内混凝土时，腹腔内的加劲工字钢改善了截面的受力，比之传统的哑铃形截面，在灌注管内混凝土时，钢管与腹板相交处的应力也有较大幅度的降低。新型哑铃形拱肋实质上是介于传统的完全实体型和桁式拱肋之间的一种，上下管之间的剪力传递是靠内部的加劲构件和腹板共同作用的。

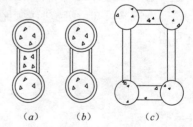

图 6.2-1 钢管混凝土哑铃形截面
(a) 传统哑铃形；(b) 新型哑铃形；
(c) 横哑铃桁式

在钢管混凝土桁肋中，有一种上下采用横哑铃形为弦杆、上下弦杆之间用钢管腹杆组成竖向桁式的拱肋，如图6.2-1（c）所示。横哑铃的两管与吊杆或立柱垂直。由于腹杆与上下横哑铃形构件采用焊接固结的连接方式而不是铰接，因此，上下哑铃形构件除受压外，也承受一定的弯矩作用，但这种弯矩一般很小，可将其视为轴压构件。在横哑铃形截面中，通常将连接钢板称为平联板，两块钢板与平行的两管组成的空间称为平联腔。从构件受力的角度，可将其归入钢管混凝土哑铃形的梁柱研究之中。

为了方便，在两管的连接构造的名称方面，以竖向哑铃形截面的名称来称呼，称连接钢板为腹板，它与钢管形成的空间称为腹腔。

哑铃形柱的极限承载力计算，早期多将其等效成钢筋混凝土柱，显然不能反映其实际情况。为此，福州大学等单位开展了系列的研究。本章将主要介绍轴压短柱和偏压短柱的承载力计算方法研究。长柱的计算方法研究将在第 7 章介绍。

6.2.2　哑铃形截面各单圆管构件内力与承载力计算

哑铃形构件属于实体构件，由两个圆管及其连接件组成，通常计算出来的内力是整体截面的内力。在进行组成构件的计算时，要将整体截面内力分解到各个组成构件上。早期常将哑铃形截面视为桁式拱肋，相当于建筑物柱子中用缀板连接的格构柱，认为整个截面的弯矩通过两肢钢管混凝土的轴力来平衡，不考虑单肢钢管混凝土承受弯矩作用，即将单肢钢管混凝土视为轴心受压构件进行承载力计算，称这种方法为格构式算法。

从材料力学可知，实际上在平截面假定下，截面抵抗弯矩由两部分组成，一是弦杆的轴力差产生的弯矩，一是弦杆本身的弯矩。由于哑铃形截面中两圆管的直径与高度之比在 1/2.5 附近，单肢钢管混凝土本身的抗弯作用不能忽略不计。也就是说，其单肢钢管混凝土不仅承受轴向压力，还要承受相当大的弯矩，即单肢钢管混凝土也是偏压构件。大量试验研究表明，偏心率对钢管混凝土的承载力有很大的影响，偏心率越大，承载力越低，因此，这种算法在应用上偏于不安全。文献 [3] 推导了考虑单肢钢管混凝土本身的抗弯作用的哑铃形柱各管的内力计算公式，以下予以简介。

由图 6.1-1，根据外力平衡条件，可求得内外力的平衡方程为：

$$\left.\begin{array}{l} N = N_1 + N_2 \\ M = Ne = N_1 \times b_1 + N_2 \times b_2 + M_1 + M_2 \end{array}\right\} \quad (6.2\text{-}1)$$

在式 (6.2-1) 中要先求出 M_1、M_2，再求出 N_1，N_2，再求出每肢的偏心距 e_1，e_2，这样就可以对各肢应用单圆钢管混凝土的偏压计算公式进行极限荷载的计算了。

由试验可知，哑铃形截面在各受荷阶段基本能保持平截面假定，根据刚度分配原则可得：

$$M_1 = \frac{(EI)_1}{(EI)} M = \alpha_1 Ne$$

$$M_2 = \frac{(EI)_2}{(EI)} M = \alpha_2 Ne \quad (6.2\text{-}2)$$

其中：
$$\alpha_1 = (EI)_1/(EI)$$
$$\alpha_2 = (EI)_2/(EI)$$
$$(EI) = (EA)_1 b_1^2 + (EA)_2 b_2^2 + (EI)_1 + (EI)_2$$
$$(EA)_1 = E_s A_{s1} + E_c A_{c1} \quad (EA)_2 = E_s A_{s2} + E_c A_{c2}$$
$$(EI)_1 = E_s I_{s1} + E_c I_{c1}$$

6.2 组成构件强度计算

$$(EI)_2 = E_s I_{s2} + E_c I_{c2}$$

E_s、E_c 分别为钢管和混凝土的弹性模量；A_{s1}、A_{s2} 分别为上下肢钢管的面积；A_{c1}、A_{c2} 分别为上下肢钢管内的混凝土面积；I_{s1}、I_{s2} 分别为上下肢钢管的抗弯惯矩；I_{c1}、I_{c2} 分别为上下肢钢管内的混凝土抗弯惯矩；b_1、b_2 为上下肢距截面中心线的距离。

一般情况下，哑铃形截面的上下肢为相同的钢管混凝土截面，因此有 $(EA)_1 = (EA)_2$，$(EI)_1 = (EI)_2$，$b_1 = b_2 = h/2$。令 $\eta_1 = \dfrac{1}{2 + 0.5 h_1^2 \chi}$，$\chi = \dfrac{(EA)_{sc2}}{(EI)_{sc2}}$，将式 (6.2-1) 代入式 (6.2-2)，可得计算上、下肢钢管混凝土轴力与弯矩的式【5.2.1-1】(6.1-1) 和式【5.2.1-2】(6.1-2)。根据上、下肢钢管混凝土的内力可分别进行其截面强度的验算。

下面以郑州黄河公路二桥[4]为例，进行哑铃形截面内力分配计算。

【算例】 黄河公路二桥采用 2 根 $\phi 1000\text{mm} \times 16\text{mm}$ 钢管和 $\delta 16$ 腹板组成高 2.4m 的哑铃形截面，钢管采用 Q345c 钢 (16Mn 钢)，$f_s = 275\text{MPa}$，弹性模量 $E_s = 2.06 \times 10^5 \text{MPa}$。拱肋上、下钢管内浇筑 C50 混凝土，$f_{cd} = 22.4\text{MPa}$，弹性模量 $E_c = 3.45 \times 10^4 \text{MPa}$。如图 6.2-2 所示。

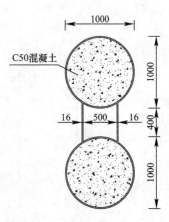

图 6.2-2 郑州黄河公路二桥哑铃形拱肋截面 (mm)

单肢钢管面积： $A_s = \dfrac{\pi}{4} \times (1^2 - 0.968^2) = 0.0495 \text{m}^2$

单肢混凝土面积： $A_c = \dfrac{\pi}{4} \times 0.968^2 = 0.7360 \text{m}^2$

单肢钢管惯性矩： $I_s = \dfrac{\pi}{64} \times (1^4 - 0.968^4) = 5.988 \times 10^{-3} \text{m}^4$

单肢混凝土惯性矩： $I_c = \dfrac{\pi}{64} \times 0.968^4 = 0.0431 \text{m}^4$

应用式【5.2.1-4】(6.1-4)，计算系数：

$$\chi = \dfrac{(EA)_{sc2}}{(EI)_{sc2}} = \dfrac{2.06 \times 10^5 \times 0.0495 + 3.45 \times 10^4 \times 0.7360}{2.06 \times 10^5 \times 5.988 \times 10^{-3} + 3.45 \times 10^4 \times 0.0431} = 13.082$$

应用式【5.2.1-3】(6.1-3)，计算单肢钢管混凝土和整个构件截面抗弯刚度之比：

$$\eta_1 = \dfrac{1}{2 + 0.5 h_1^2 \chi} = \dfrac{1}{2 + 0.5 \times 1.4^2 \times 13.082} = 0.0675$$

以拱顶截面为例，由有限元分析得到，弯矩最大组合 $M = 2814\text{kN} \cdot \text{m}$，$N = 13190\text{kN}$，则可分别求得上下肢钢管混凝土的内力。

$$M_1 = M_2 = 0.0675 \times (2814) = 190 \text{kN} \cdot \text{m}$$

$$N_1 = \left[\dfrac{1}{2} + \dfrac{1 - 2 \times 0.0675}{1.4} \times \dfrac{2814}{13190}\right] \times 13190 = 8334 \text{kN}$$

$$N_2 = \left[\dfrac{1}{2} - \dfrac{1 - 2 \times 0.0675}{1.4} \times \dfrac{2814}{13190}\right] \times 13190 = 4856 \text{kN}$$

然后，可分别对上、下肢按钢管混凝土偏压构件进行承载力进行验算。

6.2.3 钢管混凝土桁肋腹杆轴力计算

钢管混凝土格构柱以受压为主,在使用荷载作用下,以主肢受力为主,缀杆的受力一般较小。考虑失稳时,格构柱受到较大的弯矩作用,缀杆的受力增大,结构的设计原则是缀杆不先于整体破坏,这也是格构柱承载力计算的基本假定。为达到此目的,要研究格构柱失稳破坏时钢管混凝土格构柱的剪力,进而求得腹杆的内力,并以此对腹杆进行设计与计算。

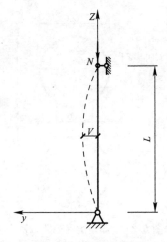

图 6.2-3 格构柱剪力计算简图

设格构柱弯曲后为正弦曲线,如图 6.2-3 所示。
由材料力学,可得

$$y = v\sin\frac{\pi z}{L} \qquad (6.2\text{-}3)$$

$$M = Ny = Nv\sin\frac{\pi z}{L} \qquad (6.2\text{-}4)$$

$$V = \frac{\mathrm{d}M}{\mathrm{d}z} = Nv\frac{\pi}{L}\cos\frac{\pi z}{L} \qquad (6.2\text{-}5)$$

$$V_{\max} = \frac{\pi}{L}Nv \qquad (6.2\text{-}6)$$

按边缘纤维屈服准则,对于截面高度为 h 的格构柱,有

$$\frac{N}{A} + \frac{Nv}{I}\cdot\frac{h}{2} = f \qquad (6.2\text{-}7)$$

式中,A 为截面积,I 为惯性矩,f 为材料屈服强度,h 为格构柱的截面高度。

令 $I = Ai^2$,$\dfrac{N}{A} = \varphi f$,代入式 (6.2-7),可得

$$v = \frac{2(1-\varphi)i^2}{h\varphi} \qquad (6.2\text{-}8)$$

式中,i 为截面回转半径,φ 为稳定系数。

将式 (6.2-8) 代入式 (6.2-6) 并使 $L/i = \lambda$,得

$$V_{\max} = \frac{2\pi(1-\varphi)i}{\lambda h}\frac{N}{\varphi} = \frac{2\pi(1-\varphi)i}{\lambda h}N_{\mathrm{u}} \qquad (6.2\text{-}9)$$

式中,λ 为构件长细比,N_{u} 为格构柱的稳定承载力。

实际工程中统计到的钢格构柱回转半径 i 与截面高度 h 存在着近似关系 $i \approx 0.44h$,将其代入式 (6.2-9) 可得

$$V_{\max} = \frac{0.88\pi(1-\varphi)}{\lambda}\frac{N}{\varphi} = \frac{N}{Q\varphi} = \frac{N_{\mathrm{u}}}{Q} \qquad (6.2\text{-}10)$$

$$Q = \frac{\lambda}{0.88\pi(1-\varphi)} \qquad (6.2\text{-}11)$$

式中,Q 为计算系数。

根据钢格构柱不同的长细比 λ 和相应的稳定系数 φ 计算证明,在常用的长细比范围,Q 值变化不大,对于 Q235 钢可取 85,其他钢号则乘钢号换算系数 $\sqrt{f_{\mathrm{y}}/235}$。《钢结构设计规范》GB 50017—2003[5] 中钢格构柱的剪力计算见式 (6.2-12)。

$$V = \frac{Af}{85}\sqrt{\frac{f_y}{235}} \tag{6.2-12}$$

一些钢管混凝土结构设计规程中,格构柱缀杆剪力计算值直接取自《钢结构设计规范》GB 50017—2003[5]。如《钢管混凝土组合结构设计规程》DL/T 5085—1999[6] 和《钢管混凝土结构设计与施工规程》CECS 28:90[7] 中剪力表达式为:

$$V = N_u/85 \tag{6.2-13}$$

《钢管混凝土结构设计与施工规程》JCJ 01—89[8] 中剪力表达式为:

$$V = \frac{N_u}{85\varphi}\sqrt{f_y/235} \tag{6.2-14}$$

文献 [9] 对文献 [10] 中提供的钢管混凝土格构柱和文献 [2] 的钢管混凝土桁拱 71 个实际工程的截面回转半径进行了统计,结果见图 6.2-4。进一步分析得,钢管混凝土格构柱或桁拱截面的回转半径 i 与截面高度 h 之间的关系,平均值为 $i=0.402h$,它显然与钢格构柱的 $i \approx 0.44h$ 不同。

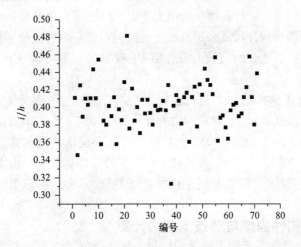

图 6.2-4 钢管混凝土格构柱或桁肋截面的回转半径

将 $i \approx 0.402h$ 代入式 (6.2-9),得

$$V_{max} = \frac{0.804\pi(1-\varphi)}{\lambda}\frac{N}{\varphi} = \frac{N_u}{Q} \tag{6.2-15}$$

$$Q = \frac{\lambda}{0.804\pi(1-\varphi)} \tag{6.2-16}$$

计算不同钢号(Q245、Q345、Q390 和 Q420)下钢管混凝土格构柱的 Q 值,见图 6.2-5。从图中可见,若按钢结构取 $Q=85$,所得的缀杆的剪力值偏小,偏于不安全。建议钢管混凝土格构柱缀杆剪力值取值时,取 $Q=60$,则剪力值计算见式(6.2-17),这就是式【5.2.10】(6.1-5)的来源。

$$V = \frac{N_u}{60} \tag{6.2-17}$$

以上分析表明,由于钢管混凝土格构柱中的柱肢的承载力较之钢格构柱的承载力大,其整体失稳时的承载力也大,因此缀杆所受的剪力也相应增大,简单套用钢格构柱的计算式,是偏于不安全的,而应按照式(6.2-17)计算其缀杆的受力。

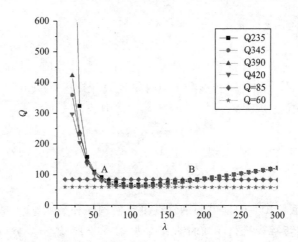

图 6.2-5　钢管混凝土格构柱缀杆剪力计算中不同钢号下的 Q 值

钢管混凝土桁拱中的弦管相当于格构柱中的柱肢，腹杆相当于格构柱中的缀杆。由于拱肋在吊杆或立柱的作用下，腹杆所承受的内力要大于以受压为主的格构柱，设计计算时对此内力也应进行验算。而在设计计算采用有限元方法时，腹杆内力是极易得到的。因此，规范规定钢管混凝土桁式拱肋腹杆所受轴力设计值 V_1 应取实际轴力或按式【5.2.10】（6.1-5）计算结果取较大值。

在有关钢管混凝土拱桥的地方与行业标准中，公路行标《钢管混凝土拱桥设计规范》JTG/T D65—2012（报批稿）[11]对腹杆内力的计算未作规定。重庆市公路行标《钢管混凝土拱桥设计规范》CQJTG/T D66—2011[12]对格构柱轴心受压构件的腹杆内力采用与 DL/T 5085—1999[6]、CECS 28：2012[7]、JCJ 01—89[8]相似的计算公式，由本节分析可知，它是偏于不安全的。福建省标《钢管混凝土拱桥技术规程》DBJ/T 13-136—2011[13]采用的计算方法与国标相同。

6.2.4　其他组成构件强度与节点承载力计算

钢管混凝土哑铃形和横哑铃形桁肋截面轴心抗压强度除钢管混凝土构件外，还应考虑与钢管混凝土主肢共同承担荷载的连接钢板的作用。连接钢板的计算按钢结构计算。

对于传统的哑铃形截面，两缀板内（腹腔内）填有混凝土，其对轴压承载力的贡献率约为 5%。受弯时贡献率更小。加上其施工质量（浇筑密实度）较难保证，因此规范中偏安全地不考虑腹腔内混凝土对构件强度的贡献。

对连续的钢结构构件除需要进行计算外，国标还对构造进行了一些规定。对于腹腔内不填充混凝土的哑铃形截面，两块腹板间应设置加劲构造。规范第 7.2.5 条，参照《钢结构设计规范》GB 50017—2003[5]第 8.4.2 条对缀板柱的构造规定，对腹板加劲构造规定其沿拱肋方向的距离 l_2 不应大于 3 倍的腹板高度 h_2（图 6.2-6）。

对于横哑铃桁式截面，规范第 7.2.6 条规定两块平联板间应采用加劲板等构造措施。实际工程中，常用的加劲构造有拉杆、螺栓或加劲板等，以加劲板效果为佳，其主要目的是防止在充填混凝土时发生爆管事故。

对于全桁肋，规范第 7.2.6 条规定无斜杆时，两根平联杆间的距离宜为平联长度的 1.5～3.0 倍。

对于钢管混凝土节点和空钢管节点，规范第 5.2.12 条规定按钢管节点进行节点连接

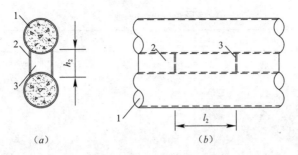

图 6.2-6 哑铃形截面拱肋腹板加劲构造示意图
(a) 横截面；(b) 沿拱肋方向截面
1—弦管；2—腹板；3—加劲构造

承载力计算，并应符合现行国家标准《钢结构设计规范》GB 50017 的规定。

目前对钢管混凝土节点的疲劳性能与承载力已开展了一些研究，详见文献［2］第 10 章第 8 节的介绍。研究表明，钢管混凝土节点由于主管内填充有混凝土，其承载能力、节点刚度和疲劳性能较之于空钢管节点均有不同程度的提高。然而，鉴于节点的重要性和该研究尚不成熟，国标偏于安全地规定按钢管节点的计算。

6.3 哑铃形短柱承载力计算

钢管混凝土哑铃形截面是钢管混凝土拱肋常用的截面形式，但在建筑结构中少有应用，国内外有关钢管混凝土结构的规范中，基本上没有其承载力计算的相关规定。当哑铃形截面在钢管混凝土拱桥中得到应用后，早期设计人员采用钢筋混凝土算法、钢管混凝土格构柱算法等，均不能反映实际构件的真实承载力，因此，福州大学开展了系列的试验研究，详细情况见文献［2］。

6.3.1 哑铃形轴压承载力

6.3.1.1 试验简介

文献［14］开展了钢管混凝土哑铃形轴压短柱的试验研究，考虑了两管间距、腹板间距的变化以及腹板是否有拉杆加劲的影响，设计制作了 5 组传统哑铃形试件和一组新型哑铃形试件，每组 2 个，共计 12 个试件。试件断面见图 6.3-1 和图 6.3-2，试件的主要参数见表 6.3-1。表中，h_2 为两管间距，b_2 为腹板间距。

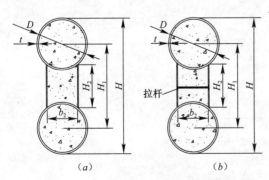

图 6.3-1 传统哑铃形试件截面 (mm)
(a) 无拉杆；(b) 有拉杆

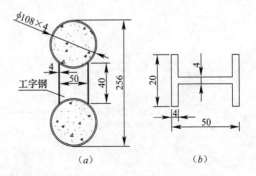

图 6.3-2 新型哑铃形试件截面 (mm)
(a) 哑铃形截面图；(b) 加劲工字钢

哑铃形短柱试件参数一览表　　　　　　　　　表 6.3-1

序号	试件编号	h_2 (mm)	b_2 (mm)	拉　杆	f_y (MPa)	f_{ck} (MPa)
1	A-1(1)	148	50	无	310.9	50.6
2	A-1(2)	148	50	无	310.9	50.6
3	A-2(1)	148	50	有	310.9	50.6
4	A-2(2)	148	50	有	310.9	50.6
5	A-3(1)	148	100	无	310.9	50.6
6	A-3(2)	148	100	无	310.9	50.6
7	A-4(1)	148	100	有	310.9	50.6
8	A-4(2)	148	100	有	310.9	50.6
9	A-5(1)	178	50	无	310.9	50.6
10	A-5(2)	178	50	无	310.9	50.6
11	B-1(1)	148	50	无	310.9	50.6
12	B-1(2)	148	50	无	310.9	50.6

6.3.1.2　试验结果

图 6.3-3 给出了典型的传统哑铃形试件 A1(1) 和新型哑铃形试件 B1 的荷载-位移曲线。从两图对比可知，二者基本相同，均可划分为四段或五段。OA 为弹性阶段，从加载开始到 A 点，构件处于线弹性状态。A 点对应的荷载约为 B 点的极限荷载的 70%。过了 A 点以后，圆钢管柱表面有细的剪切滑移线出现，构件开始进入弹塑性阶段（AB 段）。随着荷载的增加，剪切滑移线逐渐加粗变密，在腹板的中间部位外凸现象明显，并伴有铁屑脱落，荷载到达第一个峰值点 B 点。此后，荷载不升反降（BC 段），构件急剧变形，腹板除在中间部位出现凸出外，在腹板大约 4 分点处也出现外凸。构件在端部效应影响下出现两端下陷、中间外鼓现象，到达下降段的最低点 C 点时，构件的变形值与构件长度之比约 5%。继续加载，荷载-位移曲线会进入一个斜率很小的上升段（CD 段），即荷载增加缓慢但变形发展很快。

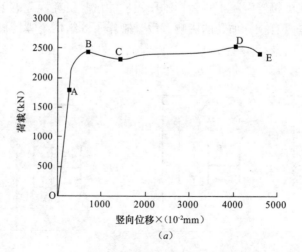

图 6.3-3　哑铃形轴压短柱荷载-位移曲线（一）
(a) A1(1) 试件

6.3 哑铃形短柱承载力计算

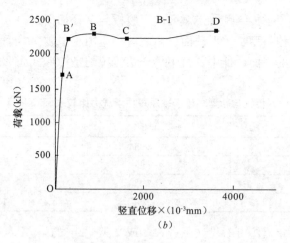

图 6.3-3 哑铃形轴压短柱荷载-位移曲线（二）
(b) B1 试件

比较试件 B1 与 A1(1) 可知，两者的受力性能差异主要是在破坏阶段，传统的哑铃形试件是在焊缝处被拉裂，构件承载力下降很快，而新型哑铃形截面由于腹腔内应力小，焊缝处未拉裂，在腹板和圆钢管壁局部屈服后，试件的荷载-位移曲线还处于小斜率的上升段中，但此时构件变形已很大且有局部屈曲现象，继续加载意义不大，因此停止了试验，难以测到下降段 DE 段。

从图 6.3-3 可见，钢管混凝土哑铃形轴压短柱的荷载-变形曲线进入非线性后呈一马鞍状，有两个峰值点（B 点和 D 点），各传统哑铃形试件对应的两个峰值点的荷载 N_{tB} 和 N_{tD} 列于表 6.3-2。试验可知该类构件具有很大的塑性变形。从表 6.3-2 可见，D 点荷载一般大于 B 点荷载，但二者差值不大，一般在 5% 以下。试验分析发现，荷载达到 N_{tB} 时，试件已有相当大的压缩变形，钢管的应变已达约 $20000\mu\varepsilon$，钢管的端部局部屈曲也已相当明显；而当荷载达到 N_{tD} 时，试件腹板焊缝拉裂、腹腔内混凝土流出，压缩变形达到整个试件的 15% 左右，其荷载值已失去工程应用的意义。因此，以荷载-变形曲线上第一个峰值点所对应的荷载值 N_{tB} 作为试件的极限荷载值。

传统哑铃形短柱峰值点荷载实测值（单位：kN）　　表 6.3-2

极限荷载　试件编号	A-1(1)	A-1(2)	A-2(1)	A-2(2)	A-3(1)	A-3(2)	A-4(1)	A-4(2)	A-5(1)	A-5(2)
N_{tB}	2440	2420	2450	2530	2670	2710	2750	2770	2440	2450
N_{tD}	2420	2470	2450	2680	2720	2800	2850	2890	2540	2560
$(N_{tD}-N_{tB})/N_{tD}$	−0.008	0.020	0	0.056	0.018	0.032	0.035	0.042	0.039	0.043

新型哑铃形构件与传统的哑铃形构件的受力性能相似，试验分析发现，当荷载达到 N_D 时，腹板在工字钢两侧开始局部屈曲，压缩变形达到整个试件的 13% 左右，其荷载值已失去工程应用的意义。因此，也以 N_{tB} 为极限荷载。

从表 6.3-3 的比较可知，新型哑铃形截面的承载力与传统截面的承载力试验值十分接近。从平均值比较来看，前者略小，为后者的 98.3%。但新型哑铃形截面构件由于不需灌注腹腔内混凝土，避免了传统哑铃形截面由于腹板与钢管相交处很大的应力而可能发生的爆管事故。因此，这种新型哑铃形截面提出之后，应用越来越多，而传统哑铃形截面的应用越来越少，在国标的截面设计中，就不再介绍传统的哑铃形截面形式。

传统与新型哑铃形轴压短柱承载力比较表（kN） 表6.3-3

试 件	试验值	平均值
A-1(1)	2400	2410
A-1(2)	2420	
B-1	2350	2370
B-2	2390	

有关试验的详细介绍，可参见文献［14］或文献［2］的第11章第2节。

6.3.1.3 哑铃形轴压短柱极限承载力计算方法

文献［14］的试验研究表明，哑铃形轴压短柱中的圆钢管混凝土与单圆钢管混凝土的受力性能相近。对试验构件的极限承载力的计算分析结果表明，钢管混凝土哑铃形轴压构件的极限承载力中，圆钢管混凝土和钢腹板的贡献超过90%，其中圆钢管内混凝土由于受到钢管紧箍力作用提高的承载力部分占30%以上。因此，在计算钢管混凝土哑铃形轴压短柱极限承载力时应按钢管混凝土的计算理论来考虑，而不应将其简化成钢筋混凝土构件。腹腔内的混凝土按矩形钢管混凝土考虑的承载力提高部分占计算极限承载力的份额很小，在实际应用中为了计算方便可以偏安全地略去不计。文献［14］建议哑铃形轴压构件的强度设计值 N_D 只考虑上、下肢钢管混凝土的承载力和腹腔连接钢板的强度。

文献［15］根据文献［14］的试验结果和文献［16］有限元分析结果，提出了等效单圆管法，即将哑铃型截面等效成单圆管钢管混凝土截面，然后应用钢管混凝土结构设计规程进行极限承载力计算。它与文献［14］建议的直接迭加法的计算结果相近。考虑到直接迭加法概念清晰，计算简单，国标对钢管混凝土哑铃形截面轴压强度的计算采用了文献［14］提出的直接迭加法，即按式【5.2.6-1】(6.1-6)～式【5.2.6-3】(6.1-8) 计算。

6.3.2 哑铃形偏压短柱承载力

6.3.2.1 试验简介

由6.3.1节的轴压短柱试验研究可知，两管距离、腹板间距及腹板有无拉杆加劲对构件的受力影响均不大，所以文献［3］和［17］的偏压短柱试验中不再将它们作为参数，截面尺寸全部采用轴压试件中的基本尺寸，即截面由两根 $\phi 108mm \times 4mm$ 的无缝钢管和 4mm 厚的腹板焊接而成。试件同样分 A 和 B 两组，A 组为传统哑铃形截面，在钢管内和腹腔内灌注 C50 混凝土；B 组为新型哑铃形截面，仅在钢管内灌注了混凝土，腹腔不填充混凝土，见图6.3-1和图6.3-2。

试验参数为偏心率。偏心距作用在竖向（强轴方向）。偏心率为 $e/2i$，其中 e 为荷载偏心距，i 为截面强轴方向组合截面的回转半径，变化范围为 0.063～0.25。在计算截面回转半径时，组合截面的抗压与抗弯刚度按 CECS 28:2012[7] 的方法计算且略去钢腹板与腹腔内混凝土的贡献。试件的长度 L 均为 800mm，长细比 $\lambda=L/i$ 为 10。试件两端焊有两个厚 4mm、长宽为 270mm×120mm 的矩形钢板。

试件的详细情况见表 6.3-4。表中编号 1、2、3、4 分别代表偏心距为 10、20、30、40mm，每个试件有两根，用括号内的数字 1 和 2 来表示。表中，f_y 为钢管的屈服强度，f_{ck} 为混凝土立方体强度，N_e 为试验的极限荷载值。

哑铃形偏压试件资料一览表　　　　表 6.3-4

序号	组别	试件编号	偏心距（mm）	$e/2i$	f_y（MPa）	f_{ck}（MPa）	N_e（kN）
1	A组试件	A-1(1)	10	0.06	429	29.8	2100
2		A-1(2)	10	0.06	429	29.8	2120
3		A-2(1)	20	0.12	429	29.8	1955
4		A-2(2)	20	0.12	429	29.8	2000
5		A-3(1)	30	0.18	429	29.8	1700
6		A-3(2)	30	0.18	429	29.8	1690
7		A-4(1)	40	0.24	429	29.8	1625
8		A-4(2)	40	0.24	429	29.8	1600
9	B组试件	B-1	10	0.06	429	29.8	2050
10		B-2(1)	20	0.12	429	29.8	1765
11		B-2(2)	20	0.12	429	29.8	1800
12		B-3(1)	30	0.18	429	29.8	1660
13		B-3(2)	30	0.18	430	29.8	1650
14		B-4	40	0.24	429	29.8	1600

6.3.2.2　试验结果分析

由前述轴压短柱的试验结果分析可知，腹腔内混凝土对哑铃形截面轴压柱的受力性能与极限承载力影响很小，对于偏压构件来说，它的影响会更小，因此本小节将传统与新型截面的试验结果放在一起分析。

试验结果表明，传统与新型哑铃形截面的两组试件试验结果基本相同，同一组试件中相同两根试件的试验结果也基本相同。图 6.3-4 给出 A、B 组试验中第一根试件（表 6.3-4 中试件编号括号内数字为 1 的试件）在不同偏心率情况下的荷载（N）和中截面挠度（U_m）关系曲线。

由图 6.3-4 可知，各试件的荷载—挠度曲线在线性段几乎重合，但进入非线性段后，偏心率越大，其曲线斜率减小越快，极限荷载也越小。哑铃形偏压短柱的荷载—挠度曲线随偏心矩的变化规律与单圆钢管混凝土偏压柱[15]的相似。对比图 6.3-4 中的图（a）和图（b）还可以看出，新型哑铃形截面与传统截面试件的曲线相比，曲线的形状基本相同，但新型哑铃形截面试件的曲线有峰值点（测到了下降段），而传统截面试件的荷载-挠度曲线没有下降段，这说明腹腔内混凝土在加载后期对试件受力有一定的贡献。

偏压试验结果则表明，新型哑铃形偏压试件的破坏特征与传统哑铃形试件基本相同，都是一管先屈服，然后腹板鼓出，最后整个试件破坏失去承载力。在偏压荷载作用下，传统哑铃形构件腹腔内的混凝土压力不大，没有出现如轴压构件中的钢管与腹板连接焊缝处开裂的现象。

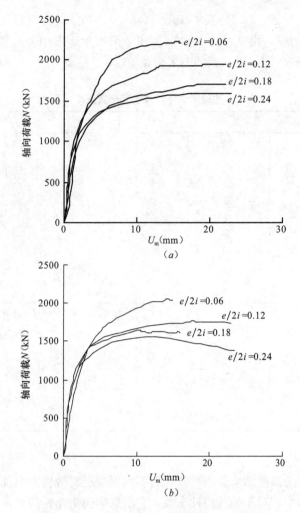

图 6.3-4　哑铃形偏压构件的荷载-挠度曲线
(a) 传统哑铃形截面构件；(b) 新型哑铃形截面构件

从试验分析可知，新型哑铃形截面偏压柱的受力性能与极限承载力同传统截面基本相同，当中截面的最大压应变超过 $10000\mu\varepsilon$ 后，新型截面试件和传统截面试件的荷载还在增加，但此时试件中截面受压区两侧边钢管壁已出现了明显的外凸变形，量测到的变形值已不足以代表真实的构件整体变形。用应变的大小来定义偏压构件极限承载力已经失去了准确性，因此应该用试件中截面的水平位移来代表极限承载力的大小。

新型截面试件以图 6.3-4（b）中荷载-水平位移曲线的峰值点所对应的荷载值作为试件的极限承载力试验值，此时中截面水平位移平均值为 14mm，对应的最大压应变平均值为 $25000\mu\varepsilon$。传统截面没有测到下降段，取中截面水平位移为试件净高的 1/55（14mm）对应的荷载值为试件极限承载力的试验值，此时试件虽然还能继续承载，但荷载增加的幅度非常小，此时对应的最大压应变平均值为 $21000\mu\varepsilon$。

表 6.3-5 为哑铃形钢管混凝土偏压试件的极限承载力试验值表，其中 N_{e1} 表示 A 组传统截面试件的试验平均值，N_{e2} 表示 B 组新型截面试件的试验平均值。由表 6.3-5 可知，两组试件的极限承载力相差很小，新型截面试件比传统截面试件的极限承载力略小，前者

大约是后者的95%。

哑铃形偏压柱极限承载力试验值表 表6.3-5

	$e/2i$	0.06	0.12	0.18	0.24
A组	N_{e1} (kN)	2110	1978	1695	1625
	U (mm)	14.0	14.0	14.0	14.0
B组	N_{e2} (kN)	2050	1783	1655	1600
	U (mm)	14.3	17.7	12.6	10.4
N_{e2}/N_{e1}		0.97	0.90	0.98	0.98

试件的极限承载力(两根试件的平均值)与偏心率的关系见图6.3-5。由图6.3-5可知,随着偏心率的增加,试件的极限承载力下降,与钢管混凝土单圆管偏压试件[18]的规律相同。

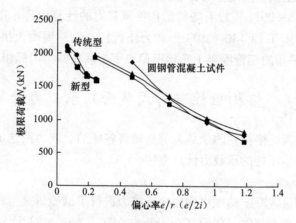

图6.3-5 哑铃形偏压试件荷载-偏心率曲线

6.3.2.3 哑铃形截面偏压构件的极限承载力计算

由图6.3-5可知,哑铃形钢管混凝土偏压短柱的荷载-偏心率曲线与单圆管偏压短柱相似。文献[19]进行了四组哑铃形偏压长柱试验,结合文献[3]的偏压短柱试验结果,并通过经验证的有限元方法开展了参数分析,得出四组哑铃形偏压长柱的偏心率折减系数$\varphi_e=N_{el}/N_l$和偏心率$e/(2i)$的关系曲线,见图6.3-6。式中N_{el}为各偏压长柱试件的极限承载力,N_l为与各试件长细比相同的轴压长柱(C0-0、C1-0、C2-0、C3-0)(见文献[20])的极限承载力。φ_e试验值在图中以空心小黑点表示,φ_e有限元计算值在图中以实心小黑点表示。

对试验数据和有限元计算数据进行数据拟合,参照单圆管偏压柱的偏心率折减系数计算公式【5.2.5-1】(5.1-8)和式【5.2.5-2】(5.1-9),提出哑铃形偏压构件偏心率折减系数计算公式,见式【5.2.8-1】(6.1-11)和式【5.2.8-2】(6.1-12),即图6.3-6中的实线(回归系数R平方值为0.9872)。

文献[21]对文献[3]的哑铃形偏压短柱的试验结果与有限元计算结果的偏心率分析,所得的偏心率与偏心率折减系数与文献[19]的相同。

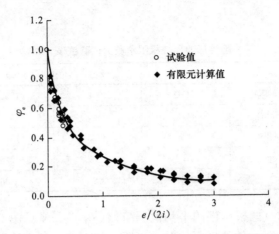

图 6.3-6 哑铃形偏压长柱偏心率与偏心率折减系数关系曲线

在有关钢管混凝土拱桥的地方与行业标准中,重庆市公路行标《钢管混凝土拱桥设计规范》CQJTG/T D66—2011[12]没有哑铃形构件承载力的计算内容,福建省标《钢管混凝土拱桥技术规程》DBJ/T 13-136—2011[13]和公路行标《钢管混凝土拱桥设计规范》JTG/T D65(报批稿)[11]采用的钢管混凝土哑铃形偏心率折减系数与国标相同。

6.4 格构短柱(桁式截面)承载力计算

轴压时,钢管混凝土格构柱的承载力可直接将各肢的承载力按迭加法计算,这里不再赘述。本节主要介绍偏压柱的承载力计算方法。

6.4.1 试验简介

文献[22]对钢管混凝土偏压格构短柱承载力进行了试验研究。共制作了7个钢管格构柱试件,每个试件截面相同(截面高0.488m,宽0.222m)、高度均为1.2m,构件长细比 λ 为6(格构柱长度与横截面回转半径之比)。柱肢钢管直径为89mm、壁厚1.8mm,钢材屈服强度为400MPa。强轴方向的缀管为直径48mm、壁厚1.5mm的空钢管;弱轴方向的缀管为直径60mm、壁厚1.6mm的空钢管。7个试件中,5个为钢管混凝土格构柱,管内灌注C40混凝土。混凝土立方体抗压强度标准值为40MPa,另2个试件柱肢中不灌混凝土,为(空)钢管格构柱,作为比较。

试件的偏心率 e_0/h 为0~0.4。各试件具体参数见表6.4-1,表中CP表示钢管混凝土格构柱,SP表示空钢管格构柱。

格构偏压短柱试件参数与承载力一览表　　　　表 6.4-1

试件编号	偏心距(mm)	偏心率	极限承载力(kN)
CP-0	0	0.0	2240
CP-1	40	0.1	1816
CP-2	80	0.2	1546
CP-3	120	0.3	1375
CP-4	160	0.4	1190
SP-2	80	0.2	560
SP-4	160	0.4	470

试验同批制作了3根与试件柱肢相同的钢管混凝土单圆短柱（89mm×1.8mm），高度为0.27m，轴压试验的结果其极限承载力平均值为605kN。同批制作了2根与试件柱肢相同的单圆钢管短柱（89mm×1.8mm），高度为0.27m，轴压试验的结果其极限承载力平均值为180kN。

6.4.2 试验结果分析

图6.4-1为各试件荷载-挠度曲线，其中挠度和应变是指构件中截面近载侧两柱肢钢管侧向挠度的平均值。

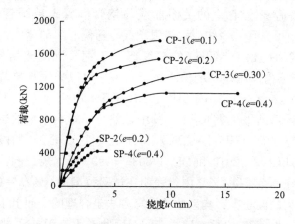

图6.4-1 偏心率影响试验各试件荷载-挠度曲线

在加载初期，所有曲线均接近直线，此时试件处于弹性阶段，试件外形没有明显变化，但钢管混凝土试件的曲线斜率明显大于空钢管试件。当荷载加至极限荷载的67%~83%时，所有荷载-挠度曲线明显偏离其初始的直线，进入弹塑性阶段，钢管混凝土试件开始出现面内弯曲，但幅度较小，而空钢管试件仍没有表现出明显的外形变化。当荷载加至极限荷载的87%~95%左右，钢管混凝土试件整体表现出明显的面内弯曲，荷载增量不大，而变形发展很快，此后曲线继续以较小斜率上升，表现出较大的延性，偏压一侧的柱肢钢管在中截面附近出现皱曲，而另一侧（远载侧）两根柱肢钢管没有局部变形。在这一阶段，空钢管试件的近载侧柱肢钢管节间产生局部皱曲。

最后试验机压力表指针开始回转，荷载无法增加，在极短的时间内，钢管混凝土试件近载侧的柱肢皱曲程度加剧，试件迅速进入破坏状态，空钢管试件也在近载侧柱肢中截面附近出现明显皱曲而破坏。将此时荷载认为是试件的极限荷载。各试件的极限承载力见表6.4-1的最后一列。

试验结果表明，钢管混凝土格构柱破坏时有较明显的面内弯曲，基本属整体破坏。而空钢管格构柱没有明显的整体变形，最后试件由于局部皱曲而破坏，带有较强的局部破坏和脆性破坏的特点。钢管混凝土格构柱的极限承载力明显大于钢管格构柱的极限承载力，比较偏心率相同的两组试件CP-2、SP-2和CP-4、SP-4，前者分别是后者的2.76倍和2.53倍。试验结果表明，柱肢内填充混凝土提高了试件的刚度、强度与延性，同时管内混凝土对阻止或延缓钢管的局部屈曲具有明显的作用。

平均纵向应变反映了偏压格构柱各柱肢所承受的轴力的情况。近载侧柱肢（2、4号）所承担的荷载大，所以其钢管的平均纵向应变值始终大于远载侧（1、3号）的，且其荷载-纵向应变曲线较早进入非线性和强化阶段。实际上，试件的最后破坏也是由近载侧的柱肢破坏引起的。进一步的分析表明，钢管对管内混凝土具有套箍作用，柱肢的承载力应按钢管混凝土柱的承载力计算。同时，无论是钢管混凝土试件还是空钢管试件，随偏心率增大，近载一侧柱肢承担的荷载都逐渐增大（从$e=0.1$时的6:4发展到$e=0.4$时的9:1左右），试件的极限荷载也都相应降低。

6.4.3 偏压格构柱承载力偏心率影响系数

6.4.3.1 偏心率影响系数试验结果与有限元参数分析

将7个试件极限荷载-偏心率的关系曲线与钢管混凝土单圆管偏压短柱相比，如图6.4-2所示。从图中可见，二者相似，极限承载力随偏心率的增大而下降，且斜率相近（钢管格构柱极限承载力随偏心率下降的幅度要小于钢管混凝土格构柱）。因此，文献[22]认为钢管混凝土格构偏压短柱的偏心率折减系数可以采用与单圆管偏压柱相似的公式。应用CECS 28:2012[23]、JCJ 01—89[8]、DL/T 5085—1999[6]三本规程对5根钢管混凝土格构柱的承载力计算结果见表6.4-2。其中，偏心率影响系数的试验值和计算值为钢管混凝土格构柱各偏压试件（CP-1～CP-4）与轴压试件（CP-0）的极限承载力之比。从表6.4-2可以看出，CECS 28:2012和DL/T 5085—1999两本规程的计算值与试验值吻合良好，误差范围分别在4.7%和4%之内，表明在试验范围内（$e_0/h=0\sim0.4$），这两本规程关于钢管混凝土格构柱偏心率影响系数的计算方法是合理的。而JCJ 01—89规程的计算值与试验值偏离较大，误差在12%～13%之间。因此对JCJ 01—89规程的计算方法提出了修正算法。详细分析见文献[22]。

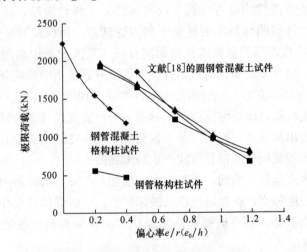

图 6.4-2 格构偏压短柱试件极限荷载-偏心率关系曲线

偏心率影响系数 φ_e 计算结果与试验值比较表　　　表 6.4-2

试 件	试验值	CECS28:2012	DL/T 5085—1999	JCJ 01—89	
				原公式	修正建议
CP-0	1	1	1	1	1
CP-1	0.811	0.833	0.830	0.713	0.830
CP-2	0.690	0.714	0.710	0.595	0.710
CP-3	0.634	0.625	0.621	0.519	0.622
CP-4	0.531	0.556	0.552	0.463	0.556

6.4 格构短柱（桁式截面）承载力计算

文献[24]以长细比和偏心率为主要参数，采用了棋盘式的试验方案，针对22根钢管混凝土四肢格构柱轴压、偏压试验，对其受力性能、破坏机理进行了综合分析，对极限承载力及其计算方法进行了探讨，在换算长细比系数图表法的基础上，提出了简化算法。文献[25]则在文献[24]试验研究的基础上，应用有限元计算方法，对钢管混凝土格构柱极限承载力进行了更大范围的参数影响的数值分析，对 CECS 28:2012[23]、JCJ 01—89[8]、DL/T 5085—1999[6]三本规程中的计算方法进行评价。其中关于偏心率的分析结果表明，当 $e>0.4$ 时，规程 JCJ 01—89 和 DL/T 5085—1999 的计算方法偏于不安全；而规程 CECS 28:2012 的计算值与有限元计算结果吻合良好。因此，建议偏心率折减系数采用 CECS 28:2012 的计算方法。详细分析见文献[24]和[25]。

根据上述研究结果，国标中钢管混凝土格构柱偏心率折减系数采用了 CECS 28:2012 的计算方法，参见式【5.2.9-1】(6.1-13)～式【5.2.9-3】(6.1-15)。

6.4.3.2 偏心率影响系数计算公式推导

CECS 28:2012 的钢管混凝土格构柱偏心率折减系数的来源，可参见文献[26]的分析。它是在钢管混凝土单肢柱承载力计算方法的基础上，用平衡极限法求解了钢管混凝土格构柱在轴力和弯矩共同作用下的极限承载力，公式推导中考虑了钢管混凝土柱肢的抗压强度和抗拉强度不相等的特点。以下对其推导过程进行介绍。

如图 6.4-3 所示的格构柱，在弯矩作用下，根据柱肢的应变状态，可分为压区柱肢和拉区柱肢。设压区柱肢的轴压短柱承载能力之和为 N_0^c，拉区柱肢轴压短柱承载能力之和为 N_0^t，并令

$$\rho = \frac{N_0^c}{N_0^t} \tag{6.4-1}$$

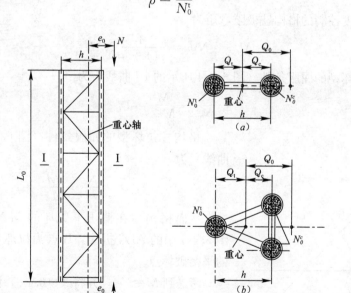

图 6.4-3 钢管混凝土格构柱计算简图
(a) 双肢柱；(b) 三肢柱

当为对称截面时，$\rho=1$；当为不对称截面时，$\rho \neq 1$。显然，格构柱压强重心，亦即全部柱肢轴压承载能力的合力点，至拉区柱肢重心的距离为

$$a_{\mathrm{t}} = \frac{\rho}{1+\rho} h \tag{6.4-2}$$

格构柱的整体轴压短柱承载能力 N_0^* 为

$$N_0^* = N_0^{\mathrm{t}} + N_0^{\mathrm{c}} \tag{6.4-3}$$

则有

$$N_0^{\mathrm{c}} = \frac{\rho}{1+\rho} N_0^* \tag{6.4-4}$$

拉区柱肢的轴拉承载能力为

$$N_{\mathrm{s}}^{\mathrm{t}} = A_{\mathrm{s}} f_{\mathrm{s}} \tag{6.4-5}$$

式中：A_{s}——钢管的横截面积；
　　　f_{s}——钢管的屈服极限。

格构柱的整体轴拉承载能力为 N_{s}^*，令 η 为钢管混凝土柱肢的压拉强度比，即

$$\eta = \frac{N_0^*}{N_{\mathrm{s}}^*} = \frac{N_0^{\mathrm{t}}}{N_{\mathrm{s}}^{\mathrm{t}}} \tag{6.4-6}$$

$$N_{\mathrm{s}}^{\mathrm{t}} = \frac{N_{\mathrm{s}}^*}{1+\rho} = \frac{N_0^*}{\eta(1+\rho)} \tag{6.4-7}$$

由于钢管混凝土的抗压强度和抗拉强度不相等，因此格构柱在轴力 N 和弯矩 M 联合作用下的破坏形态，分为以压区柱肢强度控制的压坏型，和以拉区柱肢强度控制的拉坏型两种。以压肢强度控制的格构柱极限弯矩为

$$M_0^* = N_0^{\mathrm{c}} h = \frac{\rho}{1+\rho} N_0^* h \tag{6.4-8}$$

以拉肢强度控制的格构柱极限弯矩为

$$M_{\mathrm{s}}^* = N_{\mathrm{s}}^{\mathrm{t}} h = \frac{1}{\eta(1+\rho)} N_0^* h \tag{6.4-9}$$

格构柱压坏型的屈服条件（图 6.4-4 所示的 I-I 曲线）为

$$\frac{N}{N_0^*} + \frac{M}{M_0^*} = 1 \tag{6.4-10}$$

格构柱拉坏型的屈服条件（图 6.4-4 所示的 II-II 曲线）为

$$-\frac{N}{N_{\mathrm{s}}^*} + \frac{M}{M_{\mathrm{s}}^*} = 1 \tag{6.4-11}$$

从而格构柱在偏压下破坏的 M-N 相关曲线即为图 6.4-4 中的 ABC 折线。B 点为拉坏和压坏同时发生的平衡破坏点。

考虑到 $M = N e_0$，并将式（6.4-8）代入式（6.4-10），得

$$\frac{N}{N_0^*} + \frac{N e_0}{\dfrac{\rho}{1+\rho} N_0^* h} = 1 \tag{6.4-12}$$

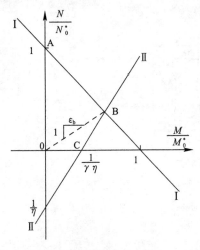

图 6.4-4　钢管混凝土格构柱的 M-N 相关曲线

考虑到式（6.4-2）的关系，上式改写为

$$\frac{N}{N_0^*}\left(1+\frac{e_0}{a_t}\right)=1 \qquad (6.4\text{-}13)$$

根据定义 $\varphi_e^* = N/N_0^*$，得到压坏型的折减系数为

$$\varphi_e^* = \frac{1}{1+\dfrac{e_0}{a_t}} \qquad (6.4\text{-}14)$$

同样，将 $M=Ne_0$ 和式（6.4-6）及式（6.4-9）代入式（6.4-11），得

$$\frac{-\eta N}{N_0^*}+\frac{Ne_0\eta(1+\rho)}{N_0^* h}=1 \qquad (6.4\text{-}15)$$

将式（6.4-2）代入，上式改写为

$$\frac{\eta N}{N_0^*}\left(\frac{e_0}{a_c}-1\right)=1 \qquad (6.4\text{-}16)$$

根据定义 $\varphi_e^* = N/N_0^*$，得到拉坏型的折减系数为

$$\varphi_e^* = \frac{1}{\eta\left(\dfrac{e_0}{a_c}-1\right)} \qquad (6.4\text{-}17)$$

令式（6.4-14）和式（6.4-17）的 φ_e^* 相等，即可得到对应于平衡破坏点 B 的界限偏心率 ε_b 为

$$\varepsilon_b = \frac{\bar{e}}{h} = \frac{\rho}{1+\rho}\cdot\frac{\eta+1}{\rho\eta-1} \qquad (6.4\text{-}18)$$

由于

$$\eta = \frac{N_0^t}{N_s^t} = \frac{A_c f_x(1+\sqrt{\xi}+\xi)}{A_s f_s} = \frac{1+\sqrt{\xi}+\xi}{\xi} \qquad (6.4\text{-}19)$$

所以，有

$$\varphi_e^* = \frac{1}{\eta\left(\dfrac{e_0}{a_c}-1\right)} = \frac{\theta}{(1+\sqrt{\xi}+\xi)\left(\dfrac{e_0}{a_c}-1\right)} \qquad (6.4\text{-}20)$$

上式中 ξ 为钢管混凝土的套箍系数，则式（6.4-18）可改写为

$$\varepsilon_b = \frac{2}{1+\rho}\left(0.5+\frac{\xi}{1+\sqrt{\xi}}\right) \qquad (6.4\text{-}21)$$

对于三肢柱和不对称截面的多肢柱，当 $e_0/h \leqslant \varepsilon_b$ 时，φ_e^* 按式（6.4-14）计算；当 $e_0/h > \varepsilon_b$ 时，φ_e^* 按式（6.4-20）计算。

对于等截面的双肢和四肢格构柱，$\rho=1$，$a_t=a_c=h/2$，则式（6.4-14）、式（6.4-20）和式（6.4-21）分别简化为式【5.2.9-1】（6.1-13）～式【5.2.9-3】（6.1-15）。

对钢管混凝土格构柱偏心率折减系数，重庆市公路行标《钢管混凝土拱桥设计规范》CQJTG/T D66—2011[12]采用与 DL/T 5085—1999[6]相同的计算方法，从 6.4.3.1 节分析可知，当偏心率较小时，计算值与试验值吻合较好，但当偏心率较大时，则计算结果偏于不安全。福建省标《钢管混凝土拱桥技术规程》DBJ/T 13-136—2011[13]和公路行标《钢管混凝土拱桥设计规范》JTG/T D65—2012（报批稿）[11]采用的格构柱偏心率折减系数与国标相同。

第6章参考文献

[1] 陈宝春,肖泽荣. 钢管混凝土哑铃形拱肋灌注管内混凝土时的截面应力分析 [J]. 中国公路学报,18 (1),2005 年 1 月,73-76

[2] 陈宝春. 钢管混凝土拱桥(第二版)[M]. 北京:人民交通出版社,2007

[3] 陈宝春,肖泽荣,韦建刚. 钢管混凝土哑铃形偏压构件试验研究 [J],工程力学,22 (2),2005 年 4 月,89-95

[4] 陈宝春. 钢管混凝土拱桥实例集(二)[M]. 北京:人民交通出版社,2008

[5] 中华人民共和国国家标准 GB 50017—2003,钢结构设计规范 [S]

[6] 中国电力行业标准 DL/T 5085—1999,钢管混凝土组合结构设计规程 [S]

[7] 中国工程建设标准化协会标准 CECS 28:90,钢管混凝土结构设计与施工规程 [S]

[8] 中国建材工业标准 JCJ 01—89,钢管混凝土结构设计与施工规程 [S]

[9] 孙潮. 钢管混凝土桁拱极限承载力研究 [D]. 福州:福州大学,2009

[10] 钟善桐. 钢管混凝土结构(第三版)[M]. 北京:清华大学出版社,1994

[11] 中华人民共和国行业标准 JTG/T D65—2012,钢管混凝土拱桥设计规范 [S](报批稿)

[12] 重庆市公路工程行业标准 CQJTG/T D66—2011,钢管混凝土拱桥设计规范 [S]

[13] 福建省工程建设地方标准 DBJ/T 13-136—2011,钢管混凝土拱桥技术规程 [S]

[14] 陈宝春,黄福云,盛叶. 钢管混凝土哑铃形轴压短柱试验研究,工程力学,22 (1),2005 年 2 月,187-194

[15] 陈宝春,黄福云,肖泽荣. 钢管混凝土哑铃型短柱极限承载力的等效单圆管算法 [J]. 公路交通科技,2004 (6):50-54

[16] 盛叶,陈宝春,韦建刚. 钢管混凝土哑铃型轴压构件极限承载力有限元分析 [J]. 福州大学学报(自然科学版),33 (5),2005 年 10 月,643-648

[17] 盛叶,陈宝春,韦建刚. 新型钢管混凝土哑铃型偏压短柱试验研究 [J]. 福州大学学报(自然科学版),35 (2),2007 年 4 月,276-280

[18] 陈宝春,王来永,欧智菁,韩林海. 钢管混凝土偏心受压应力—应变试验研究 [J]. 工程力学,20 (6),2003 年 12 月,154-159

[19] 陈宝春,盛叶. 钢管混凝土哑铃形偏压柱试验研究,工程力学,25 (12),2008 年 12:98-105

[20] 陈宝春,盛叶. 钢管混凝土哑铃形轴压长柱极限承载力研究,工程力学,25 (4),2008 年 4 月:121-127,133

[21] 盛叶. 钢管混凝土哑铃形拱极限承载力研究 [D]. 福州:福州大学,2007

[22] 欧智菁. 四肢钢管混凝土格构柱极限承载力研究 [D]. 福州大学,2007

[23] 中国工程建设标准化协会标准 CECS 28:2012. 钢管混凝土结构设计与施工规程 [S]

[24] 陈宝春,欧智菁. 钢管混凝土格构柱试验研究,土木工程学报,40 (6),2007 年 6 月:32-41

[25] 陈宝春,欧智菁. 钢管混凝土格构柱极限承载力计算方法研究,土木工程学报,41 (1),2008 年 1 月:55-63

[26] 蔡绍怀. 钢管混凝土格构柱的强度计算 [J]. 建筑科学,3 (1),1989:15-20

第7章 钢管混凝土柱稳定承载力计算

钢管混凝土拱的面内稳定以极值点失稳为主，规范中将其等效成钢管混凝土梁柱进行整体稳定承载力的计算。等效梁柱的计算方法见第8章的介绍。本章介绍钢管混凝土单圆管、哑铃形和格构柱稳定承载力的计算，其中单圆管强度（轴压短柱承载力）的计算见第5章，偏压构件的偏心率折减系数计算见第6章介绍。

本章第1节对钢管混凝土偏压柱的稳定承载力的计算内容与方法进行介绍，其核心内容是稳定系数的计算。稳定系数与长细比有关，计算中用到名义长细比、换算长细比和相对长细比，因此，长细比是介绍的重点。

钢管混凝土单圆管柱稳定承载力已进行了大量的试验研究与理论分析，而哑铃形与格构柱的研究较少，因此本章的第2节和第3节分别介绍这两种构件的轴压和偏压柱的稳定承载力的研究情况。第4节介绍将钢管混凝土单圆管、哑铃形和格构柱统一起来的稳定承载力计算方法，也就是国标采用的计算方法。

7.1 计算内容与方法

7.1.1 基本公式与偏心率折减系数
7.1.1.1 基本公式

钢管混凝土偏压柱稳定极限承载力的计算，规范采用偏心率折减系数与稳定系数相乘的方法，即：

$$N = \varphi \varphi_e N_0 \tag{7.1-1}$$

式中：φ——稳定系数；

φ_e——偏心率折减系数；

N_0——钢管混凝土单圆管截面轴心抗压强度设计值（N）。

单圆管的轴压短柱承载力应用式【5.2.2-2】计算。哑铃形与桁式为各肢钢管混凝土轴压短柱承载力之和，如果钢管混凝土之间有在柱长度方向连续的钢板连接，则还需加上钢板的承载力，但不考虑两块连接钢板之间填充的混凝土的承载力，因为它并非圆形钢管混凝土，承载力贡献不大。具体来说，规范在第5.3.3条和5.3.4条给出了单圆管、哑铃形和格构柱的偏压构件稳定承载力的计算公式。

7.1.1.2 单圆管柱偏压稳定承载力

规范第5.3.3条规定，钢管混凝土单圆管偏心受压构件稳定承载力 N_{02} 应按式【5.3.3-2】(7.1-3)计算。

$$\gamma_0 N_s \leqslant N_{02} \qquad \text{【5.3.3-1】}(7.1\text{-}2)$$
$$N_{02} = \varphi \varphi_e N_0 \qquad \text{【5.3.3-2】}(7.1\text{-}3)$$

式中：φ——稳定系数，按规范第5.3.5条的规定计算；

φ_e——偏心率折减系数，按规范第5.2.5条的规定计算。

7.1.1.3 哑铃形与格构式偏压柱稳定承载力

规范第5.3.4条规定，钢管混凝土哑铃形构件和格构柱偏心受压稳定承载力N_{Dl}应按式【5.3.4-2】(7.1-5)计算。

$$\gamma_0 N_s \leqslant N_{Dl} \qquad 【5.3.4-1】(7.1-4)$$

$$N_{Dl} = \varphi \varphi_e N_D \qquad 【5.3.4-2】(7.1-5)$$

式中：φ——稳定系数，按规范第5.3.5条的规定计算；

φ_e——偏心率折减系数，哑铃形构件按规范第5.2.8条的规定计算，格构柱按规范第5.2.9条的规定计算。

7.1.1.4 偏心率折减系数

钢管混凝土偏心率折减系数的计算，按照规范第5.2.5条、5.2.8条、5.2.9条进行，对于钢管混凝土单圆管、哑铃形构件和格构柱分别采用不同的计算方法，相关内容在第6章中给出。

7.1.2 稳定系数 φ 计算公式

规范中，钢管混凝土单圆管、哑铃形和格构柱的稳定系数计算方法相同，通过相对长细比来考虑三种截面形式稳定特性和材料对稳定系数的影响。

规范第5.3.5条规定，稳定系数φ应按式【5.3.5-1】(7.1-6)和式【5.3.5-2】(7.1-7)计算。

$\lambda_n \leqslant 1.5$时

$$\varphi = 0.658^{\lambda_n^2} \qquad 【5.3.5-1】(7.1-6)$$

$\lambda_n > 1.5$时

$$\varphi = \frac{0.877}{\lambda_n^2} \qquad 【5.3.5-2】(7.1-7)$$

式中：λ_n——相对长细比，按规范公式【5.3.6】计算。

7.1.3 长细比计算

7.1.3.1 长细比的计算内容

规范第5.3.5条进行稳定系数φ计算时，以相对长细比λ_n为自变量，它是考虑了材料对构件刚度影响的长细比λ_n。

规范第5.3.6条规定了相对长细比的计算方法，它分单圆管和哑铃形柱（实体构件）构件和格构柱（空腹构件）两种。对于单圆管和哑铃形柱，相对长细比λ_n是通过对名义长细比λ进行材料修正求得。对于格构柱，则是通过对换算长细比进行材料修正求得。

规范第5.3.7条、5.3.8条和5.3.9条分别规定了单圆管、哑铃形和格构柱名义长细比λ的计算方法。

规范第5.3.10条规定了格构柱换算长细比λ^*的计算方法。它是通过对格构柱名义长细比λ进行了考虑缀杆剪切效应的影响求得的。

7.1.3.2 名义长细比 λ

规范第5.3.7条规定，钢管混凝土单圆管柱的名义长细比λ应按式【5.3.7】(7.1-8)计算。

$$\lambda = 4l_0/D \qquad 【5.3.7】(7.1\text{-}8)$$

式中：l_0——计算长度；
D——钢管外径。

规范第5.3.8条规定，钢管混凝土哑铃形柱的名义长细比 λ 应按式【5.3.8】(7.1-9)计算。

$$\lambda = l_0/i \qquad 【5.3.8】(7.1\text{-}9)$$

规范第5.3.9条规定，钢管混凝土格构柱对 X 轴和 Y 轴的名义长细比 λ_x 和 λ_y、单肢名义长细比 λ_1 应按式【5.3.9-1】(7.1-10)～式【5.3.9-5】(7.1-14)计算。

$$\lambda_x = \frac{l_{0x}}{\sqrt{\sum(I_{sc}+b_i^2 A_{sc})/\sum A_{sc}}} \qquad 【5.3.9\text{-}1】(7.1\text{-}10)$$

$$\lambda_y = \frac{l_{0y}}{\sqrt{\sum(I_{sc}+a_i^2 A_{sc})/\sum A_{sc}}} \qquad 【5.3.9\text{-}2】(7.1\text{-}11)$$

$$\lambda_1 = \frac{l_1}{\sqrt{I_{sc}/A_{sc}}} \qquad 【5.3.9\text{-}3】(7.1\text{-}12)$$

$$A_{sc} = A_s + A_c \qquad 【5.3.9\text{-}4】(7.1\text{-}13)$$

$$I_{sc} = \frac{\pi D^4}{64} \qquad 【5.3.9\text{-}5】(7.1\text{-}14)$$

式中：λ_x，λ_y——钢管混凝土格构柱对 X 轴和 Y 轴的名义长细比；
l_{0y}，l_{0x}——钢管混凝土格构柱对 Y 轴、X 轴的计算长度；
λ_1——钢管混凝土格构柱单肢名义长细比；
A_{sc}——单根柱肢的组合截面面积；
I_{sc}——单根柱肢的组合截面惯性矩；
a_i，b_i——单根柱肢中心到虚轴 $y-y$ 和 $x-x$ 的距离（图7.1-1）。

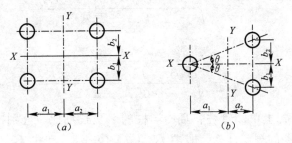

图7.1-1 格构柱柱肢距离示意图
(a) 四肢构件；(b) 三肢构件

7.1.3.3 格构柱的换算长细比 λ^*

规范第5.3.10条规定，钢管混凝土格构柱的换算长细比 λ^* 应按式【5.3.10-1】(7.1-15)～式【5.3.10-5】(7.1-19)计算。

$$\lambda^* = K'\lambda_y \quad 或 \quad \lambda^* = K'\lambda_x \qquad 【5.3.10\text{-}1】(7.1\text{-}15)$$

$$K' = \begin{cases} 1.1K & K\lambda \leqslant 40 \\ K\sqrt{1+\dfrac{300}{(K\lambda)^2}} & K\lambda > 40 \end{cases} \quad \text{【5.3.10-2】(7.1-16)}$$

$$K = \sqrt{1+\mu} \quad \text{【5.3.10-3】(7.1-17)}$$

$$\mu = \begin{cases} \dfrac{(E_s I_s + E_c I_c)}{l_1^2 \cdot (E_s A_d)}\left(2.83+\dfrac{1}{A_b}\right) & \mu \leqslant 0.5 \\ 0.5 & \mu > 0.5 \end{cases} \quad \text{【5.3.10-4】(7.1-18)}$$

$$A = A_s + \dfrac{E_c}{E_s}A_c \quad \text{【5.3.10-5】(7.1-19)}$$

式中：λ^*——换算长细比；

K'——换算长细比修正系数；

K——换算长细比系数；

μ——柔度系数；

A——柱肢截面换算面积；

A_s，A_c——分别为柱肢钢管横截面总面积和管内混凝土横截面总面积；

A_d——一个节间内各斜腹杆面积之和；

A_b——一个节间内各平腹杆面积之和；

λ——钢管混凝土格构柱的名义长细比（λ_x 或 λ_y），按式（7.1-12）和式（7.1-13）计算；

l_1——格构柱柱肢节间距离。

7.1.3.4 相对长细比 λ_n

规范第 5.3.6 条规定，钢管混凝土柱的相对长细比 λ_n 应按式【5.3.6-1】(7.1-20) 和式【5.3.6-2】(7.1-21) 计算。

对单圆管和哑铃形柱：

$$\lambda_n = \dfrac{\lambda}{\pi}\sqrt{\dfrac{f_y A_s + f_{ck} A_c + A_c\sqrt{\rho_c f_y f_{ck}}}{E_s A_s + E_c A_c}} \quad \text{【5.3.6-1】(7.1-20)}$$

对格构柱：

$$\lambda_n = \dfrac{\lambda^*}{\pi}\sqrt{\dfrac{f_y A_s + f_{ck} A_c + A_c\sqrt{\rho_c f_y f_{ck}}}{E_s A_s + E_c A_c}} \quad \text{【5.3.6-2】(7.1-21)}$$

式中：λ——钢管混凝土单圆管柱、哑铃形柱的名义长细比，分别按规范第 5.3.7 条和 5.3.8 条的规定计算，即式【5.3.7】(7.1-8) 和式【5.3.8】(7.1-9)；

λ^*——钢管混凝土格构柱的换算长细比，按规范第 5.3.10 条的规定计算，即式【5.3.10-1】(7.1-15)～式【5.3.10-5】(7.1-19)。

7.1.4 应用

7.1.4.1 稳定系数计算表

为便于工程应用，对于钢管混凝土单圆管，将常用的材料参数代入式【5.3.6-1】(7.1-20) 求得相对长细比 λ，再代入式【5.3.5-1】(7.1-6) 和式【5.3.5-2】(7.1-7)，得到其稳定系数 φ 值，见表 7.1-1。

7.1 计算内容与方法

钢管混凝土单圆管常用稳定系数 φ 值　　　　　表 7.1-1

钢材强度等级	混凝土强度等级	ρ_c	名义长细比 λ									
			10	20	30	40	50	60	70	80	90	100
Q235	C30	0.04	0.995	0.981	0.958	0.926	0.887	0.841	0.791	0.736	0.678	0.619
		0.08	0.995	0.979	0.953	0.918	0.875	0.826	0.770	0.711	0.650	0.587
		0.12	0.994	0.978	0.951	0.914	0.870	0.818	0.760	0.699	0.636	0.572
		0.16	0.994	0.977	0.950	0.912	0.866	0.813	0.755	0.693	0.628	0.563
		0.20	0.994	0.977	0.949	0.911	0.864	0.811	0.752	0.689	0.624	0.558
	C40	0.04	0.995	0.979	0.952	0.917	0.873	0.823	0.767	0.707	0.645	0.582
		0.08	0.994	0.977	0.948	0.910	0.863	0.809	0.749	0.686	0.621	0.555
		0.12	0.994	0.976	0.946	0.907	0.858	0.802	0.741	0.676	0.609	0.543
		0.16	0.994	0.975	0.945	0.904	0.856	0.799	0.737	0.671	0.604	0.536
		0.20	0.994	0.975	0.945	0.904	0.855	0.797	0.735	0.669	0.601	0.533
Q345	C40	0.04	0.994	0.975	0.945	0.905	0.856	0.799	0.737	0.671	0.604	0.536
		0.08	0.993	0.972	0.938	0.893	0.838	0.775	0.707	0.636	0.564	0.493
		0.12	0.993	0.970	0.935	0.887	0.829	0.763	0.692	0.618	0.544	0.471
		0.16	0.992	0.969	0.932	0.883	0.823	0.755	0.682	0.607	0.531	0.458
		0.20	0.992	0.969	0.931	0.880	0.819	0.750	0.676	0.600	0.524	0.450
	C50	0.04	0.993	0.974	0.942	0.899	0.846	0.786	0.721	0.652	0.582	0.513
		0.08	0.993	0.971	0.935	0.887	0.829	0.764	0.693	0.620	0.546	0.473
		0.12	0.992	0.969	0.931	0.881	0.821	0.752	0.679	0.603	0.527	0.453
		0.16	0.992	0.968	0.929	0.878	0.815	0.745	0.670	0.593	0.516	0.442
		0.20	0.992	0.967	0.928	0.875	0.812	0.741	0.665	0.587	0.509	0.435
	C60	0.04	0.993	0.972	0.937	0.891	0.835	0.771	0.702	0.630	0.557	0.486
		0.08	0.992	0.969	0.931	0.880	0.819	0.750	0.677	0.600	0.524	0.450
		0.12	0.992	0.967	0.927	0.875	0.811	0.740	0.664	0.585	0.508	0.433
		0.16	0.991	0.966	0.926	0.871	0.807	0.734	0.656	0.577	0.498	0.423
		0.20	0.991	0.966	0.924	0.870	0.804	0.730	0.652	0.572	0.493	0.417

对于哑铃形和格构柱，几何参数太多，表格太多，还是以直接应用公式计算方便，所以这里就没有给出表格。

7.1.4.2 格构柱稳定系数计算实例

在单圆管、哑铃形和格构柱的稳定系数计算中，以格构式较为复杂，以下以一实例对格构柱的稳定系数计算进行说明。

(1) 基本资料

广东东莞水道桥为钢管混凝土飞鸟式拱，主拱为桁肋，面内承载力计算时等效成格构柱。拱肋截面高 5.5m，宽 2.5m，上下弦管为 $\phi1000mm \times 16mm$ 的 Q345c 钢管混凝土，拱脚第一段钢管壁厚增至 $\phi1000 \times 18mm$。弦管间横向缀板为 12mm 厚的 Q345c 钢板。弦管及缀板内均填 50 号微膨胀混凝土。腹管为 $\phi500 \times 12mm$ 的 Q345c 的空钢管。主拱肋钢管混凝土截面形式见图 7.1-2。详细资料见文献 [1] 第 3 章。

(2) 单肢构件长细比 λ_1

$L/4$ 截面处单根钢管截面惯性矩 $I_s = 5.988 \times 10^{-3} m^4$，面积 $A_s = 0.04946 m^2$；管内

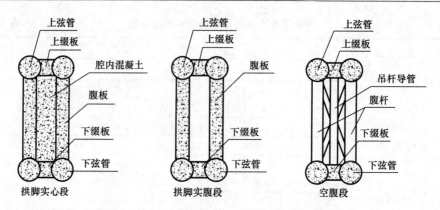

图 7.1-2 某钢管混凝土桁肋拱截面形式

混凝土截面惯性矩 $I_c=0.04310\text{m}^4$，面积 $A_c=0.7359\text{m}^2$；格构柱柱肢节间距离 $l_1=5.43\text{m}$，单根柱肢的组合截面面积 $A_{sc}=0.7854\text{m}^2$，单根柱肢的组合截面惯性矩 $I_{sc}=0.049\text{m}^4$。

由规范第 5.3.9 条，将相关参数代入式【5.3.9-3】(7.1-12)，得单肢名义长细比 λ_1 为

$$\lambda_1=\frac{l_1}{\sqrt{I_{sc}/A_{sc}}}=\frac{5.43}{\sqrt{0.049/0.785}}=21.7>10$$

由第 5.1.4 条，该格构柱的单肢承载力需进行稳定承载力计算。

(3) 格构柱名义长细比 λ_x

主拱净跨径为 208m，为无铰拱，拱轴线长 S_0 为 302.4m。根据规范第 5.3.2 条规定，面内承载力计算时主拱肋等效为钢管混凝土格构柱，其（对 X 轴的）计算长度 $l_{0x}=0.36S_0=0.36\times302.4=108.86\text{m}$，单根柱肢中心到虚轴 $x\text{-}x$ 的距离 $b_i=2.25\text{m}$。

根据规范第 5.3.9 条，将相关参数代入式【5.3.9-1】(7.1-10)，得格构柱对 X 轴的名义长细比 λ_x 为

$$\begin{aligned}\lambda_x&=\frac{l_{0x}}{\sqrt{\sum(I_{sc}+b_i^2A_{sc})\Big/\sum A_{sc}}}\\&=\frac{108.86}{\sqrt{(0.0491+2.25^2\times0.7854)/0.7854}}\\&=48.09\end{aligned}$$

(4) 格构柱换算长细比 λ^*

该桁肋（格构柱）的一个节间各斜杆的面积之和 $A_d=0.0368\text{m}^2$，一个节间各平腹杆面积之和 $A_b=0.0368\text{m}^2$。

根据规范第 5.3.10 条规定，将相关系数代入式【5.3.10-4】(7.1-18)，得柔度系数 μ 为

$$\begin{aligned}\mu&=\frac{(E_sI_s+E_cI_c)}{l_1^2\cdot(E_sA_d)}\left(2.83+\frac{1}{A_b}\right)\\&=\frac{20.6\times1.0255+3.45\times15.0751}{5.43^2\times(20.6\times0.0368)}\times\left(2.83+\frac{1}{0.0368}\right)\\&=98.2>0.5\end{aligned}$$

取 $\mu=0.5$。

将 $\mu=0.5$ 代入式【5.3.10-3】(7.1-17)，得换算长细比系数 K 为

$$K = \sqrt{1+\mu} = \sqrt{1+0.5} = 1.22$$

则 $K\lambda=1.22\times48.09=58.90>40$，因此根据【5.3.10-2】(7.1-16)，求得换算长细比修正系数 K' 为

$$K' = K\sqrt{1+\frac{300}{(K\lambda)^2}} = 1.22\times\sqrt{1+\frac{300}{58.90^2}} = 1.28$$

最后，由式【5.3.10-1】(7.1-15)，求得换算长细比 λ^* 为

$$\lambda^* = K'\lambda_x = 1.28\times48.09 = 61.39$$

(5) 格构柱相对长细比 λ_n

该格构柱中钢管为 Q345c 钢，$f_y=325\text{MPa}$，钢材弹性模量 $E_s=2.06\times10^5\text{MPa}$。管内 C50 混凝土，$f_{cd}=23.10\text{MPa}$，$f_{ck}=32.40\text{MPa}$，弹性模量 $E_c=3.45\times10^4\text{MPa}$。钢管混凝土截面含钢率 $\rho_c=0.0761$。

根据规范第 5.3.6 条规定，将换算长细比 λ^* 和相关材料、截面几何参数代入式【5.3.6-2】(7.1-21) 中，得钢管混凝土柱的相对长细比 λ_n 为

$$\lambda_n = \frac{\lambda^*}{\pi}\sqrt{\frac{f_yA_s+f_{ck}A_c+A_c\sqrt{\rho_cf_yf_{ck}}}{E_sA_s+E_cA_c}}$$

$$= \frac{61.39}{\pi}\times\sqrt{\frac{325\times0.1978+32.4\times2.9437+2.9437\times\sqrt{0.0761\times325\times32.4}}{2.06\times10^5\times0.2221+3.45\times10^4\times2.9437}}$$

$$= 0.810$$

(6) 格构柱稳定系数 φ

由于 $\lambda_n<1.5$，根据规范第 5.3.5 条规定，由【5.3.5-1】(7.1-6)，求得格构柱的稳定系数 φ 为

$$\varphi = 0.658^{\lambda_n^2} = 0.658^{0.810^2} = 0.760$$

7.2 哑铃形柱稳定承载力研究

如 6.3 节介绍，国内外有关钢管混凝土建筑结构的规范中，均没有哑铃形柱承载力计算的相关规定。为此，福州大学开展了一系列的试验研究，其中文献 [2]、[3] 分别进行了钢管混凝土哑铃形轴压柱、偏压柱稳定承载力研究。研究中，先进行试验研究，在此基础上，提出了有限元计算方法，经试验结果验证后，进行参数分析。最后，提出轴压柱、偏压柱稳定承载力计算方法。本节介绍研究的简要情况，详细情况见文献 [2]、[3]。

7.2.1 轴压柱稳定承载力研究

7.2.1.1 试验简介

共设计制作了 2 组 10 根轴压试件，其中 A 组 5 根为沿弱轴向破坏的试件，C 组 5 根为沿强轴向破坏的试件。与单圆管截面各向刚度相同不一样，哑铃形截面强轴方向的刚度是弱轴方向刚度的好几倍。

哑铃形柱弱轴向基本上是两根单圆管受力，而强轴向抗弯惯性矩比较大，受力也比单圆管要复杂。在没有外部加劲的情况下，哑铃形钢管混凝土轴压长柱均为沿弱轴方向的失

稳破坏。为了使其能沿着强轴方向破坏，提出了在哑铃形长柱的弱轴方向设置波形钢板加劲的试验方法。由于波形钢板的纵向刚度非常小（轴向有效弹性模量是原弹性模量的几百分之一），基本上不承受轴向压应力，因此它的设置不会影响截面的强度，与此同时，它能提高弱轴向的抗弯刚度，使其只沿强轴向失稳，以测得强轴向的稳定承载力。因此，文献[2]的试件中 A 组试件无波形钢板加劲，C 组是有波形钢板的试件。

两组试件的截面尺寸均与轴压短柱试验中标准试件相同，试件断面如图 7.2-1（a）所示，由两根 $\phi 108\times 4mm$ 的无缝钢管和 4mm 厚的钢腹板焊接而成，试件两端焊有两个厚 10mm、长宽为 320mm×180mm 的矩形钢板。波形钢板的两波峰间距为 200mm，波峰至波谷的垂直间距为 40mm，厚为 4mm。为使构件在纵向压缩变形时波形钢板与压力机底板不接触，其纵向长度稍短于试件长度，波形板两端设置有 4mm 厚的加劲板以提高其面外刚度，并防止其过早屈曲。

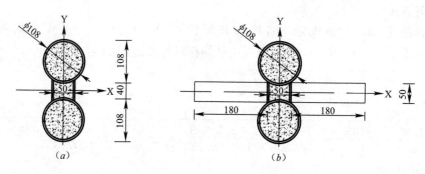

图 7.2-1 哑铃形构件截面示意图
(a) A 组试件；(b) C 组试件

钢管和腹腔内均灌注 C50 混凝土，钢管采用 Q345 钢，材性试验测得钢材屈服强度 $f_y=321.6MPa$，抗拉强度 $f_u=469.0MPa$，钢材弹性模量 $E_s=2.01\times 10^5 MPa$，混凝土立方体抗压强度 $f_{cu}=49.9MPa$，轴心标准抗压强度 $f_{ck}=33.4MPa$，混凝土弹性模量 $E_c=3.45\times 10^4 MPa$。

试件设计以长细比 $\lambda=L/i$ 为参数变化，其中 L 为试件设计长度，分别为 400mm、800mm、1600mm、2400mm、3200mm，i 为截面回转半径。

各试件详细资料如表 7.2-1 所示，其中 A0-0、C0-0、C1-0 属于短柱。其作用有两个，一是为考察长柱的稳定系数提供对比，二是为了比较波形钢板对构件轴压强度的影响（因为短柱时不存在强轴方向破坏或弱轴方向破坏的问题）。

试件资料一览表 表 7.2-1

	试件编号	L (mm)	λ	波纹钢腹板
弱轴向	A0-0	400	5.4	—
	A1-0	800	30.4	—
	A2-0	1600	60.8	—
	A3-0	2400	91.2	—
	A4-0	3200	121.6	—

续表

	试件编号	L (mm)	λ	波纹钢腹板
强轴向	C0-0	400	5.4	有
	C1-0	800	10.8	有
	C2-0	1600	21.5	有
	C3-0	2400	32.3	有
	C4-0	3200	43.1	有

7.2.1.2 试验主要结果分析

轴压长柱的试验表明，试件的弹塑性和延性都很好，在变形很大的情况下仍然能够承受一定的荷载。图 7.2-2 为试验结束时试件的变形图，A 组长柱试件呈弱轴向压弯破坏，试件弱轴向挠度较大。C 组长柱试件呈强轴向压弯破坏，波形钢板的设置有效抑制了哑铃形长柱向弱轴向失稳破坏。波形钢板的折叠效应使其整体上自由地随试件的整体变形而变形，仅部分试件由于局部变形（主要靠近端部）波形钢板中部会出现局部屈曲。

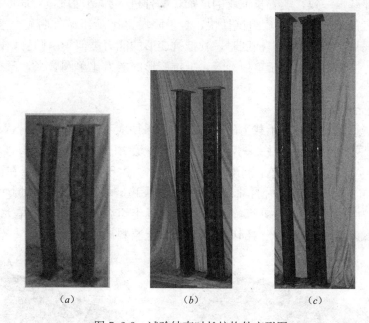

(a)　(b)　(c)

图 7.2-2　试验结束时长柱构件变形图
(a) A1-0 和 C1-0；(b) A3-0 和 C3-0；(c) A4-0 和 C4-0

从荷载-竖向变形曲线可知，哑铃形轴压长柱试件的荷载-位移曲线都出现了下降段，下降段比较平缓。试件的极限承载力及弹塑性阶段的切向刚度均随着试件长细比的增加而减小。且构件进入弹塑性阶段对应的荷载也随着长细比增加而显著降低。长细比的增加缩短了钢管混凝土轴压长柱的弹性阶段，使构件提前进入弹塑性阶段。有限元分析进一步验证了这个规律。

两组试件的极限荷载和长细比的关系曲线见图 7.2-3。由图 7.2-3 可以看出，两组试件的长细比相同时，其极限荷载基本相同，随长细比变化规律基本一致。需要指出的是 C 组试件发生强轴向失稳，而强轴向刚度是弱轴向刚度的 2.82 倍，相同的长（高）度情况下，其长细比要远小于 A 组试件，极限承载力要远大于 A 组试件。

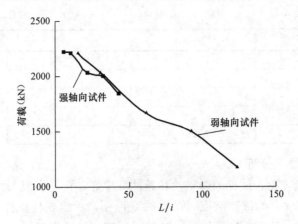

图 7.2-3 极限荷载和长细比的关系曲线

从荷载-中截面水平挠度可知,哑铃形长柱试件和单圆管长柱试件的水平挠度曲线随长细比变化规律基本一致,随着长细比的增加,构件进入弹塑性段,对应的荷载减小。A 组试件水平挠度的增长速度比 C 组试件快,且下降段也比 C 组试件明显。这是因为 A 组试件沿弱轴向失稳,在发生水平挠度时,其抵抗变形的能力类似于单圆管,而哑铃形截面强轴方向的抗弯惯性矩要远大于单根圆管,抵抗变形的能力比单圆管强,没有单圆管容易发生失稳。

7.2.1.3 有限元分析

为扩大哑铃形轴压柱稳定承载力的分析参数,采用大型通用软件 ANSYS 建立了有限元模型,钢管混凝土哑铃形柱采用弹塑性梁单元 BEAM188 模拟,波形钢板采用 SHELL181 单元模拟,试件的有限元模型见图 7.2-4。由于实际结构都存在初始缺陷,计算时为了让 A 组(C 组)试件沿弱轴(强轴)方向失稳破坏,在试件弱轴(强轴)方向赋予 $L/1000$(L 为构件长度)的初始弯曲。钢管混凝土组合材料采用双单元法建模[4],其中外部单元赋以钢材料属性,内部单元附以混凝土材料属性。

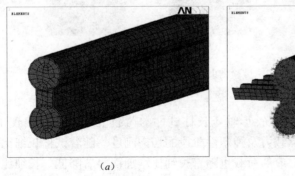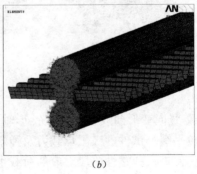

(a)　　　　　　　　　　　(b)

图 7.2-4 哑铃形长柱有限元模型
(a) A 组;(b) C 组

由文献 [5]~[8] 得知,哑铃形截面中两圆管的荷载-变形曲线及泊松比曲线和单圆管钢管混凝土基本一致,可以作为单圆管考虑。腹腔内混凝土所受套箍极小,可以作为普通混凝土考虑。因此有限元模型中圆管内核心混凝土采用以一维方式表达的套箍混凝土本构关系，腹腔内混凝土采用 Hognested 的普通混凝土本构模型，钢材的应力-应变关系采用四折线本构模型。材料本构关系模型的输入采用 ANSYS 提供的基于 Von Mises 屈服准则的多线性等向强化模型（MISO）。有限元非线性求解方法采用 Newton-Raphson 法。

试验构件受力全过程行为，有限元计算结果与试验结果吻合较好。对于极限承载力，试验值和计算值采用相同的定义，当荷载-竖直位移曲线无下降段时，以纵向应变达到 $10000\mu\varepsilon$ 时对应的荷载为极限承载力，有下降段时以荷载-位移曲线的最高点对应的荷载为极限承载力。表 7.2-2 给出有限元计算值与试验值的比较，其中稳定系数试验值 $\varphi_{le}=N_{le}/N_{0e}$，稳定系数计算值 $\varphi_{li\dagger}=N_{li\dagger}/N_{0\dagger}$，以 $\lambda=16$ 作为短柱与长柱的长细比分界点，N_{0e}、$N_{0\dagger}$ 分别对应着长细比 $\lambda=0\sim16$ 的轴压短柱极限承载力试验值和计算值的平均值。

由表 7.2-2 可以看出，极限承载力和稳定系数的计算值与试验值比值均值分别为 0.970 和 1.017，比值方差分别为 0.014 和 0.015，表明有限元计算具有较高的精确度，可以用于参数分析。

哑铃形轴压长柱承载力计算值与试验值比较 表 7.2-2

失稳方向	长细比 λ	极限承载力（kN）			稳定系数		
		N_{le}	$N_{li\dagger}$	$\dfrac{N_{li\dagger}}{N_{le}}$	φ_{le}	$\varphi_{li\dagger}$	$\dfrac{\varphi_{li\dagger}}{\varphi_{le}}$
弱轴向	0~16	2215	2115	0.955	1.000	1.000	1.000
	30.4	2030	1946	0.959	0.916	0.920	1.004
	40.0	—	1796	—	—	0.849	—
	60.8	1670	1650	0.988	0.754	0.780	1.034
	80.0	—	1502	—	—	0.710	—
	91.2	1500	1448	0.965	0.677	0.685	1.012
	100.0	—	1341	—	—	0.634	—
	121.6	1278	1268	0.992	0.577	0.600	1.040
	140.0	—	1072	—	—	0.507	—
强轴向	0~16	2215	2115	0.955	1.000	1.000	1.000
	21.5	2040	1998	0.979	0.920	0.945	1.027
	32.3	2004	1934	0.965	0.904	0.914	1.011
	43.1	1847	1772	0.959	0.833	0.838	1.006
	60.0	—	1650	—	—	0.780	—
	80.0	—	1509	—	—	0.713	—
	100.0	—	1376	—	—	0.651	—
	120.0	—	1268	—	—	0.600	—
	140.0	—	1156	—	—	0.547	—
比值均值				0.970			1.017
比值方差				0.014			0.015

7.2.1.4 极限承载力计算方法

沿用短柱中的等效单圆管法[7]，将哑铃形轴压长柱等效为外径 $D=4i$（i 为哑铃形截面回转半径）的单圆管长柱，轴压长柱极限承载力计算公式为

$$N_l = \varphi \cdot N_0 \qquad (7.2-1)$$

式中，N_0 为哑铃形短柱轴压极限承载力，按式【5.2.6-1】(6.1-6)~式【5.2.6-4】(6.1-8)

计算。以下着重讨论稳定系数 φ 的计算方法。

将 A 组构件和 C 组构件稳定系数试验值 φ_{le}（见表 7.2-2 倒数第 3 列）分别以小圆点和小三角的形式标在图 7.2-5 中。将 A 组构件和 C 组构件稳定系数计算值 $\varphi_{l{\rm{ff}}}$（见表 7.2-2 倒数第 2 列）以空心圆点和空心三角的形式标在图 7.2-4 中。

图 7.2-5 中还给出了国内 CECS[9]、JCJ[10] 和 DL/T[11] 三本钢管混凝土结构规程中所提供的单圆管长柱稳定系数 φ_l 曲线。由图 7.2-5 可以看出，国内 CECS、JCJ 和 DL/T 三本规程所提供给单圆管长柱的稳定系数不能直接应用于哑铃形轴压长柱中。

对 A 组构件计算值 $\varphi_{l{\rm{ff}}}$、试验值 φ_{le} 以长细比 L/i 为变量进行拟合回归（回归系数 R 平方值为 0.9883），得轴压长柱（弱轴向失稳）稳定系数计算式为

$$\varphi = e^{-0.0058(L/i-16)} \tag{7.2-2}$$

对 C 组构件计算值 $\varphi_{l{\rm{ff}}}$、试验值 φ_{le} 以长细比 L/i 为变量进行拟合回归（回归系数 R 平方值为 0.9806），得轴压长柱（强轴向失稳）稳定系数计算式为

$$\varphi = e^{-0.0050(L/i-16)} \tag{7.2-3}$$

由于哑铃形长柱沿强（弱）轴失稳的极限承载力均随长细比的增大呈指数函数下降，且规律曲线基本一致，考虑将其统一为式（7.2-4）（回归系数 R 平方值为 0.9705）。

$$\varphi = e^{-0.0051(L/i-16)} \tag{7.2-4}$$

由图 7.2-5 可见，式（7.2-4）能较好地反映出钢管混凝土哑铃形轴压长柱（沿强、弱轴破坏）稳定极限承载力随长细比变化规律，可供工程应用参考。文献 [3] 进行的钢管混凝土偏压长柱的研究结果进一步证实了式（7.2-4）计算的稳定系数具有较好的精度，详见 7.2.2 节的介绍。

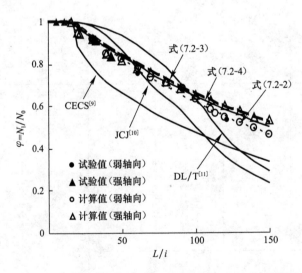

图 7.2-5 哑铃形轴压柱稳定系数和长细比的关系曲线

应该指出的是，稳定系数 φ 与哑铃形短柱轴压极限承载力计算方法无关，将式（7.2-1）中的 N_0 由等效单圆管法改为规范中所采用的简单迭加法，仍然得到上述的计算结果。

7.2.2 哑铃形偏压柱稳定承载力

由于强轴向是拱肋的主要受力方向，且弱轴向的受力性能与单圆管相同，所以文献 [3] 的哑铃形偏压柱稳定承载力指的是偏心受压均指强轴向受力。

7.2.2.1 试验简介

试件设计以长细比 $\lambda=L/i$ 和偏心率 $e/(2i)$ 为参数变化,其中 L 为设计试件高度,e 为偏心距,i 为截面强轴方向的回转半径,t 为钢管壁厚。共设计了 16 根试件,按试件高度 800mm、1600mm、2400mm 和 3200mm 分为 C1、C2、C3、C4 四组,每组有 4 个构件,偏心距分别为 10mm、20mm、30mm、40mm。各试件详细资料如表 7.2-3 所示,表中同时列出了表 7.2-1 中强轴向失稳的 C 组轴压构件 C1-0、C2-0、C3-0、C4-0,以作比较。

试件的截面尺寸与表 7.2-1 轴压长柱试件相同,由两根 $\phi 108 \times 4mm$ 的无缝钢管和 4mm 厚的钢腹板焊接而成,试件两端焊有两个厚 10mm、长宽为 320mm×180mm 的矩形钢板。在钢管和腹腔内均灌注 C50 混凝土,钢管采用 Q345 钢,钢材和混凝土与钢管混凝土轴压长柱试件用的是同一批,材性完全一样。

哑铃形偏压长柱试件资料一览表　　　表 7.2-3

试件编号		L (mm)	L/i	e (mm)	$e/(2i)$	N_{el} (kN)	φ
C1	C1-0	800	10.8	0	0.00	2215	1.000
	C1-1	800	10.8	10	0.06	1702	0.768
	C1-2	800	10.8	20	0.12	1476	0.666
	C1-3	800	10.8	30	0.18	1301	0.587
	C1-4	800	10.8	40	0.24	1145	0.517
C2	C2-0	1600	21.5	0	0.00	2040	0.921
	C2-1	1600	21.5	10	0.06	1608	0.725
	C2-2	1600	21.5	20	0.12	1453	0.655
	C2-3	1600	21.5	30	0.18	1304	0.588
	C2-4	1600	21.5	40	0.24	1130	0.510
C3	C3-0	2400	32.3	0	0.00	2004	0.905
	C3-1	2400	32.3	10	0.06	1458	0.658
	C3-2	2400	32.3	20	0.12	1286	0.580
	C3-3	2400	32.3	30	0.18	1127	0.508
	C3-4	2400	32.3	40	0.24	1027	0.463
C4	C4-0	3200	43.1	0	0.00	1847	0.834
	C4-1	3200	43.1	10	0.06	1408	0.635
	C4-2	3200	43.1	20	0.12	1186	0.535
	C4-3	3200	43.1	30	0.18	1008	0.455
	C4-4	3200	43.1	40	0.24	884	0.399

7.2.2.2 试验主要结果分析

图 7.2-6 为偏压柱在试件破坏时中截面附近区域的现场照片。可以看出,哑铃形钢管混凝土偏压柱的弹塑性和延性很好,在变形很大的情况下仍然能够承受一定的荷载。在构件最终破坏时,偏压短柱中截面附近会出现局部屈曲,偏压长柱则没有此现象,它呈现的是整体失稳形态,最终破坏时钢管外壁没有出现局部外凸或开裂现象。

第7章 钢管混凝土柱稳定承载力计算

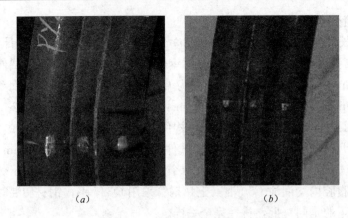

图 7.2-6 哑铃形试件破坏形态
(a) 哑铃形偏压短柱；(b) 哑铃形偏压长柱

图 7.2-7、图 7.2-8 分别为不同长细比参数变化下的哑铃形偏压柱的荷载-竖向变形曲线和荷载-中截面水平挠度曲线，从图中可以看出，随着偏心率和长细比的增加，哑铃形偏压长柱的极限承载力逐渐降低。由 7.2.1 节可知，哑铃形偏压短柱在加载初始阶段，不同偏心率的荷载-变形曲线几乎重合；而图 7.2-7、图 7.2-8 中，哑铃形偏压长柱由于 $P\text{-}\Delta$ 效应明显，不同偏心率试件的荷载-变形曲线几乎看不出有重合段，且其线性段很短。

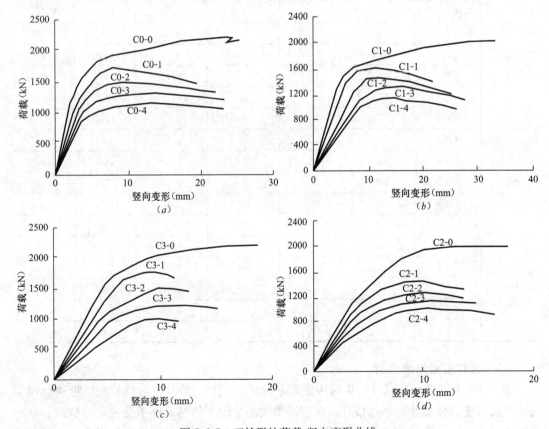

图 7.2-7 哑铃形柱荷载-竖向变形曲线
(a) $L/i=10.8$；(b) $L/i=21.5$；(c) $L/i=32.3$；(d) $L/i=43.1$

7.2 哑铃形柱稳定承载力研究

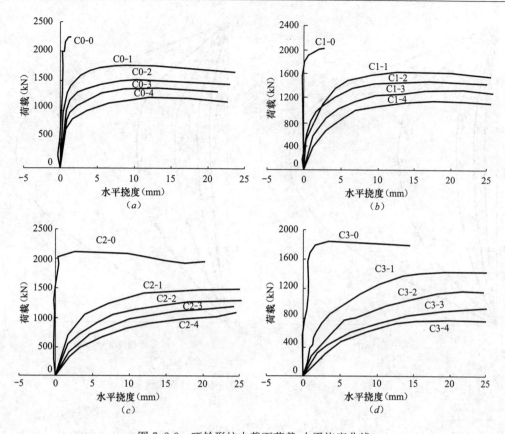

图 7.2-8 哑铃形柱中截面荷载-水平挠度曲线
(a) $L/i=10.8$；(b) $L/i=21.5$；(c) $L/i=32.3$；(d) $L/i=43.1$

图 7.2-9 给出了 C1 组试件水平挠度过程曲线图。其中纵坐标中的数字 0~4 表示偏压

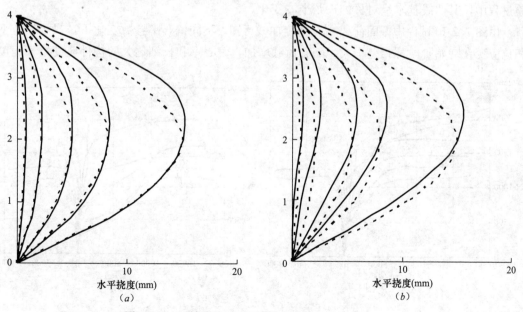

图 7.2-9 哑铃形柱 C1 组试件水平挠度过程曲线（一）
(a) C1-1；(b) C1-2

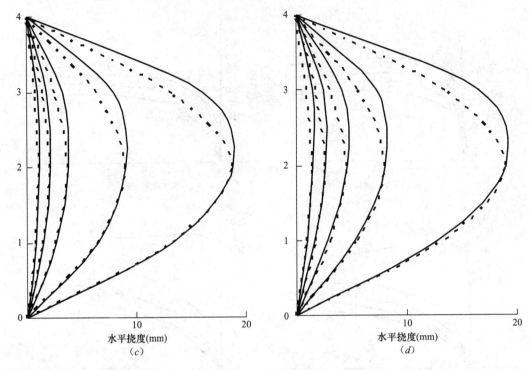

图 7.2-9 哑铃形柱 C1 组试件水平挠度过程曲线（二）
(c) C1-3；(d) C1-4

长柱沿柱高 4 个四分点的位置，横坐标表示在各级荷载作用下构件中截面的水平挠度，虚线表示正弦半波曲线 $u=f \cdot \sin(\pi z/L)$，其中 f 为中截面的最大挠度值，L 为柱高。

由图 7.2-9 可以看出，哑铃形偏压长柱的水平挠度过程曲线规律性均很强，在整个试验过程中，其曲线基本呈对称的正弦半波变化。

由图 7.2-10 试件中截面荷载-纵向应变曲线可知，不同偏心率参数变化下，最大压应变和拉应变在初始阶段都相差不大，随着荷载增加，偏心率和长细比大的构件应变增长速度

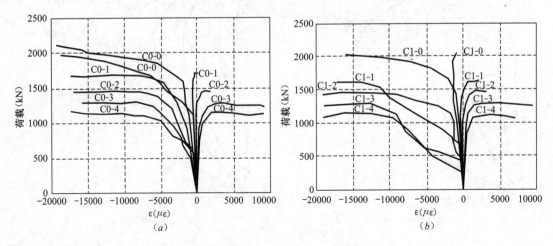

图 7.2-10 哑铃形柱中截面荷载-纵向应变曲线（一）
(a) $L/i=10.8$；(b) $L/i=21.5$

7.2 哑铃形柱稳定承载力研究

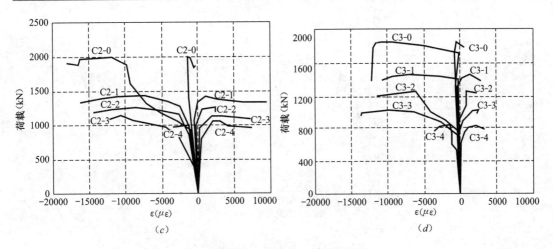

图 7.2-10 哑铃形柱中截面荷载-纵向应变曲线（二）
(c) $L/i=32.3$；(d) $L/i=43.1$

更快。在偏心率和长细比较小时，构件达到极限承载能力时对应的受压边缘纤维应变约在 $10000\mu\varepsilon$ 左右，随着偏心率和长细比的增加，构件达到极限承载力时对应的应变逐渐变小。

7.2.2.3 有限元分析

为扩大参数分析范围，对哑铃形偏压长柱进行了有限元分析，分析方法除与 7.2.1 节相同采用通用程序 ANSYS 外，还应用条带法有限元程序 US-CFSTA 进行了分析。采用条 US-CFSTA 分析时，截面划分为 100 个条带。从短柱试验结果可知波形钢板对轴向强度没有影响，因此用条带法有限元程序 US-CFSTA 分析哑铃形钢管混凝土柱时，可以不考虑波形钢板的影响，但需要在输入轴压长柱构件的节点坐标时，在强轴方向增加 $L/1000$（L 为构件长度）的初始弯曲来考虑波形钢板使长柱发生强轴向的失稳破坏。

图 7.2-11 和图 7.2-12 分别给出了轴压长柱荷载-竖向变形曲线和偏压长柱荷载-中截面水平挠度曲线的 ANSYS 有限元计算结果与条带法程序 US-CFSTA 计算结果及试验结果的比较。从图可见，两个有限元分析方法的计算结果与试验结果均吻合较好，可用于参

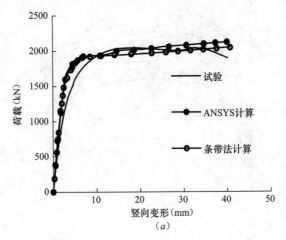

图 7.2-11 哑铃形柱轴压长柱荷载-竖直位移曲线（一）
(a) C2-0（$L/i=21.5$）

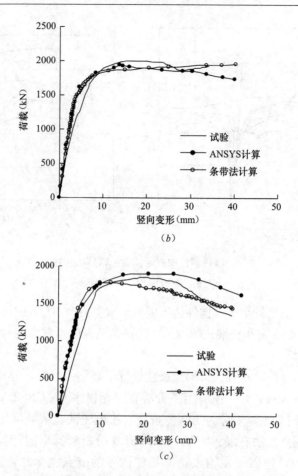

图 7.2-11 哑铃形柱轴压长柱荷载-竖直位移曲线（二）
(b) C3-0 ($L/i=32.3$)；(c) C4-0 ($L/i=43.1$)

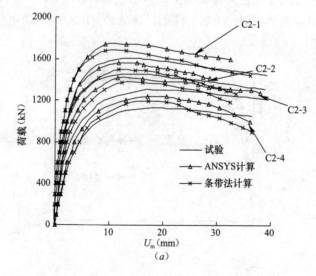

图 7.2-12 哑铃形柱偏压长柱荷载-中截面水平挠度曲线（一）
(a) C2 组 ($L/i=21.5$)

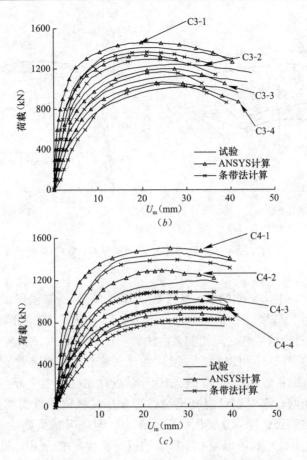

图 7.2-12 哑铃形柱偏压长柱荷载-中截面水平挠度曲线（二）
(b) C3 组（$L/i=32.3$）；(c) C4 组（$L/i=43.1$）

数分析。进一步的分析可知，两个程序计算的荷载-位移曲线的切向刚度，对轴压长柱和长细比较小的偏压柱，二者相差不大；而在长细比较大的偏压长柱中，由于 ANSYS 软件中无法考虑混凝土开裂后退出工作，导致其计算的切向刚度要略大于 US-CFSTA 的计算结果，同时 ANSYS 计算的哑铃形长柱极限承载力计算结果也比 US-CFSTA 计算结果偏大。因此，有限元参数分析中采用了条带法程序 US-CFSTA。

图 7.2-13 给出了轴压长柱中 A 组试件与 C 组试件随长细比变化的荷载-竖向变形曲线，其中实线为试验曲线，虚线为部分长细比变化下的有限元计算曲线。可以看出，无论是试验曲线还是计算曲线，其随长细比变化的规律都是一致的，构件的极限承载力及曲线弹塑性阶段的切向刚度均随着试件长细比的增加而减小。

7.2.2.4 极限承载力

（1）长细比与偏心率双系数乘积公式

由以上分析可以看出，长细比和偏心率这两个参数对钢管混凝土哑铃形偏压柱的力学性能影响均较大。上述所进行的长细比和偏心率的双参数交叉试验，就是为了得到两者之间的数值关系。

以哑铃形轴压短柱 C0-0 试件的极限承载力试验值 N_0 为基数，用 $\varphi = N_{le}/N_0$ 表示各

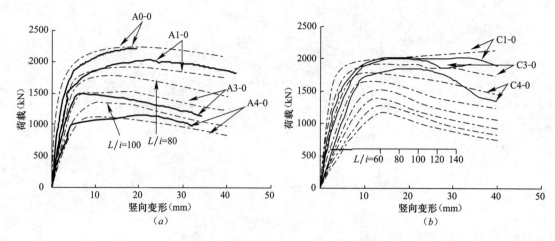

图 7.2-13 哑铃形柱荷载-竖向变形计算曲线
(a) A组；(b) C组

试件承载力受偏心和长细比影响的总折减系数（其中 N_{el} 为所有偏压试件的极限承载力试验值）。各试件的 φ 列于表 7.2-3 最后一列。图 7.2-13 和图 7.2-14 分别给出了长细比 L/i 和偏心率 $e/(2i)$ 与总折减系数之间的关系曲线。

由图 7.2-14 和图 7.2-15 可以看出，以长细比（偏心率）为参数变化，钢管混凝土哑铃形偏压柱承载力折减系数随偏心率（长细比）的变化曲线基本平行，其变化规律基本一致。这表明长细比和偏心率对钢管混凝土哑铃形偏压柱极限承载力的影响基本上是独立的，可采用双系数乘积公式计算其偏压极限承载力。即总折减系数 φ_1 是考虑长细比影响的折减系数 φ（稳定系数）和考虑偏心率影响的折减系数 φ_e 的乘积，见式（7.2-5）。

$$\varphi_1 = \varphi \cdot \varphi_e \tag{7.2-5}$$

式中：φ、φ_e——分别为长细比和偏心率影响系数。

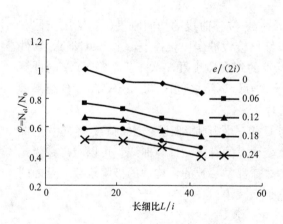

图 7.2-14 哑铃形柱承载力总折减系数与长细比关系曲线

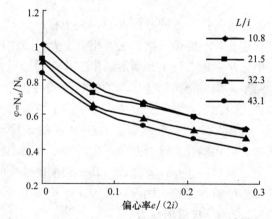

图 7.2-15 哑铃形柱承载力总折减系数与偏心率关系曲线

钢管混凝土哑铃形偏压长柱极限承载力，可用式（7.2-6）计算。

$$N_{el} = \varphi \cdot \varphi_e N_0 \tag{7.2-6}$$

式中：N_0——钢管混凝土哑铃形轴压短柱的极限承载力计算值，可采用文献 [5] 或 [7]

中的计算方法计算。

(2) 长细比影响分析

图 7.2-16 为四组哑铃形偏压柱的长细比修正系数 ($\varphi = N_{el}/N_e$) 和长细比 (L/i) 的关系曲线，φ 试验值在图中以小黑点表示。N_{el} 为各偏压长柱试件的极限承载力试验值，N_e 为与各试件偏心率相同的偏压短柱（C0 组）试件的极限承载力试验值。图中还给出了 7.2.1 节中哑铃形轴压柱的长细比修正系数曲线，可见二者吻合度较高。初步认为该式同样适用于偏压柱，进一步地，进行了按式（7.2-4）计算的稳定系数 $\varphi_{计}$ 与试验值 φ 的比较，见表 7.2-4。计算值与试验值比值的均值为 1.034，二者吻合良好，相对差为 3.4%，比值方差为 0.040。分析结果表明，钢管混凝土偏压柱长细比修正系数计算公式可采用式（7.2-4）。

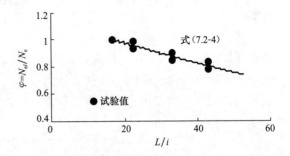

图 7.2-16 长细比与长细比修正系数关系曲线

哑铃形偏压长柱长细比修正系数计算表　　　表 7.2-4

L/i	φ	$\varphi_{计}$	$\varphi_{计}/\varphi$
10.8	1.000	1.000	1.000
21.5	0.967	0.972	1.006
32.3	0.879	0.920	1.047
43.1	0.802	0.871	1.086
比值均值			1.034
两种结果相对差			3.4%
比值方差			0.040

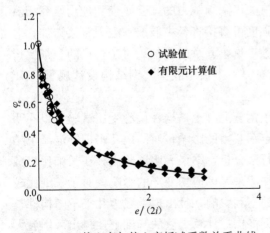

图 7.2-17 偏心率与偏心率折减系数关系曲线

(3) 偏心率影响分析

图 7.2-17 为四组哑铃形偏压长柱的偏心率折减系数 $\varphi_e = N_{el}/N_l$ 和偏心率 $e/(2i)$ 的关系曲线，N_{el} 为各偏压长柱试件的极限承载力，N_l 为各试件长细比相同的轴压长柱（C0-0、C1-0、C2-0、C3-0）的极限承载力。φ 试验值在图中以空心小黑点表示，φ_e 有限元计算值在图中以实心小黑点表示。图 7.2-17 中的实线为哑铃形偏压短柱的偏心率修正系数，见第 6 章的式【5.2.8-1】(6.1-11) 和式【5.2.8-2】(6.1-12)。进一步的分析表明，按公式计算的结果与偏压长柱的试验结果，二者的回归系数 R 平方值为 0.9872，表明钢管混凝土偏压柱的偏心率折减系数可以采用短柱的偏心率折减系数，即可按式【5.2.8-1】(6.1-11) 和式【5.2.8-2】(6.1-12)

计算。

将试件的长细比修正系数用式（7.2-4）计算、偏心率折减系数用式【5.2.8-1】(6.1-11) 和式【5.2.8-2】(6.1-12) 计算，代入式（7.2-6）中，得偏压长柱构件的稳定承载力计算值，与试验值的比较见图 7.2-18。从图可见，计算结果与试验结果十分接近，而且数值间的离散性很小，可以供实际应用时参考。

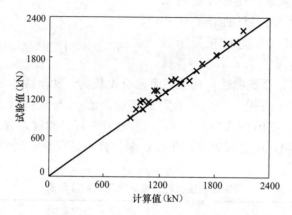

图 7.2-18　哑铃形偏压长柱稳定承载力计算值与试验值对比图

应该指出的是，文献 [2]、[3] 研究所提出的式（7.2-4）是长细比系数，未考虑材料的修正。国标采用的是文献 [12]、[13]，考虑材料修正后的稳定系数，详见第 7.4 节的介绍。现有几本钢管混凝土拱桥的地方与行业标准与国标中有关钢管混凝土哑铃形柱稳定承载力算法的比较，也见第 7.4 节的介绍。

7.3　格构柱稳定计算方法研究

钢管混凝土格构柱在工程中应用较多，但有关极限承载力的试验研究和理论研究相对较少。钢管混凝土格构轴压短柱承载力或截面强度可直接将各主肢的承载力直接迭加；对于偏心短柱的承载力，主要考虑偏心率修正系数，见第 6 章的介绍。对于长柱的长细比折减系数或稳定系数，国内钢管混凝土结构设计规程中多借用我国《钢结构设计规范》GB 50017[14] 中钢格构柱的计算方法。

文献 [15]、[16] 以长细比为参数，进行了钢管混凝土格构柱偏心受压试验，以探明钢管混凝土格构柱稳定破坏机理和长细比对稳定承载力的影响，对国内几本钢管混凝土结构设计规程中格构柱的稳定承载力计算方法进行了分析，结果表明这些规程在长细比折减系数中计算换算长细比时，采用钢格构柱中的加法来考虑剪切变形的影响，对于长细比较小的构件，将过度考虑剪切变形对承载力下降的不利影响，且出现承载力几乎不随构件长细比的变化而变化的不合理现象。在借鉴国外钢格构柱计算方法的基础上，提出采用放大系数法来计算钢管混凝土格构柱的换算长细比，所计算的极限承载力与试验值吻合良好。由于格构柱的刚度较大，进行轴压试验时构件较长，受试验条件限制，文献 [15] 进行的是偏压柱的试验，但将偏心率固定，以消除偏心率的影响，这在偏心率与长细比对承载力

7.3 格构柱稳定计算方法研究

的影响不耦合时是可行的。在此基础上,文献[17]开展了偏心率和长细比双参数的试验研究,结果表明偏心率与长细比对钢管混凝土格构柱承载力的影响是不耦合的,因此,文献[15]的研究方案是可行的。

同时,文献[18]在文献[17]的基础上,开展了有限元参数分析,验证了格构短柱中提出的偏心率修正系数的算法可用于长柱之中,并提出了考虑偏心率和长细比的钢管混凝土格构柱稳定承载力的计算方法。文献[19]在格构柱长细比折减系数的基础上,考虑了材料修正系数,提出了钢管混凝土格构柱的稳定系数计算方法。

7.3.1 格构柱长细比折减系数研究
7.3.1.1 试验简介

文献[15]进行了4根格构柱的试验研究。每个试件截面相同(截面高0.6875m,宽0.3125m)、高度不同,A-1～A-4试件的高度为0.5～2.0m,按0.5m递增,试件构造见图7.3-1。试件中的钢管均为Q345钢的有缝管。四根柱肢为$\phi 140mm \times 2mm$的钢管混凝土构件。强轴方向的缀管(有平缀管和斜缀管)均为$\phi 74mm \times 1.5mm$的空钢管;弱轴方向的缀管为$\phi 88mm \times 1.5mm$的空钢管。在图7.3-1中用X表示斜缀管、P_q和P_r分别表示强轴方向和弱轴方向的平缀管,数字表示缀管的编号(括号内数字为另一片缀管的编号)。

试件的设计参数为长细比。参考了几座钢管混凝土桁式拱桥使用荷载下拱肋截面的偏心率e/h在0.2附近[20],因此选择试件的偏心率为0.2。试件长度与长细比见表7.3-1。其中构件长细比λ_y为格构柱长度与横截面回转半径之比。

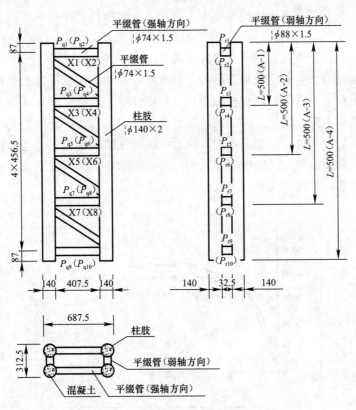

图7.3-1 格构柱偏压试件构造图(mm)

钢管混凝土偏压格构柱试验参数一览表　　　　表 7.3-1

试件编号	试件长度（m）	构件长细比 λ	极限承载力（kN）
A-1	0.5	1.818	4700
A-2	1.0	3.636	4390
A-3	1.5	5.294	3900
A-4	2.0	7.273	3080

管内混凝土抗压强度标准值 f_{ck} 为 53.4MPa，长方体试验所得的平均弹性模量为 34500MPa。钢材屈服强度为 430MPa。此外，还同批制作了 6 根与试件柱肢相同的钢管混凝土单圆短柱（$\phi 140mm \times 2mm$），高度分别为 0.42m、0.5m、1m，轴压试验的结果其极限承载力平均值为 1650kN。

偏压荷载通过设于两端的辊轴和加荷板传递给试件。钢管混凝土肢管中截面 A、B、C、D 点各布置一片纵向应变片和环向应变片，肢管 1/4、3/4 截面及缀管的中截面均布置纵向应变片。试件两侧柱端各布置一个位移计测量其纵向变形，在强轴方向内沿每根柱管高度四分点各布置三个百分表测量其侧向挠度。

7.3.1.2　试验主要结果分析

图 7.3-2 为各试件荷载-纵向应变曲线，其中纵向应变是构件中截面近载一侧两柱肢钢管（2 号管和 4 号管）B 点纵向应变的平均值。从图 7.3-2 可见，各试件的荷载-纵向应变曲线基本相同。在加载初期，曲线基本上为直线，表明试件处于弹性阶段。当荷载加至极限荷载的 60%～70% 时，荷载-纵向应变曲线明显偏离其初始的直线，进入弹塑性阶段，此时试件外形没有明显变化，偶有焊接碎片掉落。当外荷加至极限荷载的 80%～96% 时，在试件的近载侧柱肢产生若干处局部凸出，荷载增量不大，而变形发展很快，表现出一定的延性，而另一侧（远载侧）两根柱肢钢管（1 号管和 3 号管）没有局部变形。此后曲线继续以较小的斜率上升，偏压一侧的柱肢钢管出现纵向撕裂，撕裂处混凝土压碎并有少量粉状物流出。撕裂大都位于中截面附近、靠近节点的柱肢钢管内侧。这时试验机压力表指针开始回转，荷载无法增加，在极短时间内，近载侧的柱肢在多处形成显著的皱曲，试件迅速进入破坏状态，将此时荷载（最大荷载）认为是试件极限荷载。

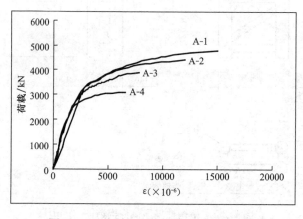

图 7.3-2　偏压格构柱荷载-纵向应变曲线

按格构柱计算的单肢轴向力，4 个试件的所有四根柱肢均为受压，A-1～A-4 试件达到极限荷载时近载侧柱肢的单肢计算轴力分别为 1645kN、1536kN、1365kN、1078kN（见图 7.3-3）；均小于钢管混凝土短柱试件极限荷载平均值 1650kN。其中，构件长细比最小的 A-1 试件，近载侧柱肢的计算轴压力接近于钢管混凝土短柱的极限荷载；构件长细比最大的 A-4 试件，近载侧柱肢的计算轴压力则比钢管混凝土短柱的极限荷载小很多。从总体上来说，4 根试件的破坏均属于整体破坏。

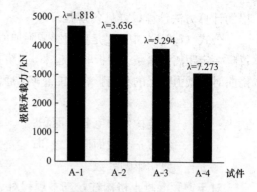

图 7.3-3 偏压格构柱极限承载力-长细比关系图

试验结果表明，长细比对钢管混凝土偏压格构柱的力学性能影响较大。在其他参数相同的条件下，随着构件高度的增大，长细比的增加，钢管混凝土格构柱的稳定承载力逐渐降低，极限应变减小。

格构柱中的柱肢以受压为主，后期弯矩增大，但仍为小偏压构件。远载侧柱肢的钢管紧箍作用不大；近载侧两柱肢在受力后期紧箍效应开始发生作用且不断增大，其受力接近于单根圆钢管混凝土柱轴压或小偏压的受力状态。

由于各缀管交汇带来的受力复杂性，使得节点段柱肢（近载侧）钢管环向应变的变化规律显示出与节间段明显的不同。有缀管一侧环向应变发展很快，明显大于光面的一侧，且数值特别大。近载侧柱肢节点附近的钢管环向变形是导致柱肢钢管撕裂从而引发试件破坏的主要原因。

缀管的受力较小且都处在弹性阶段。斜缀管与弱轴方向的平缀管以受压为主。强轴方向的平缀管应变规律性较差。尽管柱肢钢管内填充有混凝土，钢管混凝土格构柱在一定程度上表现出管结构的受力特点。

7.3.1.3 格构柱稳定承载力计算

（1）设计规程计算方法

国内 CECS 28:2012[9]、JCJ 01—89[10]、DL/T 5085—1999[11] 等钢管混凝土结构设计规程中，钢管混凝土格构柱稳定系数的计算方法，直接套用了我国《钢结构设计规范》GB 50017[14] 的计算方法，考虑缀杆的剪切效应后的换算长细比，采用式（7.3-1）计算，即

$$\lambda^* = \sqrt{\lambda^2 + \zeta} \tag{7.3-1}$$

式中：λ^*——换算长细比；

λ——构件长细比；

ζ——剪切影响附加值。

式（7.3-1）中的构件长细比 λ 是将格构柱换算成具有相同回转半径的实体式构件的长细比（名义长细比），其计算公式为

$$\lambda = \frac{l}{\sqrt{I/A}} \tag{7.3-2}$$

式中，A 为柱肢构件的毛截面面积；l 为构件的等效计算长度；I 为构件截面对主轴的惯性矩。

对于钢管混凝土格构柱，柱肢为钢管混凝土组合构件，其截面积 A 和惯性矩 I 按各规

程的计算方法计算，详见各规程。

公式（7.3-1）中的 ζ 是剪切影响附加值。对于格构柱，因肢件之间不是连续结构而只是每隔一定距离用缀条或缀板联系起来，当绕主轴弯曲时，柱的剪切变形较大，剪力造成的附加挠曲对承载力降低的不利影响不能忽略，通常是以加大长细比的办法来考虑，其计算公式为

$$\zeta = \alpha A / A_0 \tag{7.3-3}$$

式中：A——柱肢构件的毛截面面积；

A_0——斜缀条毛截面面积之和；

α——剪切影响系数。

对于钢管混凝土格构柱，三本规程对 A_0 和 α 的规定不同，CECS 28:2012 和 JCJ 01—89 中，A_0 定义为构件横截面所截各肢换算面积之和，系数 α 取值 40；DL/T 5085—1999 中，A_0 定义为柱肢的钢管面积，系数 α 为 135（假定管内混凝土抗压模量与钢管抗压模量之比 $E_c A_c / E_s A_s = 1.5$）。具体公式详见各规程。

应用 CECS 28:2012、JCJ 01—89、DL/T 5085—1999 三本规程对前述 4 根试件的整体承载力的计算结果见表 7.3-2，由于 4 根试件从总体上来说均属于整体破坏，为节省篇幅，这里不对单根柱肢的承载力进行计算。其中格构柱整体极限承载力计算中，单肢柱轴心受压短柱承载力用试验值（即 1650kN）代入，以此消除单根圆钢管混凝土极限承载力计算带来的误差，以探讨规程对格构柱整体承载力计算方法的正确与否。

从表 7.3-2 可知，对不同高度的构件，三本规程计算的换算长细比 λ^* 变化很小，因此计算的极限承载力也几乎不变，这与试验所得的构件极限承载力随构件长细比增大（高度增大）而显著下降的实际情况不符。在三本规程中，DL/T 5085—1999 计算所得的 4 个构件的换算长细比数值最小，格构柱承载力最大且变化很小，在短柱中（A-1 试件）计算承载力与试验值接近，但随构件长细比增大二者之间的误差值不断增大，最大达 52.6%；CECS 28:2012 和 JCJ 01—89 两本规程计算所得的换算长细比数值相同（计算方法相同），相应的格构柱承载力较小，其中以 CECS 28:2012 计算值最小。

格构柱试件极限承载力计算值与试验值比较 表 7.3-2

试件号	换算长细比 λ^*			极限承载力 N_u（kN）			
	CECS 28:2012	JCJ 01—89	DL/T 5085—1999	CECS 28:2012	JCJ 01—89	DL/T 5085—1999	试验值
A-1	27.86	27.86	18.60	3779.3	4457.9	4702.9	4700
A-2	28.04	28.04	18.87	3769.9	4453.2	4702.9	4390
A-3	28.33	28.33	19.30	3760.5	4453.2	4702.9	3900
A-4	28.74	28.74	19.90	3746.4	4443.7	4702.9	3080

为进一步分析设计规程的计算方法，将文献［15］试件的断面尺寸和材性代入上述三本设计规程，计算不同构件高度（长细比）时的换算长细比 λ^* 和换算长细比增大系数（换算长细比 λ^*/构件长细比 λ），详见表 7.3-3。

由表 7.3-3 可见，对于 CECS 28:2012 和 JCJ 01—89，当构件长细比 $\lambda<40$ 时，换算长细比增大系数大于 1.22；$\lambda=4$ 时甚至高达 7.02。对于 DL/T 5085—1999，构件长细比 $\lambda<28$ 时，换算长细比增大系数大于 1.20，$\lambda=4$ 时甚至高达 4.65。显然在长细比较小的构件中，这种计算方法过多地考虑了剪切变形的影响。其根本原因在于公式（7.3-1）中第二项考虑剪切影响的长细比附加值是一个常数，由于钢管混凝土格构柱中主肢为钢管混

凝土构件，它的换算面积大，与缀杆的面积比也大，对于长细比较小的构件它在换算长细比计算公式中所占的比重太大，以至于构件高度（构件长细比）的影响降为次要地位。因此，钢管混凝土格构柱稳定系数采用这种相加的换算长细比的算法具有不合理之处，尤其是当构件长细比较小时将产生不合理的计算结果。

格构柱换算长细比计算表 表 7.3-3

CECS 28:2012 和 JCJ 01—89			DL/T 5085—1999		
λ	λ^*	增大系数	λ	λ^*	增大系数
4	28.1	7.02	4	18.6	4.65
8	28.9	3.62	8	18.9	2.36
12	30.3	2.52	12	19.3	1.61
16	32.1	2.00	16	19.9	1.24
20	34.2	1.71	20	27.3	1.36
24	36.7	1.53	24	30.3	1.26
28	39.5	1.41	28	33.6	1.20
32	42.4	1.32	32	37.0	1.16
36	45.5	1.26	36	40.5	1.12
40	48.7	1.22	40	44.1	1.10
44	52.0	1.18	44	47.7	1.08
48	55.5	1.16	48	51.4	1.07
52	59.0	1.13	52	55.2	1.06
56	62.5	1.12	56	59.0	1.05
60	66.1	1.10	60	62.8	1.04

除上述三本规程外，《高强混凝土结构设计与施工指南》[21]采用了 CECS 28:2012 的计算方法，福建省工程建设地方标准《钢管混凝土结构技术规程》DBJ 13-51—2003[22]则采用了 DL/T 5085—1999 的计算方法，也都存在着类似的问题。

（2）采用放大系数的换算长细比计算

由上面的分析可知，缀管剪切变形对格构柱整体承载力下降的影响既不能不考虑，但也不能像现有三本规程那样采用加法来考虑剪切变形的影响。为此，文献[16]提出采用放大系数的方法来计算钢管混凝土格构柱的换算长细比。

对钢格构柱整体承载力的计算，文献[23]采用的换算长细比计算方法，是将原构件长细比 λ 乘以一个大于 1 的等效长度放大系数 K，即 $K\lambda$，来考虑剪切变形的影响。等效长度系数 K 的计算步骤如下。

① 计算格构柱剪切柔度参数 μ，见式（7.3-4）。

$$\mu = \frac{\xi_b}{1+\xi_a}\left(\frac{b}{l}\right)^2 \frac{A_c}{A_d}\left\{\frac{b}{\xi_a a}\left[1+\left(\frac{\xi_a a}{b}\right)^2\right]^{3/2} + \frac{b}{\xi_a a}\frac{A_d}{A_b}\right\} \tag{7.3-4}$$

式中：A_c——单根柱肢面积；

μ——格构柱的剪切柔度参数；

A_d——斜缀条横截面积；

A_b——平缀条横截面积。

a——格构柱节间长度（中心距）；

b——格构柱柱宽（中心距）；

ξ_a——节间净距与节间中心距的比值；

ξ_b——柱肢净宽与柱肢中心宽度之比值。其余符号详见图7.3-4。

② 根据 a_t/L 和 μ 值,查图7.3-5(文献[23]图3.5.1)得到 P_{cr}/P_e,P_{cr} 表示格构柱的临界荷载,P_e 表示格构柱的欧拉荷载。

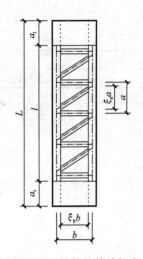

图7.3-4 格构柱等效长度系数K计算符号图示

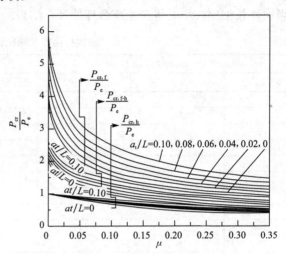

图7.3-5 格构柱临界荷载-剪切柔度参数关系曲线

③ 将 P_{cr}/P_e 代入公式(7.3-5),得到等效长度放大系数 K。

$$K = \sqrt{\frac{P_e}{P_{cr}}} \quad (7.3\text{-}5)$$

对于前述的4根试件,在式(7.3-4)、式(7.3-5)中对钢管混凝土柱肢的面积 A_c 采用CECS 28:2012的计算方法。对于两端铰支柱,文献[23]图3.5.1中的 K 值变化很小,在1~1.49范围内。A-1~A-4试件 μ 值的计算结果为17.28、9.72、4.32和1.08,超出图3.5.1中 μ 的取值范围(最大值0.35)。A-1~A-4试件 a_t/L 的计算结果分别为0.22、0.143、0.105和0.083,前3根试件超出图3.5.1中 a_t/L 的最大值0.1。依据图中曲线的变化规律,取 μ 为0.35,a_t/L 为0.1,得到 K 值计算结果为1.25。以此计算构件的换算长细比后,代入CECS 28:2012计算得4根试件的构件整体极限承载力,见表7.3-4。

放大系数法计算结果与试验值比较表   表7.3-4

试件编号	λ	$K\lambda$	极限承载力 N_u(kN)	
			放大系数法	试验值
A-1	1.818	2.273	4712.4	4700
A-2	3.636	4.545	4312.3	4390
A-3	5.454	6.818	3835.6	3900
A-4	7.272	9.091	3489.6	3080

从表7.3-4可见计算结果与试验结果吻合较好。这种计算方法符合构件长细比在换算长细比取值中占主要比重的一般规律,从而避免了按前述相加方法计算换算长细比存在的当构件长细比较小时,剪切不利影响比重过大的不合理结果。

由于钢管混凝土结构规程中格构柱的稳定系数计算方法一般与单圆管的相同,而由第5章可知,单圆管轴压柱的稳定系数各规程的计算方法相差不大。所以,用其他规程计算的稳定承载力与表 7.3-4 的结果相差也不大,当换算长细比采用放大系数法后,计算的稳定承载力与试验结果的吻合度有了很大的提高。

7.3.2 格构偏压长柱稳定承载力研究
7.3.2.1 试验简介

文献［17］共进行了 22 根试件的试验研究,包括 6 根轴压构件和 16 根偏压构件。试件设计时,参考了文献［15］的截面尺寸。考虑到本组试验包含轴压构件,为避免面外失稳,格构柱两个方向的缀管构件与布置完全相同,换言之格构柱平面上为正方形(外边长 488mm),无强弱轴之分,这与文献［15］有强弱轴的格构柱是不同的。

试验参数为长细比和偏心率。构件长细比设计时参考了工程中钢管混凝土格构柱及钢管混凝土桁拱桥常用范围,同时结合试验机的条件,选择了长细比 λ（格构柱长度与横截面回转半径之比）在 2~20 之间变化。试件的偏心率 e_0/h（柱较大弯矩端的轴向压力对压强重心轴的偏心矩与弯矩作用平面内柱肢重心之间距离之比）为 0~0.4。各试件构造见图 7.3-6,试验参数见表 7.3-5。表 7.3-5 中还列出了极限承载力试验值 N_u 和承载力总折减系数 φ_1。

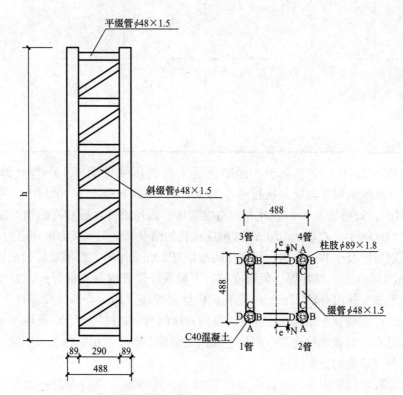

图 7.3-6 格构长柱试件构造图（单位:mm）

钢管混凝土格构长柱试验参数及结果一览表 表 7.3-5

编 号	h（m）	λ	e_0/h	N_u（kN）	φ
CD1-0	0.4	2	0	1900	1
CD2-0	0.8	4	0	1856	0.977

续表

编 号	h (m)	λ	e_0/h	N_u (kN)	φ
CH1-0			0	1740	0.916
CH1-1			0.1	1488	0.783
CH1-2	1.2	6	0.2	1246	0.656
CH1-3			0.3	1119	0.589
CH1-4			0.4	982	0.517
CH2-0			0	1732	0.912
CH2-1			0.1	1481	0.779
CH2-2	2.4	12	0.2	1236	0.651
CH2-3			0.3	1085	0.571
CH2-4			0.4	947	0.498
CH3-0			0	1690	0.889
CH3-1			0.1	1470	0.774
CH3-2	3.2	16	0.2	1243	0.654
CH3-3			0.3	1064	0.560
CH3-4			0.4	960	0.505
CH4-0			0	1666	0.877
CH4-1			0.1	1402	0.738
CH4-2	4.0	20	0.2	1199	0.631
CH4-3			0.3	1043	0.549
CH4-4			0.4	935	0.492

柱肢钢管内灌注 C40 混凝土，混凝土立方体抗压强度为 35.6MPa，弹性模量为 34500MPa。Q345 钢材实测极限抗拉强度为 498MPa，屈服强度为 400MPa，弹性模量为 2.08×10^5 MPa，泊松比为 0.26。此外，同批制作 3 根与试件柱肢相同的钢管混凝土单圆短柱（$\phi 89 \times 1.8$ mm），高度为 270mm，轴压试验的结果其极限承载力平均值为 47.5kN。

为保证钢与混凝土共同作用，在试件两端均以 20mm 厚的方形钢端板与钢管焊牢，尺寸为 550mm×550mm，并加焊三角块支撑。下端板于浇灌混凝土前焊好，兼作浇灌混凝土的底模，上端板开出直径 80mm 的圆孔，供浇灌混凝土用。全部试件都在 500t 的油压柱试验机上进行加载。为保证钢管混凝土格构柱端部约束，试件上下端板均与 80mm 厚的方形钢块通过 $\phi 14$ 高强螺栓连接。钢块上按预定的偏心距设置相应的条形凹槽，与刀口铰吻接。钢块与刀口铰均重复使用。

在钢管混凝土肢管中截面、1/4、3/4 截面 A、B、C、D 点各布置一片纵向应变片和环向应变片。此外，缀管的中截面均布置纵向应变片。试件两侧柱端各布置一个位移计测量其纵向变形，并在强轴方向内沿偏压侧柱管（2 号管）每个节点和节间各布置一个百分表测量其侧向挠度。

7.3.2.2 试验主要结果分析

图 7.3-7 为典型试件（CH3-4）的荷载-挠度曲线，其中挠度指构件中截面近载一侧柱肢钢管侧向挠度。从图中可见，在加载初期，曲线接近直线，此时试件处于弹性阶段，外

形没有明显变化。当荷载加至极限荷载的76%左右时，荷载-挠度曲线明显偏离其初始的直线，进入弹塑性阶段，试件开始出现面内弯曲，但幅度较小，当荷载加至极限荷载的85%左右，试件整体表现出明显的面内弯曲，荷载增量不大，而变形发展很快，此后曲线继续以较小斜率上升，表现出较大的延性，偏压一侧的柱肢钢管在中截面及端部附近出现屈曲，而另一侧（远载侧）两根柱肢钢管没有局部变形。最

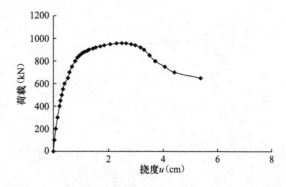

图7.3-7 典型试件（CH3-4）荷载-挠度曲线

后试验机压力表指针开始回转，荷载无法增加，进入下降段，变形继续增大。在此期间内，试件近载侧的柱肢钢管屈曲程度加剧，试件迅速进入破坏状态，将峰值荷载（最大荷载）作为试件的极限荷载。各试件的极限承载力见表7.3-5的倒数第二列。

图7.3-8为CH3-4试件受力全过程的侧向变形图（挠度曲线），钢管混凝土格构柱破坏时有较明显的弯曲，基本属整体破坏。

图7.3-9、图7.3-10给出了对应于偏心率和长细比两个参数的荷载-挠度曲线比较。图7.3-9中各小图将长细比相同，偏心率不同的各试件放在一起比较。从图7.3-9可以看出，偏心率对不同长细比试件的影响大致相同，e增大时，各组试件承载力下降的趋势相近。轴压试件变形很小，$e=0.1\sim0.3$时试件达到极限承载力时的挠度值基本相同，$e=0.4$时，受力后期荷载增量不大，而变形发展较快，表现出一定的延性（尤其是图c、图d）。随着长细比的增大，整组试件的挠度值普遍增大。

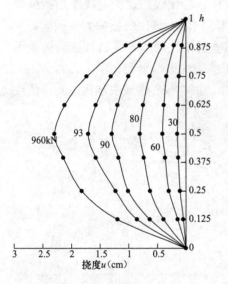

图7.3-8 CH3-4试件侧向变形图

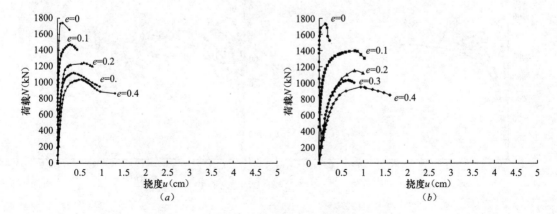

图7.3-9 格构柱不同偏心率的荷载-挠度曲线（一）
(a) CH1组试件（$h=1.2m$，$\lambda=6$）；(b) CH2组试件（$h=2.4m$，$\lambda=12$）

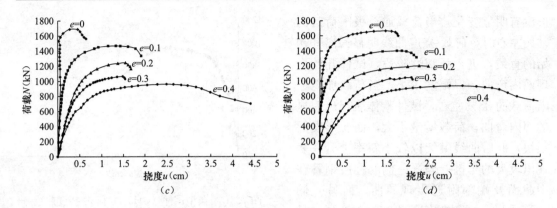

图 7.3-9　格构柱不同偏心率的荷载-挠度曲线（二）

(c) CH3 组试件（$h=3.2m$，$\lambda=16$）；(d) CH4 组试件（$h=4m$，$\lambda=20$）

图 7.3-10 将同一偏心率，不同长细比的各试件放在一起比较。这里的挠度是指试件中截面近载侧柱肢的侧向挠度值。可以看出，长细比对不同偏心试件的影响大致相同，荷载-挠度曲线的形状相似，承载力下降的趋势相近。随着长细比增大，各试件达到极限承载力时的挠度值明显增大，说明长细比对构件整体变形能力的影响很大。

综合图 7.3-9 和图 7.3-10 中各组试件曲线比较可知，试件偏心率或长细比越大，曲线的斜率越小，极限荷载越小，而侧向挠度越大。

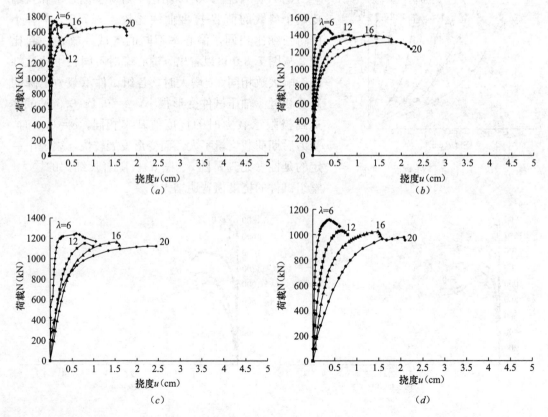

图 7.3-10　格构柱不同长细比的荷载-挠度曲线（一）

(a) $e=0$；(b) $e=0.1$；(c) $e=0.2$；(d) $e=0.3$

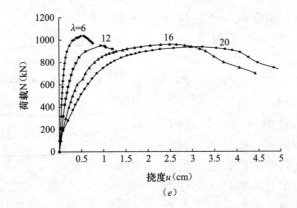

图 7.3-10 格构柱不同长细比的荷载-挠度曲线（二）
(e) e=0.4

7.3.2.3 格构柱的稳定承载力

(1) 长细比与偏心率双系数乘积公式

文献 [17] 试验结果表明，长细比和偏心率对钢管混凝土偏压格构柱的力学性能影响均较大。类似于哑铃形柱，格构柱稳定承载力总折减系数 φ_1 用式（7.3-6）计算（结果见表 7.3-5 最后一列），偏心率 e_0/h 和长细比 λ 与其关系的曲线见图 7.3-11 和图 7.3-12。

$$\varphi_1 = \frac{N_u^*}{4N_{0i}} \tag{7.3-6}$$

式中：N_u^*——格构柱整体承载力；

N_{0i}——格构柱单肢柱的轴心受压短柱承载力。

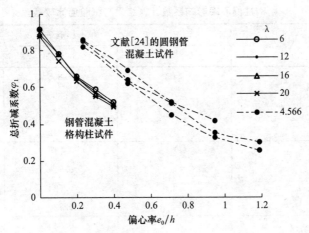

图 7.3-11 格构柱承载能力总折减系数 φ_1－偏心率 e_0/h 关系曲线

从图 7.3-11 和图 7.3-12 可见，承载能力总折减系数 φ_1－偏心率 $e_0//h$ 各关系曲线、承载能力总折减系数 φ_1－长细比 λ 各关系曲线基本平行，表明偏心率和长细比对钢管混凝土格构柱极限承载力的影响基本上是独立的，可采用双系数乘积公式计算格构柱的极限承载力，即总折减系数 φ_1 是考虑偏心率影响的折减系数 φ_e 和考虑长细比影响的折减系数 φ 的乘积，类似于哑铃形柱，它可用式（7.3-7）表示。

$$\varphi_1 = \varphi \cdot \varphi_e \tag{7.3-7}$$

因此，四肢（等主肢）钢管混凝土格构柱的整体承载力可按式（7.3-8）计算。

$$N_u^* = \varphi_1 \cdot 4N_{0i} = 4\varphi_e\varphi N_{0i} \quad (7.3-8)$$

式中，N_{0i} 为单主肢的轴压承载力（强度）。

（2）偏心率影响分析

文献 [15] 对试件的应变分析表明，格构柱的柱肢以受压为主，缀管受力较小且处于弹性阶段。近载侧柱肢在受力后期紧箍效应开始发生作用且不断增大。在不同的长细比情况下，偏心率对试件受力性能的影响大体相同，换言之，长柱中偏心率对承载力的影响与短柱中的相似，即文献 [16] 或第 6.3 节中的格构柱偏心率对承载力的折减系数可用于长柱的计算中，即可按式【5.2.9-1】（6.1-13）～式【5.2.9-3】（6.1-15）计算。

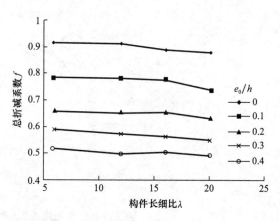

图 7.3-12 格构柱承载能力总折减系数 φ_1－长细比 λ 关系曲线

表 7.3-6 给出了按这一方法计算的偏心率影响系数 φ_e 值与试验值的比较情况，其中试验值是各偏压试件的承载力试验值与同一长细比的轴压试件承载力试验值之比。从表 7.3-6 可以看出，偏心率相同的各构件，其偏心影响系数的试验值均相差不大，且与计算值吻合良好（计算值与试验值比值的均值为 0.987，方差为 0.014）。此外，除 CH2-4 试件外，计算值均小于试验值，设计偏于安全。

格构柱偏心率影响系数计算结果与试验值比较表　　　　表 7.3-6

试件	e_0/h	偏心影响系数 φ_e		
		计算值	试验值	计算值/试验值
CH1-1	0.1	0.833	0.855	0.974
CH2-1			0.855	0.974
CH3-1			0.870	0.958
CH4-1			0.842	0.990
CH1-2	0.2	0.714	0.716	0.997
CH2-2			0.714	1.000
CH3-2			0.734	0.972
CH4-2			0.720	0.991
CH1-3	0.3	0.625	0.649	0.972
CH2-3			0.626	0.998
CH3-3			0.630	0.993
CH4-3			0.626	0.998
CH1-4	0.4	0.556	0.564	0.985
CH2-4			0.548	1.014
CH3-4			0.568	0.979
CH4-4			0.561	0.991

7.3 格构柱稳定计算方法研究

（3）长细比影响分析

文献 [15][16] 的研究表明，钢管混凝土格构柱的长细比折减系数或稳定系数可以采用与单圆管相似的算法，但在换算长细比计算时，直接套用钢格构柱的算法具有一定的不合理性，因此提出采用放大系数的计算方法，见 7.3.1 节，然而该方法计算较为复杂，为此文献 [17] 提出了简化的算法。

为简化计算，设定了以下两个假定：

① 假设格构柱柱肢与斜缀条的交角为 $45°$，则 $a=b$，令 $\xi_a=\xi_b=1$；

② 假定 μ 的最大值为 0.5。文献 [25] 图 12 中 μ 的取值范围为 $0\sim0.5$，文献 [23] 引用了文献 [25]，考虑到曲线后期接近水平，将 μ 的取值范围定为 $0\sim0.35$，见图 7.3-5。

根据以上假定，式（7.3-4）可简化成式（7.3-9）。

$$\begin{cases} \mu = \dfrac{1}{2}\left(\dfrac{b}{l}\right)^2 \left(2.83\dfrac{A_c}{A_d}+\dfrac{A_d}{A_b}\right) & \mu \leqslant 0.5 \\ \mu = 0.5 & \mu > 0.5 \end{cases} \quad (7.3\text{-}9)$$

根据钢管混凝土设计规程[9-11]对格构柱的构造要求，斜缀条与柱肢轴线间夹角应在 $30°\sim70°$ 之间。以本文进行的轴压试件为例，对不同交角下格构柱的 μ 值进行计算，结果见表 7.3-7。

不同交角下 μ 值计算结果比较　　　　　　　表 7.3-7

试件	λ	μ		
		$30°$	$45°$	$70°$
CD1-0	2	0.5	0.5	0.5
CD2-0	4	0.5	0.5	0.5
CH1-0	6	0.5	0.5	0.5
CH2-0	12	0.23	0.17	0.27
CH3-0	16	0.13	0.10	0.15
CH4-0	20	0.08	0.06	0.10

从表 7.3-7 可以看出，斜缀条与柱肢交角变化时，μ 值的计算结果相差不大，其中 $45°$ 时 μ 值最小，故简化算法中 μ 和 K 值偏小。采用文献 [26] 的建议将系数 K 扩大 1.1 倍，以增加安全度，见式（7.3-10）。

$$K = 1.1\sqrt{1+\mu} \quad (7.3\text{-}10)$$

应用上述简化算法对本文钢管混凝土轴压格构柱的换算长细比进行了计算，单肢钢管混凝土柱的截面强度计算按 CECS 规程[9]计算，计算结果见表 7.3-8。由表 7.3-8 可见，简化算法和图表法的极限承载力计算结果十分接近（两者比值的均值为 1.006，方差为 0.008），且均与试验值吻合较好。与图表法相比，这里提出的换算长细比系数简化算法清晰明了，更适于工程应用。

换算长细比两种方法计算结果与试验值比较表　　　　　　　表 7.3-8

试件	λ	K		λ^*		极限承载力 N_u (kN)		
		图表法	简化算法	图表法	简化算法	图表法	简化算法	试验值
CD1-0	2	1.35	1.35	2.69	2.69	1900	1900	1900
CD2-0	4	1.35	1.35	5.39	5.39	1771	1771	1856

续表

试件	λ	K		λ*		极限承载力 N_u (kN)		
		图表法	简化算法	图表法	简化算法	图表法	简化算法	试验值
CH1-0	6	1.35	1.35	8.10	8.10	1681	1681	1740
CH2-0	12	1.29	1.19	15.50	14.30	1530	1555	1732
CH3-0	16	1.24	1.15	19.84	18.40	1465	1489	1690
CH4-0	20	1.15	1.13	23.00	22.70	1425	1430	1660

7.3.2.4 有限元参数分析与格构柱稳定系数

为扩大参数分析范围，文献[18]根据文献[17]的试验结果，提出了钢管混凝土格构柱的有限元计算方法，应用 ANSYS 程序开展分析，在得到试件计算验证的基础上，对钢管混凝土格构柱极限承载力进行了参数影响分析，在此基础上，提出了换算长细比的材料修正系数 γ 的计算方法。

(1) 有限元计算方法

由上节可知，钢管混凝土格构柱破坏时有较明显的面内弯曲，属整体破坏，管结构的特性并不明显。因此有限元分析时，可采用杆系单元。在偏压荷载下以强轴向面内受力为主，弱轴方向缀管的受力很小且都处在弹性阶段，因此有限元模型可以采用只考虑强轴方向的两个柱肢和缀管的平面模型。

钢管混凝土柱肢建模时采用由钢管单元和混凝土单元重合的双单元[4]，材料本构关系采用一维的表达式。对于管内混凝土，材料本构关系选用文献[27]的模型，它以一维形式表达，但考虑了钢管对核心混凝土的套箍作用。对于钢管，混凝土的作用使其处于双向受力状态，但分析表明，钢管采用一维本构关系与采用二维本构关系的计算结果相差不大，所以钢管本构关系采用四折线应力应变关系曲线[28]。

有限元分析采用大型通用程序 ANSYS。用平面弹塑性梁单元 Beam23 来建模。柱肢钢管和缀管单元截面类型选择 thin walled pipe，柱肢管内混凝土单元截面类型选择 solid bar。材料非线性求解时，将试件的材料特性代入，按上述公式计算并输入相应的应力-应变曲线。几何非线性求解时，采用大挠度非线性有限元方法计算，用 Newton-Raphson 法求解，通过设置柱长千分之一的初挠度来考虑初始几何缺陷的影响。

对文献[17]的试件分析表明，无论是荷载-挠度曲线、极限承载力等总体受力行为，还是钢管的应变等细部受力行为，有限元计算结果与试验结果均吻合良好，因此，可以应用有限元开展钢管混凝土格构柱承载力的参数分析。

(2) 有限元参数分析范围

根据大量的建筑结构钢管混凝土格构柱[27-29]和钢管混凝土桁拱的主拱肋[24,30]，进行了参数范围分析，见表7.3-9。

钢管混凝土格构柱及桁拱的主要参数范围 表 7.3-9

工程实例	偏心率	构件长细比	支主管管径比	缀条布置方式
钢管混凝土格构柱	0.1~0.5	20~30	0.3~0.5	K形缀条
钢管混凝土桁拱		40~60		N形缀条

有限元分析中，选择了若干个实例，将偏心率、长细比的变化范围在实际结构的范围

内变化。分析结果进一步证实了钢管混凝土格构柱的承载力计算可采用偏心率折减系数与长细比折减系数分离相乘的方法考虑二者的影响。

(3) 偏心率折减系数分析

偏心率的分析范围从第 6 章和本章中试件 0～0.4 扩大到 0～1.2。

对偏心率折减系数的分析表明，计算值与规程 CECS 的计算值吻合良好（均值为 0.999，方差为 0.046），说明 CECS 28:2012 规程的计算偏心率折减系数 φ_e^* 的公式是合理的。对于 JCJ 01—89 和 DL/T 5085—1999，在 $e_0/h=0～0.4$ 的小偏心范围内，规程的计算结果与 ANSYS 计算值几乎重合；但当 $e_0/h>0.4$ 后，规程计算值高于有限元计算值，且偏离值随偏心率的增大而增大，误差最大达到 31%～49%，说明在大偏心情况下，JCJ 和 DL/T 规程的计算结果偏不安全。

所以，建议格构柱中偏心率折减系数采用 CECS 28:2012 规程的计算方法。

(4) 换算长细比计算方法分析

有限元分析结果进一步证实了 7.3.2.3 节提出的通过乘以一个放大系数来计算换算长细比 λ^* 的简化算法，建议采用。由 7.3.2.3 节分析可知，斜缀条与柱肢交角变化时，μ 值的计算结果相差不大，其中 45°时 μ 值最小，即简化算法中 μ 和 K 值偏小。因此，建议对系数 K 进行修正，以增加安全度。

修正后的换算长细比 λ^* 的计算见式 (7.3-11)～式 (7.3-14)。

$$\lambda^* = K'\lambda \tag{7.3-11}$$

$$K' = \begin{cases} 1.1K & K\lambda \leqslant 40 \\ K\sqrt{1+\dfrac{300}{(K\lambda)^2}} & K\lambda > 40 \end{cases} \tag{7.3-12}$$

$$K = \sqrt{1+\mu} \tag{7.3-13}$$

$$\mu = \begin{cases} \dfrac{1}{2}\left(\dfrac{b}{l}\right)^2 \left(2.83\dfrac{A_c}{A_d} + \dfrac{A_d}{A_b}\right) & \mu \leqslant 0.5 \\ 0.5 & \mu > 0.5 \end{cases} \tag{7.3-14}$$

对稳定系数的分析表明，CECS 28:2012、JCJ 01—89 和 DL/T 5085—1999 等规程计算钢管混凝土格构柱的换算长细比时，采用加法来考虑剪切变形的影响，对于长细比较小的构件，将过度考虑剪切变形对承载力下降的不利影响，且出现承载力几乎不随构件长细比的变化而变化的不合理现象，与试验结果相差较大。

如果不采用式 (7.3-11)～式 (7.3-14) 计算换算长细比 λ^*，而维持现有各规程的算法的话，当 λ 较小时，规程计算公式宜进行修正。文献 [18] 提出了将现有计算方法改一个公式为二段式的计算方法。

对 CECS 规程和 JCJ 规程，令 $\alpha=40\dfrac{A_0}{A_1}$，修正后的换算长细比计算方法为

$$\lambda^* = \begin{cases} \sqrt{\lambda^2 + 0.5\lambda^2} = 1.225\lambda & \lambda \leqslant \sqrt{2}\alpha \\ \sqrt{\lambda^2 + \alpha} & \lambda > \sqrt{2}\alpha \end{cases} \tag{7.3-15}$$

对 DL/T 规程，令 $\alpha=135\dfrac{A_s}{A_w}$，建议将换算长细比计算改为两段式。

$$\lambda^* = \begin{cases} \sqrt{\lambda^2 + 0.5\lambda^2} = 1.225\lambda & \lambda \leqslant \sqrt{2}\alpha \\ \sqrt{\lambda^2 + \alpha} & \lambda > \sqrt{2}\alpha \end{cases} \quad (7.3\text{-}16)$$

(5) 稳定系数

长细比 λ 的分析范围从本章试件的 2~20，扩大至 $\lambda=2$~200，计算结果见图 7.3-13~图 7.3-15。

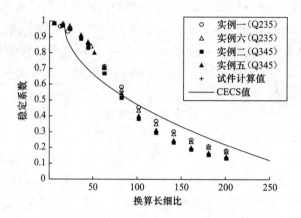

图 7.3-13　换算长细比 λ^*-稳定系数 φ 关系曲线（CECS 28：2012）

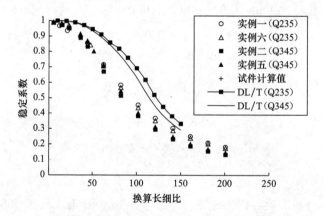

图 7.3-14　换算长细比 λ^*-稳定系数 φ 关系曲线（DL/T 5085—1999）

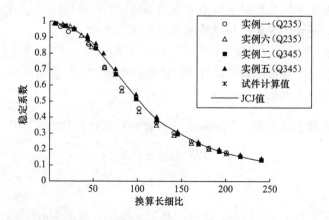

图 7.3-15　换算长细比 λ^*-稳定系数 φ 关系曲线（JCJ 01—89）

其中试件计算值为文献［17］轴压试件扩大参数范围后的计算值。稳定系数 φ 的 ANSYS 值及试验值按公式（7.3-17）进行计算。为避免各规程换算长细比计算差异对稳定系数分析结果的影响，式（7.3-17）中换算长细比 λ^* 统一按文献［17］的简化算法进行计算。

$$\varphi = \frac{N_u^*}{4N_{0i}} \tag{7.3-17}$$

式中：N_u^*——格构柱整体承载力；

N_{0i}——格构柱单肢柱的轴心受压短柱承载力。

以下分别对三本钢管混凝土设计规程的计算方法进行讨论。计算中的实例资料见文献［17］。

① CECS 规程

图 7.3-13 给出了稳定系数 φ 的 ANSYS 计算结果与规程 CECS 计算值的比较。规程 CECS 认为钢材品种的变化对 φ 的影响无明显规律，故公式对该因素不予考虑，只有一条计算曲线。

从图 7.3-13 可以看出，ANSYS 与 CECS 规程的计算曲线的形状和数值均存在较大差异。分析其原因，是由于 CECS 规程在计算钢管混凝土格构柱的稳定系数时，直接套用了单圆管钢管混凝土长柱的计算公式。而根据文献［17］试验研究，钢管混凝土格构柱的稳定系数-长细比关系曲线与单圆管长柱的曲线斜率相差甚远。因此，CECS 规程稳定系数的计算方法值得商榷。

② DL/T 规程

图 7.3-14 给出了稳定系数 φ 的 ANSYS 计算结果与规程 DL/T 计算值的比较。由图 7.3-14 可知，不同钢号的规程计算曲线规律相同，数值略有差异。在同一换算长细比时，柱肢的钢号越大，稳定系数 φ 越小。

从图 7.3-14 可以看出，ANSYS 与 DL/T 规程的计算曲线形状相似，但数值存在较大差异，误差多在 30%～44% 之间。根据比较，DL/T 规程关于稳定系数的计算结果偏大。

③ JCJ 规程

JCJ 规程基本套用《钢结构设计规范》GB 50017—2003[14] 中 b 类截面轴心受压构件稳定系数的计算方法，以表格形式表达（λ^* 最大值为 150）。当 $\lambda^* = 150 \sim 250$ 时，稳定系数取 GB 50017—2003 的计算值。不同钢种时，换算长细比进行修正，见式（7.3-18）。f_s 为钢材抗拉、抗压强度设计值。

$$\bar{\lambda} = \lambda^* \sqrt{f_s/220} \tag{7.3-18}$$

图 7.3-15 给出了稳定系数 φ 的 ANSYS 计算结果与规程 JCJ 计算值的比较。由图 7.3-9 可以看出，ANSYS 与规程计算曲线的形状和数值均吻合较好。

比较三本规程，JCJ 规程稳定系数的计算方法相对最合理，建议格构柱计算公式采用。

（6）材料对稳定系数的影响

JCJ 规程认为钢材品种对钢管混凝土格构柱稳定系数的影响较大，但未进行深入研究，修正公式套用的是钢结构设计规程的计算方法，但从图 7.3-15 可见，钢号为 Q235 时，JCJ 规程的计算值普遍偏高。同时钢管混凝土格构柱不同于钢格构柱，其柱肢为组合材料，混凝土强度的变化也可能对稳定系数产生作用。为此以东莞水道大桥为算例，就钢材和混凝土强度对稳定系数的影响展开讨论，计算结果见图 7.3-16 和图 7.3-17。钢号分别为 Q235、Q345，混凝土强度等级分别为 C30、C40、C50、C60。

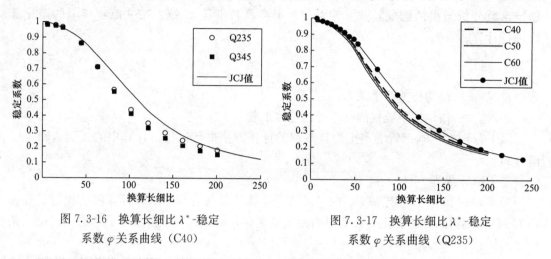

图 7.3-16　换算长细比 λ^*-稳定系数 φ 关系曲线（C40）

图 7.3-17　换算长细比 λ^*-稳定系数 φ 关系曲线（Q235）

图 7.3-16 给出了混凝土强度等级为 C40 时不同钢种的计算结果。从图 7.3-16 可知，柱肢的钢号越大，稳定系数 φ 越小。其余混凝土强度的曲线变化规律与图 7.3-16 相同。

图 7.3-17 给出了钢号为 Q235 时不同混凝土强度的计算结果。从图 7.3-17 可以看出，柱肢的混凝土强度等级越高，稳定系数 φ 越小。钢号为 Q345 时的曲线变化规律与图 7.3-17 相同。

由此可见，钢材和混凝土强度均对钢管混凝土格构柱的稳定系数具有一定影响。钢号越小或混凝土的强度等级越低，稳定系数越大。从图 7.3 16 和图 7.3-17 可见，所有计算值均与 JCJ 计算曲线有一定差距。其他算例计算结果相同，限于篇幅，不再列出。因此，不同钢种和混凝土强度时，换算长细比均应乘以相应的材料修正系数。

将上述实例扩大材料参数范围进行计算，根据曲线回归，得到工程常用含钢率范围内（0.06～0.08）换算长细比的材料修正系数 γ，见表 7.3-10。8 个修正系数的均值分别为 1.002、1.003、1.005、1.007、0.998、0.996、0.9996、0.998，方差分别为 0.065、0.064、0.068、0.069、0.037、0.040、0.040、0.041。

换算长细比的材料修正系数 γ　　　　表 7.3-10

钢材	混凝土强度等级	C30	C40	C50	C60
	Q235	1.07	1.11	1.15	1.19
	Q345	1.15	1.18	1.21	1.24

实际上，对于钢管混凝土格构柱，柱肢的强度不仅与其钢管的钢材种类和管内混凝土的强度有关，也与柱肢含钢率的大小有关（其他条件相同时，含钢率越大，柱肢钢管对核心混凝土的套箍作用越显著，柱肢强度越高）。表 7.3-10 中没有考虑含钢率的影响因素，不够全面。为此，文献 [19] 借鉴我国钢格构柱稳定系数的计算方法，通过理论分析和公式推导，提出综合考虑钢材种类、混凝土强度和含钢率的钢管混凝土格构柱稳定计算的材料修正系数 γ。

《钢结构设计规程》GB 50017—2003[14] 中，格构柱稳定系数的计算为

$$\lambda_n = \frac{\lambda}{\pi}\sqrt{f_y/E} \tag{7.3-19}$$

7.3 格构柱稳定计算方法研究

$\lambda_n \leqslant 0.215$：
$$\varphi = 1 - 0.65\lambda_n^2 \quad (7.3\text{-}20a)$$

$\lambda_n > 0.215$：$\varphi = \dfrac{1}{2\lambda_n^2}[(0.965 + 0.3\lambda_n + \lambda_n^2) - \sqrt{(0.965 + 0.3\lambda_n + \lambda_n^2) - 4\lambda_n^2}]$

$$(7.3\text{-}20b)$$

式中，λ_n 为构件的相对长细比，等于长细比 λ 与欧拉临界应力为 f_y 时的长细比（$=\sqrt{\pi^2 E/f_y}=\pi\sqrt{E/f_y}$）的比值，这里用 λ_n 代替 λ 是使公式能适用于各种屈服强度 f_y 的钢材。f_y 为钢材的屈服强度；E 为钢的弹性模量。

为方便计算，GB 50017—2003 提供了 Q235 级钢的 λ-φ 关系表，见规范附表 C-2。其余高强度钢材种类的格构柱，只需将其长细比换算成相对于 Q235 级钢构件的假想长细比，即可查用。钢号的修正系数见式（7.3-21）。

$$\frac{\lambda_n(f_y)}{\lambda_n(235)} = \frac{\dfrac{\lambda}{\pi}\sqrt{\dfrac{f_y}{E_s}}}{\dfrac{\lambda}{\pi}\sqrt{\dfrac{235}{E_s}}} = \sqrt{\dfrac{f_y}{235}} \quad (7.3\text{-}21)$$

钢管混凝土格构柱为钢-混凝土组合结构，参考式（7.3-21），其构件的相对长细比 λ_n 为

$$\lambda_n = \frac{\lambda}{\pi}\sqrt{\frac{f_{sc}}{E_{sc}}} = \frac{\lambda}{\pi}\sqrt{\frac{f_y A_s + f_{ck} A_c + f_{ck} A_c \cdot \sqrt{\xi}}{E_s A_s + E_c A_c}} \quad (7.3\text{-}22)$$

将 $\xi = \rho_c(f_y/f_{ck})$ 代入式（7.3-22），得到

$$\lambda_n = \frac{\lambda}{\pi}\sqrt{\frac{f_y A_s + f_{ck} A_c + A_c \sqrt{\rho_c f_y f_{ck}}}{E_s A_s + E_c A_c}} \quad (7.3\text{-}23)$$

式中：E_s——钢的弹性模量；

E_c——混凝土的弹性模量；

A_s——钢管的面积；

A_c——混凝土的面积；

f_y——钢材的屈服强度；

f_{ck}——混凝土立方体抗压强度标准值；

ξ——钢管混凝土的套箍系数；

ρ_c——钢管混凝土截面的含钢率。

由于 λ_n 与稳定系数 φ 成反比，因此从式（7.3-23）不难得出结论：钢材以及混凝土的强度等级越高，或含钢率越大，λ_n 也越大，而稳定系数越小。这是因为钢管混凝土格构柱的含钢率、钢材和混凝土的强度提高后，其短柱的承载力随之增大，但格构柱的刚度并没有相应地成比例增大，因此中长柱承载力提高的幅度要小于短柱，即钢管混凝土格构柱的稳定系数反而降低。这与钢格构柱中，钢号越大，相应的稳定系数越小[14]的原理是一致的。

参考公式（7.3-23），钢管混凝土格构柱稳定系数计算时，其材料修正系数 γ 为

$$\gamma = \frac{\lambda_n}{\lambda_n(235)} = \frac{\dfrac{\lambda}{\pi}\sqrt{\dfrac{f_y A_s + f_{ck} A_c + A_c\sqrt{\alpha_s f_y f_{ck}}}{E_s A_s + E_c A_c}}}{\dfrac{\lambda}{\pi}\sqrt{\dfrac{235}{E_s}}}$$

$$= \sqrt{\frac{f_y A_s + f_{ck} A_c + A_c \sqrt{\alpha_s f_y f_{ck}}}{E_s A_s + E_c A_c}} \cdot \sqrt{\frac{2.06 \times 10^5}{235}} \quad (7.3\text{-}24)$$

根据式（7.3-23）计算材料修正系数 γ，结果见表 7.3-11。表 7.3-11 列出了工程中常见的钢材种类、混凝土强度和含钢率时的计算值。当超出表中范围时，可直接应用式（7.3-24）计算。

比较表 7.3-11 与表 7.3-10（其计算实例的含钢率范围集中在 0.06~0.08）可以发现，在同一含钢率范围内，根据有限元数值分析结果的回归得到的 γ 值和由式（7.3-24）计算得到的 γ 值吻合良好，误差在 2% 范围内，这也证明了材料修正系数计算式（7.3-24）的正确性。

因此，钢管混凝土格构柱的稳定系数可按以下步骤计算：

（1）计算换算长细比 λ^*；

（2）根据式（7.3-23）计算出 λ_n，然后代入式（7.1-6）和式（7.1-7）得到稳定系数。

（3）也可按式（7.3-24）计算或直接查表 7.3-11 得到材料修正系数 γ，将换算长细比 λ^* 乘以材料修正系数 γ，然后查 JCJ 01—89 规程附表 3，得到稳定系数。

材料修正系数 γ 的计算表　　　　　　　　　　表 7.3-11

α_s	Q235				Q345			
	C30	C40	C50	C60	C30	C40	C50	C60
0.04	0.99	1.06	1.10	1.15	1.08	1.14	1.18	1.22
0.06	1.03	1.09	1.13	1.17	1.12	1.18	1.22	1.25
0.08	1.05	1.11	1.14	1.18	1.16	1.21	1.25	1.28
0.10	1.06	1.12	1.15	1.19	1.18	1.23	1.27	1.30
0.12	1.07	1.13	1.16	1.20	1.20	1.25	1.28	1.31
0.14	1.08	1.13	1.17	1.20	1.22	1.26	1.29	1.32
0.16	1.09	1.14	1.17	1.20	1.23	1.27	1.30	1.33

7.4　钢管混凝土柱稳定系数统一计算方法

钢管混凝土单肢柱国内外已开展了大量的研究，随着钢管混凝土拱桥在我国的大量修建，我国相继开展了钢管混凝土哑铃形柱、格构柱的极限承载力的研究，本章的第 2、3 节对部分研究成果进行了介绍。相应地，也提出了单圆管、哑铃形和格构柱的稳定承载力的计算方法，这些研究更多地考虑了不同截面的特性，而较少考虑钢管混凝土柱的共性。从钢管混凝土柱的共性出发，将单圆管、哑铃形和格构柱作为一个整体，即钢管混凝土柱，文献 [14] 提出了钢管混凝土柱稳定系数的统一计算方法，文献 [15] 进一步提出了同时考虑偏心率和长细比的钢管混凝土偏压柱的稳定承载力的统一计算方法。国标采用了文献 [14]、[15] 的计算方法，因此，这一节将对这两篇论文的研究内容给予简要的介绍。

7.4.1　钢管混凝土柱的稳定承载力计算方法

表 7.4-1 列出国内外规范中常用的一些规范中钢管混凝土结构的计算公式。从表中可

以看出，承载力的计算方法大致分为两类，CECS 28：90[9]计算的是钢管混凝土偏压柱的稳定承载力，它通过双系数相乘来计算考虑长细比和偏心率对柱整体承载力的影响，公式推导中考虑了钢管混凝土柱肢的抗压和抗拉强度不相等的特点，公式计算简单，但它基于长细比与偏心率二者不存在耦合的假定，对于大长细比和偏心率，计算的承载力可能会低于实际承载力而偏于保守。

JCJ 01—89[10]、DL/T 5085—1999[11]、AISC-LRFD[31]和 Eurocode 4[32]等规范，采用相关方程的形式，来计算钢管混凝土柱在轴力和弯矩共同作用下的极限承载力。该方法可以考虑长细比与偏心率耦合作用，但它计算公式复杂，且公式推导时没有反映钢管混凝土柱肢的抗压和抗拉强度有重大差异这一特点，因而在某些场合如荷载偏心较大时，可能得出偏于不安全的结果[33]。

从本章第2节、第3节介绍的哑铃形与格构柱偏压长柱稳定承载力试验研究可知，长细比和偏心率对构件极限承载力的影响基本上是独立的，钢管混凝土柱总体承载力的折减系数可采用分离的偏心率折减系数和稳定系数相乘来计算。进一步的分析表明，对于哑铃形与格构柱（桁式拱肋），在一般的工程结构应用范围内，长细比与偏心率对偏压柱稳定承载力影响之间的耦合作用是可以忽略的。

钢管混凝土柱极限承载力的规程计算方法 表 7.4-1

规程	整体承载力计算公式	稳定系数
CECS 28：2012[9]	$N_u = \varphi_l \varphi_e \sum_{i=1}^{n} N_{oi}$	单肢柱：$\phi_l = 1 - 0.115\sqrt{\lambda - 4}$ 格构柱：$\phi_l = 1 - 0.0575\sqrt{\lambda_y^* - 16}$
JCJ 01—89[10]	$\dfrac{N}{\phi_x} + \dfrac{\beta_{mx} M_x}{\left(1.0 - \phi_x \cdot \dfrac{N}{N_K}\right) \sum \dfrac{W_x}{A}} \leqslant \sum_{i=1}^{n} N_{0i}$	单肢柱：查询表格 4.1.1-1 格构柱：查询附表三
DL/T 5085—1999[11]	$\dfrac{N}{\varphi \cdot N_u} + \dfrac{\beta_m M}{W_{sc}(1 - \varphi N/N_E) f_{sc}} \leqslant 1$	查询表格 6.3.1
AISC-LRFD[31]	$\dfrac{P_u}{\phi_c P_n} + \dfrac{8}{9}\left(\dfrac{M_u}{\phi_b M_n}\right) \leqslant 1 \quad \dfrac{P_u}{\phi_c P_n} \geqslant 0.2$ $\dfrac{1}{2}\left(\dfrac{P_u}{\phi_c P_n}\right) + \dfrac{M_u}{\phi_b M_n} \leqslant 1 \quad \dfrac{P_u}{\phi_c P_n} < 0.2$	采用统一公式，见式（7.4-1）～式（7.4-5）
Eurocode 4[32]	$\dfrac{N_{Ed}}{\chi \cdot N_{plRd}} + \dfrac{M_{Ed}}{\mu_d \alpha_m M_{plRd}} \leqslant 1$	采用统一公式，见式（7.4-6）～式（7.4-14）

对于单圆管拱，由于拱肋截面刚度较小，长细比可能较大，CECS 28：90[9]通过双系数相乘对稳定承载力的折减可能偏大。文献［34］对其所开展试验的两根单圆管模型拱的承载力分析表明，等效成梁柱的稳定长细比修正系数与偏心率修正系数，对于模型拱 A-1 和 A-1，分别为 0.44081、0.03963 和 0.48723、0.04285，二者的乘积仅为 0.0175 和 0.0209，也就是说等效偏压梁柱的承载力仅为短柱承载力的 2% 左右。计算承载力不到试验结果的 40%，明显偏低。

然而，对于钢管混凝土拱桥来说，单圆管拱仅应用于小跨径拱桥，而这种结构的拱肋截面尺寸往往是刚度起控制作用，相乘算法的偏保守对经济性的影响也不大。所以，综合考虑各种因素后，钢管混凝土拱桥的拱肋验算中，主拱等效成梁柱后，钢管混凝土偏压柱的稳定承载力建议采用类似于 CECS 28:90[9] 的直接考虑偏心率折减系数与稳定系数相乘的偏压柱的计算方法，即按式【5.3.3-2】（7.1-3）和式【5.3.3-2】（7.1-3）计算，而不采用相关方程的计算方法。

7.4.2 钢管混凝土柱稳定系数的统一算法

在钢管混凝土柱稳定承载力计算中，偏心率折减系数的计算在第6章已介绍。本章第2、3节分别介绍了哑铃形柱和格构柱的计算方法，对于单圆管柱建筑结构也开展了大量的研究，在钢管混凝土拱桥的研究中没有对其专门开展研究，而更多地采用借鉴已有研究成果的做法。

关于稳定系数的确定和取值，国内钢管混凝土设计规程的计算方法（如 CECS 28:2012[9]、JCJ 01—89[10]、DL/T 5085—1999[11]）之间存在着较大差异。如 CECS 规程认为钢管径厚比、钢材品种以及混凝土等级等的变化，对稳定系数的影响无明显规律，且变化幅度都在试验结果的离散程度之内，故单圆柱和格构柱的计算公式对这些因素都不予考虑。而 DL/T 规程则提供不同种类钢材情况下钢管混凝土柱（包括单圆柱和格构柱）稳定系数的计算表格。

除此之外，即使是同一本规程，对钢管混凝土单肢柱和格构柱稳定系数的计算也存在着很大不同。例如 JCJ 规程中，对于单肢柱，规程考虑了不同钢号、混凝土强度以及含钢率对轴压柱稳定系数的影响，并提供了相应的分表以供查用。而对于钢管混凝土格构柱，却只考虑了不同钢种对轴压格构柱稳定系数的影响，套用《钢结构设计规范》GB 50017—2003[14] 中 b 类截面轴心受压构件稳定系数的单一表格，这显然是不合理的。

国内存在许多钢管混凝土结构设计规程或规范，且计算方法存在着互相矛盾、不尽合理之处，这给实际工程应用带来了诸多困扰。而实际上，钢管混凝土柱的稳定有其共性之处，且一般的计算方法均建立在大量试验研究的基础之上，在试验参数范围内的计算结果相差并不太大，因此，完全有可能将钢管混凝土单圆管柱、哑铃形柱和格构柱的稳定系数统一表示，既使概念清晰，又方便工程应用。实际上，国外的一些规范，如美国《建筑钢结构规范》AISC-LRFD[31] 和欧洲《钢-混凝土组合结构设计规范》Eurocode 4[32] 对于钢管混凝土单肢柱和格构柱，就采用了统一的计算公式。为此，文献 [14] 在参考借鉴国外设计规程和试验验证的基础上，提出适合工程应用的钢管混凝土柱稳定系数的统一算法。

7.4.2.1 国外规程计算方法

(1) AISC LRFD 规程

对于轴压钢管混凝土单肢柱，其稳定系数的计算步骤见式 (7.4-1)~式 (7.4-4)；对于轴压钢管混凝土格构柱，其换算长细比按式 (7.4-5) 计算。

$$\varphi = (0.658^{\lambda_n^2}) \quad \lambda_n \leqslant 1.5 \tag{7.4-1a}$$

$$\varphi = \left[\frac{0.877}{\lambda_n^2}\right] \quad \lambda_n > 1.5 \tag{7.4-1b}$$

$$\lambda_n = \frac{Kl}{r\pi}\sqrt{\frac{F_{my}}{E_m}} \tag{7.4-2}$$

$$F_{my} = F_y + 0.85 f'_c (A_c/A_s) \tag{7.4-3}$$

$$E_m = E + 0.4 E_c (A_c/A_s) \tag{7.4-4}$$

$$\left(\frac{Kl}{r}\right)_m = \sqrt{\left(\frac{Kl}{r}\right)_0^2 + 0.82 \frac{\alpha^2}{(1+\alpha^2)}\left(\frac{a}{r_{ib}}\right)^2} \tag{7.4-5}$$

式中：φ——稳定系数；
λ_n——柱的相对长细比系数；
F_{my}——钢管混凝土组合轴压强度；
E_m——钢管混凝土组合弹性模量；
F_y——钢的屈服强度；
f'_c——混凝土的抗压强度；
A_c——管内混凝土的截面积；
A_s——钢管的截面积；
E——钢管的弹性模量；
E_c——混凝土的弹性模量；
K——有效长度系数；
l——柱的自由长度；
$(Kl/r)_0$——格构柱的长细比；
$(Kl/r)_m$——格构柱的修正长细比；
r——格构柱的回转半径；
r_{ib}——单肢的回转半径；
a——缀条的间距，$a=h/2r_{ib}$；
h——柱肢的中心距。

(2) Eurocode 4 规程

对于轴压钢管混凝土单肢柱，其稳定系数的计算步骤见式（7.4-6）～式（7.4-13）；对于轴压钢管混凝土格构柱，其换算长细比按式（7.4-14）计算。

$$\varphi = 1/(\phi + \sqrt{\phi^2 - \overline{\lambda}^2}) \qquad (7.4\text{-}6)$$

$$\phi = 0.5 \times [1 + 0.21 \times (\overline{\lambda} - 0.2) + \overline{\lambda}^2] \qquad (7.4\text{-}7)$$

$$\overline{\lambda} = \sqrt{N_{plRk}/N_{cr}} \qquad (7.4\text{-}8)$$

$$N_{plRk} = A_s f_y + A_c f_{ck} \qquad (7.4\text{-}9)$$

$$N_{cr} = \frac{\pi^2 (EI)_{eff}}{l^2} \qquad (7.4\text{-}10)$$

$$(EI)_{eff} = E_a I_a + 0.8 E_{cd} I_c \qquad (7.4\text{-}11)$$

$$E_{cd} = E_{cm}/1.35 \qquad (7.4\text{-}12)$$

$$E_{cm} = 9.5(f_{ck} + 8)^{1/3} \qquad (7.4\text{-}13)$$

$$l = \sqrt{1 + \left(\frac{a}{i_{vv}} \cdot \frac{i_{ozz}}{L}\right)^2} \cdot L \qquad (7.4\text{-}14)$$

式中：φ——稳定系数；
$\overline{\lambda}$——相对长细比系数；
N_{plRk}——轴压承载力特征值；
N_{cr}——弹性临界荷载；
L——柱的自由长度；
i_{ozz}——格构柱的回转半径；

i_{vv}——单肢的回转半径；

a——缀条的间距；

$(EI)_{eff}$——钢管混凝土截面的有效抗弯刚度；

E_a——钢管的弹性模量；

f_{ck}——混凝土的抗压强度。

在上述国外两本设计规程中，无论是钢管混凝土单肢柱或是格构柱，均可采用先计算柱的相对长细比 λ_n，再通过相应公式计算稳定系数的研究思路。这里的 λ_n 为换算长细比 λ 与欧拉临界应力为钢管混凝土组合轴压强度 F_{my} 时的长细比（$=\sqrt{\pi^2 E_m/F_{my}}$）的比值，用 λ_n 代替 λ 是使公式能适用于各种材料强度的组合柱。

事实上，格构柱、单肢柱与哑铃形柱承载能力因长细比增大而降低的规律基本相同，因此认为钢管混凝土柱稳定系数的计算方法可采用这一思路，即

$$\lambda \to \lambda_n \to \varphi \tag{7.4-15}$$

7.4.2.2 钢管混凝土格构柱稳定系数计算方法

（1）钢管混凝土柱的相对长细比 λ_n

第 7.3.2 节求得考虑钢材种类、混凝土强度和含钢率影响的钢管混凝土格构柱相对长细比 λ_n 的计算公式，见式（7.3-23）。

从 7.3.2 节的推导可知，格构柱的相对长细比 λ_n 的计算公式，实际上与截面形式关系不大，可以推广到哑铃形与单圆管柱。所不同的是，对于单圆管和哑铃形，在式（7.3-23）中，未进行材料修正前的长细比用名义长细比，而在格构柱中要用考虑了缀杆剪切变形的换算长细比。

比较式（7.3-23）与式（7.4-2）、式（7.4-8）可以看出，三者的计算原理和思路是相同的，即柱的相对长细比均与构件的长细比和组合强度成正比，与组合弹模成反比。只是由于各国规程对钢管混凝土组合轴压强度和组合弹性模量的定义有所区别，使得 λ_n 的计算公式略有差异。因此，文献［12］建议仍采用式（7.3-23）计算钢管混凝土柱的相对长细比。

（2）钢管混凝土柱的稳定系数 φ

CECS 28:2012[9] 关于稳定系数的计算，见式（7.4-16）和式（7.4-17）。单肢柱与名义长细比有关，格构柱与换算长细比有关，没有考虑材料的修正，也就是没有采用相对长细比来计算稳定系数。

单肢柱：
$$\varphi = 1 - 0.115\sqrt{\lambda - 4} \tag{7.4-16}$$

格构柱：
$$\varphi = 1 - 0.0575\sqrt{\lambda_y^* - 16} \tag{7.4-17}$$

JCJ 01—89[10]、DL/T 5085—1999[11] 均以表格形式给出稳定系数。这些规程均没有提供借由柱的相对长细比计算稳定系数的方法。JCJ 规程的表格基本来自《钢结构设计规范》GB 50017—2003[14] 中 b 类截面轴心受压构件稳定系数的计算方法。GB 50017—2003 中钢柱稳定系数的计算公式为

$\lambda_n \leqslant 0.215$：
$$\varphi = 1 - 0.65\lambda_n^2 \tag{7.4-18a}$$

$\lambda_n > 0.215$：
$$\varphi_l^* = \frac{1}{2\lambda_n^2}\left[(0.965 + 0.3\lambda_n + \lambda_n^2) - \sqrt{(0.965 + 0.3\lambda_n + \lambda_n^2) - 4\lambda_n^2}\right] \tag{7.4-18b}$$

7.4 钢管混凝土柱稳定系数统一计算方法

显然,式(7.4-18)的计算公式较为繁琐,为方便工程应用,文献[14]建议借鉴美国《建筑钢结构规范》AISC LRFD 规程中关于钢管混凝土柱稳定系数的计算公式(7.4-1)(与 Eurocode 4 规程相比,前者的计算方法更为简捷)。

统一后,钢管混凝土单圆管、哑铃形、格构柱的稳定系数计算方法如表 7.4-2 所示。国标采用这个算法,它也就是本章第 1 节中介绍的钢管混凝土柱的相对长细比 λ_n 计算式【5.3.6-1】(7.1-20)、式【5.3.6-2】(7.1-21),稳定系数计算式【5.3.5-1】(7.1-6) 和式【5.3.5-2】(7.1-7)。

钢管混凝土柱稳定系数的统一算法表　　　　表 7.4-2

λ_n	$\lambda_n = \dfrac{\lambda}{\pi}\sqrt{\dfrac{f_y A_s + f_{ck} A_c + A_c \sqrt{\rho_c f_y f_{ck}}}{E_s A_s + E_c A_c}}$
φ	$\varphi = (0.658^{\lambda_n^2})$　　$\lambda_n \leqslant 1.5$ $\varphi = \left[\dfrac{0.877}{\lambda_n^2}\right]$　　$\lambda_n > 1.5$

7.4.2.3 算法验证

对于钢管混凝土单肢柱,国内外进行了大量的试验研究,以文献[35]~[37]中的钢管混凝土轴压长柱为算例,用表 7.4-2 的计算方法计算的稳定承载力与试验值的比较,见图 7.4-1。算例中,混凝土强度等级的变化范围为 C30~C60,钢号的变化范围为 Q235 和 Q345,含钢率的变化范围为 0.105~0.167,构件长细比的变化范围为 12~206。从图中可以看出,计算值与试验结果吻合良好,其均值为 1.085,方差为 0.25(试验数据较离散,因而方差偏大)。

以文献[2]、[3]中的钢管混凝土轴压哑铃形长柱为算例,采用表 7.4-1 的方法计算的稳定承载力与试验值的比较,见图 7.4-2。算例中,混凝土强度等级为 C50,钢号为 Q345,含钢率为 0.16,长细比的变化范围为 5.4~43.1。从图中可以看出,计算值与试验结果吻合良好,均值为 1.018,方差为 0.022。

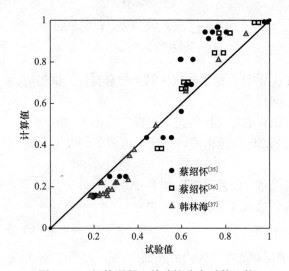

图 7.4-1　钢管混凝土单肢柱稳定系数比较

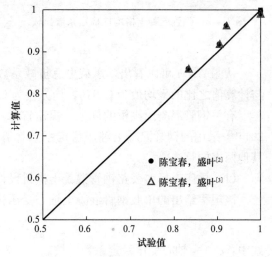

图 7.4-2　钢管混凝土哑铃形柱稳定系数比较

以文献[17]、[43]、[44]中的钢管混凝土轴压长柱为算例,采用本文提出的稳定系数计算结果与试验值的比较见图7.4-3。算例中,混凝土强度等级的变化范围为C40~C50,钢号的变化范围为Q235和Q345,含钢率的变化范围为0.08~0.16,构件长细比的变化范围为2~25.4。从图中可以看出,计算值与试验结果吻合良好,其均值为1.053,方差为0.032。

算例分析表明,文献[14]提出的钢管混凝土柱稳定系数统一算法与试验值吻合良好,算法具有较高的精度。同时,由于该计算方法概念清晰,考虑因素全面,将三种截面形式的稳定系数统一计算,表达简洁,故国标的稳定系数采用了这一计算方法。

7.4.3 钢管混凝土柱稳定承载力分析比较

7.4.3.1 单圆管柱稳定承载力计算比较

以文献[45]、[46]中的79根钢管混凝土单圆管偏压柱为算例,采用本文提出的计算方法,承载力总折减系数 φ_l 的计算值与试验值的比较见图7.4-4。构件长细比的变化范围为17.12~119,偏心率的变化范围为0~1.6。

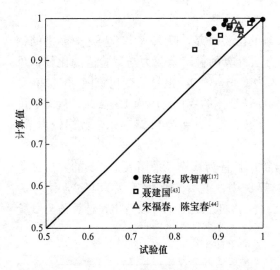

图7.4-3 钢管混凝土格构柱稳定系数比较

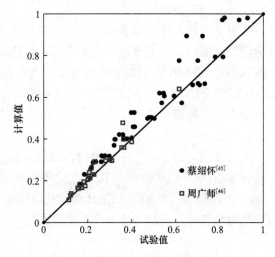

图7.4-4 钢管混凝土单肢柱承载力总折减系数比较

从图7.4-4可以看出,承载力总折减系数 φ_l 的计算结果与试验结果吻合良好。试验值与计算值之比的平均值为0.916,均方差为0.091。

有关钢管混凝土拱桥的规范,福建省标《钢管混凝土拱桥技术规程》DBJ/T 13-136—2011[22]采用的钢管混凝土轴压稳定系数计算公式与国标相同,此处不再重复。以下介绍其他两本的算法。

(1) 重庆市标《公路钢管混凝土拱桥设计规范》CQJTG/T D66—2011[39]

该规程给出的单肢钢管混凝土轴心受压构件的承载力的计算公式为

$$\gamma_0 N \leqslant \varphi f_{sc} A_{sc} \tag{7.4-19}$$

式中:φ——轴心受压稳定系数,按表7.4-3采用,表中 λ 为构件长细比,$\lambda = 4l_0/d$;l_0 为构件的计算长度。

7.4 钢管混凝土柱稳定系数统一计算方法

轴心受压稳定系数 φ 值 表 7.4-3

钢材	$\lambda=4l_0/d$	10	20	30	40	50	60	70	80
钢材	Q235	1.00	0.998	0.989	0.972	0.946	0.912	0.860	0.819
	Q345	1.00	0.998	0.987	0.966	0.935	0.895	0.844	0.783
	Q390	1.00	0.998	0.987	0.966	0.934	0.892	0.840	0.778
钢材	$\lambda=4l_0/d$	90	100	110	120	130	140	150	
	Q235	0.760	0.692	0.617	0.521	0.444	0.383	0.333	
	Q345	0.712	0.632	0.541	0.455	0.387	0.334	0.291	
	Q390	0.705	0.622	0.529	0.444	0.379	0.327	0.284	

注：表内中间值可采用插入法求得。

（2）交通运输部行标《公路钢管混凝土拱桥设计规范》JTG/T D65（送审稿）[40]

该规程给出的轴心受压截面承载力验算公式为

$$\gamma N \leqslant \varphi_a \varphi_b \varphi_l f_{sc} A_{sc} \tag{7.4-20}$$

式中：φ_l——长细比折减系数，按表 7.4-4 取值。

长细比折减系数 φ_l 表 7.4-4

钢材强度等级	混凝土强度等级	α_s	长细比 λ							
			20	30	40	50	60	70	80	90	100
Q235	C30	0.04	0.972	0.923	0.875	0.828	0.783	0.739	0.686	0.654	0.614
		0.08	0.975	0.930	0.886	0.843	0.800	0.758	0.716	0.675	0.635
		0.12	0.977	0.935	0.893	0.852	0.810	0.769	0.729	0.688	0.648
		0.16	0.978	0.938	0.898	0.858	0.818	0.778	0.738	0.697	0.657
		0.20	0.980	0.941	0.902	0.863	0.824	0.784	0.745	0.704	0.664
	C40	0.04	0.957	0.901	0.847	0.795	0.746	0.699	0.655	0.613	0.573
		0.08	0.960	0.908	0.858	0.809	0.762	0.717	0.674	0.632	0.593
		0.12	0.962	0.913	0.864	0.818	0.772	0.728	0.685	0.644	0.604
		0.16	0.964	0.916	0.869	0.824	0.779	0.736	0.694	0.653	0.613
		0.20	0.966	0.919	0.874	0.829	0.785	0.742	0.700	0.660	0.620
Q345	C40	0.04	0.961	0.911	0.860	0.811	0.762	0.713	0.666	0.618	0.547
		0.08	0.966	0.921	0.875	0.829	0.782	0.736	0.688	0.640	0.566
		0.12	0.969	0.927	0.884	0.840	0.795	0.749	0.702	0.653	0.578
		0.16	0.972	0.932	0.891	0.848	0.804	0.759	0.711	0.663	0.586
		0.20	0.974	0.936	0.896	0.855	0.811	0.766	0.719	0.670	0.593
	C50	0.04	0.950	0.893	0.837	0.784	0.733	0.683	0.635	0.589	0.521
		0.08	0.954	0.903	0.852	0.802	0.753	0.704	0.657	0.610	0.539
		0.12	0.958	0.909	0.861	0.812	0.765	0.717	0.669	0.622	0.550
		0.16	0.961	0.914	0.867	0.820	0.773	0.726	0.679	0.631	0.558
		0.20	0.963	0.918	0.873	0.827	0.780	0.733	0.686	0.638	0.564
	C60	0.04	0.938	0.876	0.817	0.760	0.707	0.656	0.608	0.563	0.498
		0.08	0.943	0.886	0.831	0.777	0.726	0.676	0.629	0.583	0.515
		0.12	0.947	0.892	0.839	0.788	0.737	0.688	0.641	0.595	0.526
		0.16	0.950	0.897	0.846	0.795	0.746	0.697	0.650	0.603	0.533
		0.20	0.952	0.901	0.851	0.801	0.752	0.704	0.657	0.610	0.539

续表

钢材强度等级	混凝土强度等级	α_s	长细比 λ								
			20	30	40	50	60	70	80	90	100
Q345	C70	0.04	0.928	0.862	0.799	0.740	0.685	0.634	0.586	0.542	0.479
		0.08	0.934	0.872	0.813	0.757	0.704	0.653	0.606	0.561	0.496
		0.12	0.937	0.878	0.821	0.767	0.715	0.665	0.617	0.572	0.506
		0.16	0.940	0.883	0.828	0.774	0.723	0.674	0.626	0.581	0.513
		0.20	0.943	0.887	0.833	0.780	0.729	0.680	0.633	0.587	0.519
	C80	0.04	0.920	0.850	0.785	0.724	0.668	0.616	0.568	0.524	0.463
		0.08	0.926	0.860	0.799	0.740	0.686	0.634	0.587	0.543	0.480
		0.12	0.929	0.866	0.807	0.750	0.696	0.646	0.598	0.554	0.490
		0.16	0.932	0.871	0.813	0.757	0.704	0.654	0.607	0.562	0.497
		0.20	0.935	0.875	0.818	0.763	0.711	0.661	0.613	0.568	0.502
Q390	C50	0.04	0.950	0.895	0.840	0.786	0.734	0.683	0.633	0.576	0.494
		0.08	0.956	0.906	0.855	0.805	0.755	0.705	0.655	0.597	0.512
		0.12	0.960	0.913	0.865	0.817	0.768	0.718	0.668	0.609	0.522
		0.16	0.963	0.918	0.872	0.825	0.777	0.728	0.678	0.618	0.530
		0.20	0.965	0.922	0.878	0.832	0.785	0.736	0.685	0.625	0.536
	C60	0.04	0.939	0.877	0.818	0.761	0.707	0.655	0.606	0.551	0.472
		0.08	0.944	0.888	0.833	0.779	0.727	0.676	0.627	0.570	0.489
		0.12	0.948	0.895	0.842	0.790	0.739	0.689	0.639	0.582	0.499
		0.16	0.951	0.900	0.849	0.798	0.748	0.698	0.648	0.590	0.506
		0.20	0.954	0.905	0.855	0.805	0.755	0.705	0.656	0.597	0.512
	C70	0.04	0.928	0.862	0.799	0.740	0.684	0.632	0.583	0.530	0.454
		0.08	0.934	0.873	0.814	0.758	0.704	0.652	0.603	0.549	0.470
		0.12	0.938	0.880	0.823	0.768	0.716	0.665	0.615	0.560	0.480
		0.16	0.942	0.885	0.830	0.776	0.724	0.673	0.624	0.568	0.487
		0.20	0.945	0.890	0.836	0.783	0.731	0.680	0.631	0.574	0.492
	C80	0.04	0.920	0.850	0.784	0.723	0.666	0.613	0.565	0.513	0.440
		0.08	0.926	0.860	0.799	0.740	0.685	0.633	0.584	0.531	0.455
		0.12	0.930	0.867	0.808	0.751	0.696	0.645	0.596	0.542	0.465
		0.16	0.933	0.872	0.814	0.758	0.705	0.653	0.604	0.550	0.471
		0.20	0.936	0.877	0.820	0.764	0.711	0.660	0.611	0.556	0.477

注：当长细比位于中间值时，φ_l 可采用插入法求得。

从以上介绍可知，对于轴心受压稳定系数，国标给出了计算公式，重庆市地标 CQJTG/T D66—2011[39]和公路行标 JTG/T D65[40]均以表格的形式给出。

为了便于比较这三本规范轴压稳定系数的差异，对常用的钢管混凝土构件（Q235 和 Q345 钢材、C40 和 C50 混凝土、含钢率 0.08 和 0.12），通过计算或查表，求得稳定系数与长细比的关系曲线（φ-λ 关系曲线），见图 7.4-5 和图 7.4-6。从图 7.4-5 和图 7.4-6 的比较结果可见，对于 Q235 钢，重庆市地标计算值最大，国标和交通部标准的计算结果较为接近；对于 Q345 钢，重庆市地标计算值最大，国标计算值最小。当含钢率为 0.08 时，在长细比小于 70 情况下，国标和交通部标准的计算结果很接近；当含钢率为 0.12 时，在长细比小于 60 情况下，国标和交通部标准的计算结果很接近。但总体来说，三本规范的计算结果相差不大。

7.4 钢管混凝土柱稳定系数统一计算方法

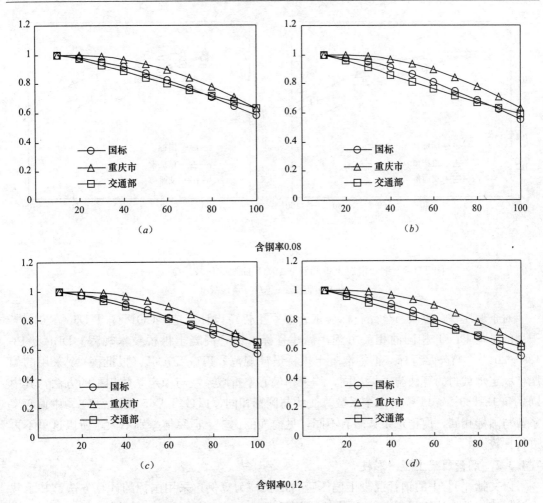

图 7.4-5 钢管混凝土单圆管 φ-λ 关系曲线的比较（Q235 钢）
(a) C30 混凝土；(b) C40 混凝土；(c) C30 混凝土；(d) C40 混凝土

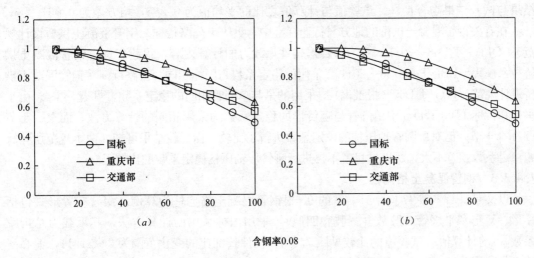

图 7.4-6 钢管混凝土单圆管 φ-λ 关系曲线的比较（Q345 钢）（一）
(a) C40 混凝土；(b) C50 混凝土

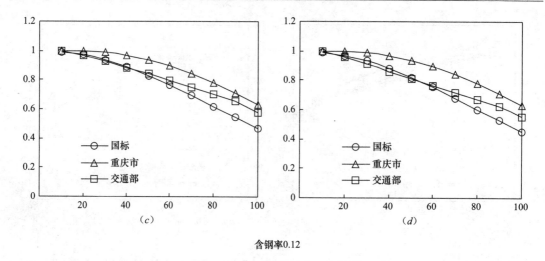

含钢率0.12

图 7.4-6 钢管混凝土单圆管 φ-λ 关系曲线的比较（Q345 钢）（二）
(c) C40 混凝土；(d) C50 混凝土

对于偏压柱，重庆市公路行标《钢管混凝土拱桥设计规范》CQJTG/T D66—2011[39] 采用的是与 DL/T 相同的相关方程，福建省标《钢管混凝土拱桥技术规程》DBJ/T 13-136—2011[38] 与公路行标《钢管混凝土拱桥设计规范》JTG/T D65（报批稿）[40] 采用的偏压柱稳定承载力的算法与国标相同，均采用偏心率折减系数与稳定系数相乘的方法，其中 DBJ/T 13-136—2011[38] 的两个系数算法均与国标相同，JTG/T D65（报批稿）[40] 中偏心率系数与国标相同，但稳定系数略有不同，见前面的比较，但总体差别不大，所以这里不再进行比较。

7.4.3.2 钢管混凝土哑铃形柱

以文献[3]中的钢管混凝土偏压哑铃形长柱为算例，采用国标的计算方法，其承载力总折减系数的计算结果与试验值的比较见图 7.4-7。构件长细比的变化范围为 10.8～43.1，偏心率的变化范围为 0～0.24。从图 7.4-7 可以看出，承载力总折减系数 φ_1 的计算结果与试验结果吻合良好。试验值与计算值之比的平均值为 0.886，均方差为 0.061。

在有关钢管混凝土拱桥的地方与行业标准中，重庆市公路行标《钢管混凝土拱桥设计规范》CQJTG/T D66—2011[39] 没有哑铃形构件承载力的计算内容，福建省标《钢管混凝土拱桥技术规程》DBJ/T 13-136—2011[38] 采用的稳定系数与国标相同，公路行标《钢管混凝土拱桥设计规范》JTG/T D65（报批稿）[40] 采用的是与单圆管相同的稳定系数，见表 7.4-4。由于国标和行标 JTG/T D65 中单圆管与哑铃形的稳定系数均采用相同的计算方法，而上一小节（7.4.3.1 节）已对单圆管轴压柱的稳定系数进行了比较，由比较结果可知，两本规范所计算的稳定系数相差不大，所以这里就不再进行哑铃形轴压柱稳定系数的比较了。

7.4.3.3 钢管混凝土格构柱

以文献[17]、[47]～[51]中的 95 根钢管混凝土格构柱为算例（缀管布置形式包括 N 形、V 形和平缀管，肢数含三肢和四肢），采用国标采用的计算方法，其承载力总折减系数 φ_1 的计算值与试验值的比较见图 7.4-8。构件长细比的变化范围为 2～31.11，偏心率的变化范围为 0～2.43。从图中可以看出，承载力总折减系数 φ_1 的计算结果与试验结果吻合良好。试验值与计算值之比的平均值为 0.920，均方差为 0.053。

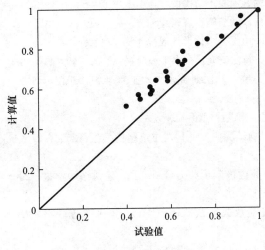

图 7.4-7　钢管混凝土哑铃形柱　　　　图 7.4-8　钢管混凝土格构柱
承载力总折减系数比较　　　　　　　　承载力总折减系数比较

在钢管混凝土拱桥相关规范中，对于格构柱的稳定承载力，重庆市公路行标《钢管混凝土拱桥设计规范》CQJTG/T D66—2011[39]采用的是与 DL/T 相同的相关方程，其中换算长细比采用的是以相加形式来考虑缀杆剪切效应的算法，关于这一算法的不合理性，第 3 节已有详细的讨论，这里不再赘述。福建省标《钢管混凝土拱桥技术规程》DBJ/T 13-136—2011[38]与公路行标《钢管混凝土拱桥设计规范》JTG/T D65（报批稿）[40]采用的偏压柱稳定承载力的算法与国标相同，均采用偏心率折减系数与稳定系数相乘的方法。与单圆管偏压柱相同，DBJ/T 13-136—2011[38]在格构柱的稳定承载力计算中，偏心率折减系数与稳定系数算法均与国标相同，JTG/T D65（报批稿）[40]中偏心率系数与国标相同，而稳定系数略有不同，见前面的比较，但总体差别不大，所以这里不再进行比较。

第 7 章参考文献

[1] 陈宝春. 钢管混凝土拱桥实例集（二）［M］. 北京：人民交通出版社，2008

[2] 陈宝春，盛叶. 钢管混凝土哑铃形轴压长柱极限承载力研究. 工程力学，2008，25（4）：121-127，133

[3] 陈宝春，盛叶. 钢管混凝土哑铃形偏压长柱极限承载力研究［J］，工程力学，2008，25（12）：98-105

[4] 韦建刚，陈宝春. 钢管混凝土拱桥材料非线性分析方法［J］，福州大学学报（自然科学版），2004，32（3）：344-348.

[5] 陈宝春，黄福云，盛叶. 钢管混凝土哑铃形轴压短柱试验研究［J］，工程力学，2005，22（1）：187-194

[6] 陈宝春，肖泽荣，韦建刚. 钢管混凝土哑铃形偏压构件试验研究［J］，工程力学，2005，22（2）：89-95

[7] 陈宝春，黄福云，肖泽荣. 钢管混凝土哑铃形短柱极限承载力的等效单圆管算法［J］，公路交通科技，2004，21（6）：50-53

[8] 陈宝春，盛叶，韦建刚. 钢管混凝土哑铃形梁受弯试验研究［J］，工程力学，2005，22（4）：119-125

[9] 中国工程建设标准化协会标准 CECS 28:2012. 钢管混凝土结构设计与施工规范 [S]
[10] 中国建材工业标准 JCJ 01—89. 钢管混凝土结构设计与施工规程 [S]
[11] 中国电力行业标准 DL/T 5085—1999. 钢管混凝土组合结构设计规程 [S]
[12] 欧智菁, 陈宝春. 钢管混凝土柱稳定系数的统一算法研究, 土木工程学报, 2012, 45 (4): 43-47
[13] 欧智菁, 陈宝春. 钢管混凝土柱极限承载力的统一算法研究, 土木工程学报, 2012, 45 (7): 80-85
[14] 中华人民共和国国家标准 GB 50017—2003, 钢结构设计规范 [S]
[15] 陈宝春, 欧智菁. 钢管混凝土格构柱长细比影响试验研究 [J], 建筑结构学报, 2006, 27 (4): 73-79
[16] 欧智菁, 陈宝春. 钢管混凝土格构柱偏心受压面内极限承载力分析 [J], 建筑结构学报, 2006, 27 (4): 80-83 (102)
[17] 陈宝春, 欧智菁. 四肢钢管混凝土格构柱极限承载力试验研究 [J]. 土木工程学报, 2007, 40 (6): 32-41
[18] 陈宝春, 欧智菁. 钢管混凝土格构柱极限承载力计算方法研究 [J], 土木工程学报, 2008, 41 (1): 55-63
[19] 欧智菁, 陈宝春. 钢管混凝土格构柱稳定计算材料修正系数研究, 建筑结构学报, 2011, 32 (9): 130-134
[20] 陈宝春. 钢管混凝土拱桥实例集（一）[M], 北京: 人民交通出版社, 2002
[21] 中国工程建设标准化协会标准 CECS 104:99. 高强混凝土结构技术规程 [S]
[22] 福建省工程建设地方标准 DBJ 13-51—2003. 钢管混凝土结构技术规程 [S]
[23] Galambos TV. Guide to Stability Design Criteria for Metal Structures. New York: John Wiley & Sons, Inc, 1998
[24] 陈宝春, 王来永, 欧智菁, 韩林海. 钢管混凝土偏心受压应力—应变试验研究 [J]. 工程力学, 2003, 20 (6): 154~159
[25] Lin, F. J., Clauser, E. C., Johnston, B. G. Behavior of laced and battened structural members [J]. ASCE Journal of the Structural Division, 1970, 96 (ST7): 1377-1400
[26] Bleich, F. Buckling strength of metal structures, McGraw-Hill, New York, 1952
[27] 韩林海. 钢管混凝土结构-理论与实践 [M]. 科学出版社, 2004
[28] 钟善桐. 钢管混凝土结构 [M]. 北京: 清华大学出版社, 2003
[29] 蔡绍怀. 现代钢管混凝土结构 [M]. 北京: 人民交通出版社, 2003
[30] 陈宝春. 钢管混凝土拱桥实例集（一）[M]. 北京: 人民交通出版社, 2002
[31] LRFD, (1999). Specification for structural steel buildings, American institute of steel construction (AISC), Chicago, IL.
[32] ECS, (1994). Eurocode 4: Design of composite steel and concrete structures. European committee for standardization, Brussls, Belgium.
[33] 蔡绍怀. 钢管混凝土格构柱的强度计算 [J]. 建筑科学, 1989, 3 (6): 15-20
[34] 陈宝春, 陈友杰. 钢管混凝土肋拱面内受力全过程试验研究 [J], 工程力学, 17 (2), 2000 年, 44-50
[35] 蔡绍怀, 顾万黎. 钢管混凝土长柱的性能和强度计算 [J]. 建筑结构学报, 1985 (1): 32-40
[36] 蔡绍怀, 顾维平. 钢管混凝土空心长柱的性能和承载能力计算 [J]. 建筑科学, 1987 (4): 11-21
[37] 韩林海. 钢管混凝土结构—理论与实践 [M]. 科学出版社, 2004
[38] 福建省工程建设地方标准 DBJ/T 13-136—2011, 钢管混凝土拱桥技术规程 [S]
[39] 重庆市公路工程行业标准 CQJTG/T D66—2011, 钢管混凝土拱桥设计规范 [S]

[40] 中华人民共和国行业标准JTG/T D65，钢管混凝土拱桥设计规范［S］（报批稿）
[41] 欧智菁. 四肢钢管混凝土格构柱极限承载力研究［D］. 福州大学，2007
[42] 中国土木工程学会高强混凝土委员会. 高强混凝土结构设计与施工指南（第二版），中国建筑工业出版社，2001
[43] 聂建国. 钢-混凝土组合结构原理与实例［M］. 北京：科学出版社，2009
[44] 宋福春，陈宝春. V型缀管钢管混凝土格构柱极限承载力试验. 沈阳建筑大学学报（自然科学版），2009，25（1）：76-79
[45] 蔡绍怀，邸小坛. 钢管混凝土偏压柱的性能和强度计算［J］. 建筑结构学报，1985（4）：32-41
[46] 周广师. 钢管混凝土偏心受压构件稳定承载力的研究［J］. 哈尔滨建筑工程学院学报，1982（4）：29-46
[47] 孙潮. 钢管混凝土格构柱与桁拱轴力弯矩相关曲线研究［D］. 福州，福州大学，2009
[48] 蒋丽忠，周旺保，伍震宇等. 四肢钢管混凝土格构柱极限承载力的试验研究与理论分析. 土木工程学报［J］，2010，43（9）：55-62
[49] 聂建国. 钢-混凝土组合结构原理与实例［M］. 北京：科学出版社，2009
[50] 陈宝春，宋福春. 钢管混凝土平缀管格构柱极限承载力试验研究［J］. 建筑结构学报，2009，30（3）：36-44
[51] 宋福春，陈宝春. V型缀管钢管混凝土格构柱极限承载力试验［J］. 沈阳建筑大学学报，2009，25（1）：76-79

第8章 钢管混凝土拱整体稳定性计算

8.1 计算内容与方法

拱作为以受压为主的结构,需要进行稳定计算。拱的稳定问题按失稳方向可分为面内失稳与面外(空间)失稳,按失稳模态可分为极值点失稳和分支点失稳。规范中与此相关的条文主要有5.3.1条和5.3.2条。

8.1.1 空间(面外)稳定计算方法

钢管混凝土拱桥应进行空间稳定性计算,弹性稳定特征值不应小于4.0。计算时拱肋截面整体压缩设计刚度和弯曲设计刚度应按规范第4.3.3条的规定计算。有关刚度的计算详见本书第4章的介绍。

8.1.2 面内稳定承载力计算方法

钢管混凝土拱的面内稳定以极值点失稳为主,规范中将其等效成钢管混凝土梁柱进行整体稳定承载力的计算。将钢管混凝土拱肋等效成相同截面形式的梁柱,具体来说,将单圆管拱肋、哑铃形拱肋和桁式拱肋分别等效成单圆管构件、哑铃形构件和格构柱。等效之后的承载力计算方法详见第7章的介绍。

等效梁柱的计算长度可按表8.1-1的规定计算,等效梁柱的两端作用力取为拱跨$L/4$截面处的弯矩与轴力。

拱肋的等效计算长度 表8.1-1

拱结构	等效计算长度 L_0
三铰拱	$0.58 S_g$
双铰拱	$0.54 S_g$
无铰拱	$0.36 S_g$

注:S_g 为拱轴线长度。

8.2 空间稳定计算方法研究

钢管混凝土拱桥随着材料强度的提高和跨径的不断增大,空间稳定问题越来越突出。空间稳定同样分为分支屈曲失稳与极值点失稳,对于前者由于可以采用现成的通用程序进行特征值求解,因此在设计计算时被大量采用。然而,拱除受面内荷载外,还不可避免地受到如风力等面外荷载的作用,加上由于施工误差等导致的拱轴线在水平轴线方向的偏差等,也使拱不是理想的面内受力状态,这些都使得拱的空间稳定不可能是理想的分支屈曲失稳,也就是说,它实际上也存在极值点失稳问题。以下对这两类稳定问题的研究进行简要的介绍。

8.2.1 空间弹性分支屈曲研究

由结构力学可知,对于弹性分支屈曲稳定问题,考虑轴向力影响的几何刚度矩阵为

$$[K] = [K_0] + [K_\sigma] \quad (8.2\text{-}1)$$

结构的平衡方程为

$$([K_0] + [K_\sigma])\{\delta\} = \{0\} \quad (8.2\text{-}2)$$

可求得位移矩阵为

$$\{\delta\} = ([K_0] + [K_\sigma])^{-1}\{Q\} \quad (8.2\text{-}3)$$

当外荷载从 $\{Q\}$ 改变为 $\lambda\{Q\}$ 时,几何刚度矩阵 $[K_\sigma]$ 也相应地改为 $\lambda[K_\sigma]$,于是有

$$\{\delta\} = ([K_0] + \lambda[K_\sigma])^{-1}\lambda\{Q\} \quad (8.2\text{-}4)$$

式 (8.2-4) 中,当 $|[K_0] + [K_\sigma]| = 0$ 时,位移 $\{\delta\}$ 将趋向无穷大,即结构丧失了稳定性。而此式就是求特征值 λ 的问题。该行列式为几阶,则稳定方程就是关于 λ 的几次代数方程。求解这一过程可能得到 n 个特征值 λ_1,λ_2,…,λ_n。相应的 n 个特征向量表示了各阶临界荷载的大小和屈曲模式。对于工程实际,有意义的是最小的特征值及其对应的临界荷载。因此,稳定问题的有限元解可以归结为求最小的特征值及其对应的临界荷载。

求解特征值的数值方法有许多种,如乘幂法和反幂法,雅可比(Jacobi)法,Givens-House-holder,子空间迭代法等,各种方法有各自的计算特点和适用范围。求解稳定问题的最小特征值时,由于是对称矩阵,常用的一种方法是雅可比法。另外,子空间迭代法是求解高阶特征值问题时的一种有效方法。

分支点失稳采用求特征值的算法,相对于极值点临界荷载求解要方便得多,特别现在可以采用通用程序来计算,所以,对于拱的空间稳定,目前工程上广泛采用求特征值的方法来计算分支点失稳。国内的大量钢管混凝土拱桥的实际工程设计中,大量地采用求特征值的方法求结构的空间稳定,并应用此方法对拱结构的几何参数影响进行了数值分析。文献 [1] 的第 11.7 节对此进行了总结。

鉴于大量的空间稳定研究以具体桥梁为主,对于其普遍规律的认识有限。因此,文献 [2]~[4] 根据单圆管拱、哑铃形拱和桁肋拱面外稳定的主要影响因素,建立了具有代表性的标准拱,并以标准拱为分析对象,以期获得较有普遍意义的规律性认识。以下以大跨径钢管混凝土拱桥中应用较多的桁式拱为主要内容,对研究的主要成果进行介绍。

文献 [4] 以面外失稳的主要影响因素作为构造参数,对已建的钢管混凝土桁拱进行统计分析,构建一虚拟拱,然后参照实际桥例,建立了既有典型意义、又符合工程实际的标准拱。

标准拱为计算跨径 200m 的中承式钢管混凝土桁肋拱,矢高 40m,$f/l=0.2$;拱轴线形:悬链线,$m=1$;拱肋截面高跨比 1/50,拱肋高 4.0m,宽 2.18m,即宽高比 0.55。拱肋钢管直径为 810mm,壁厚 14mm;腹杆采用直径 400mm,壁厚 10mm;平联采用 610mm,壁厚 10mm,平联间距为 1.75m。总体布置见图 8.2-1。拱肋腹杆和平联的布置见图 8.2-2,拱肋横断面如图 8.2-3 所示。横撑钢管均采用空钢管组成,横撑主管尺寸为 400mm,壁厚 10mm;次管采用 210mm,壁厚 8mm。所有钢管均采用 Q345,混凝土采用 C50。

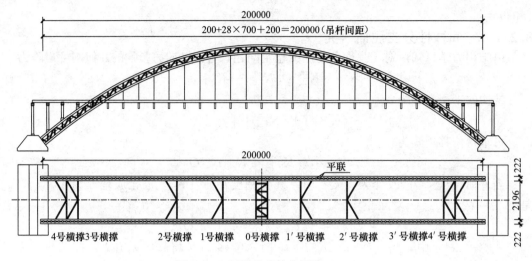

图 8.2-1　标准拱总体布置图（mm）

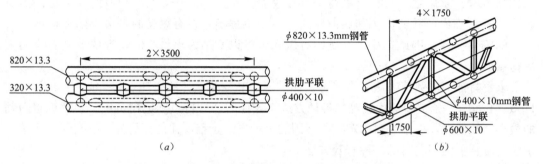

图 8.2-2　拱肋节段布置图
(a) 拱肋节段平面布置；(b) 拱肋节段立面图

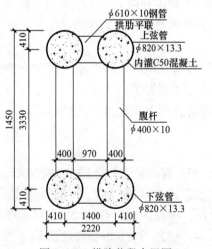

图 8.2-3　拱肋节段布置图

立柱采用钢管混凝土结构，钢管为 $\phi1000mm \times 16mm$，内填 C50 混凝土。吊杆由 $109\times7mm$ 的镀锌高强钢丝组成，两端为镦头锚。吊杆或立柱间距为 7m。桥面系的受力以横梁为主，以纵梁为辅。横梁采用 50 号预应力混凝土，截面尺寸为 $800mm \times 1600mm$。

拱肋间距是影响桁肋拱面外稳定性的一个主要因素，由于统计资料中这方面的资料较少，考虑桥面为 4 车道，取拱肋中心间距为 19.18m。

采用通用有限元软件 ANSYS 建立拱结构模型。拱肋中的弦管、管内混凝土、平联、腹杆以及横撑、拱上立柱、吊杆横梁均采用 Timoshenko 梁单元 BEAM188；桥面系纵、横梁采用空间梁单元 BEAM4；吊杆、系杆采用空间杆单元 LINK10。钢管混凝土弦杆采用双单元共用相同节点模拟，即采用梁单元（beam188）分别模拟钢管和混凝土，并假定二者完全粘结，无相对滑移和变形，在节点处位移耦合。标准拱共有 4051 个单元，1570 个节点。有限元计算中

8.2 空间稳定计算方法研究

不考虑施工过程中加载历史对结构面外弹性稳定的影响，视结构一次成桥，各构件单元同时承载。

以标准拱为对象，对面外弹性稳定性的主要参数，如宽跨比、横撑布置形式、矢跨比、拱肋面外长细比等开展了分析。分析结果表明，钢管混凝土桁拱面外稳定性随着拱桥宽跨比增加而增大；拱顶横撑形式对面外稳定性影响较小；其他横撑影响较大，其有利作用从大到小依次为 X 形与米字形、K 形和一字形；拱肋间横撑的疏密程度（拱肋的自由长度）影响较大；桁拱的弹性稳定系数随着矢跨比 f/L 的增大呈现先增大后较小的趋势，在 $f/L=0.2\sim0.25$ 时达到峰值；面外长细比越大面外稳定性越差，面外长细比在 80～140 区间影响较大，在 140～220 区间影响减弱。

8.2.2 空间极值点失稳问题研究

由于空间受力使得模型试验和有限元分析都显得更为困难，目前这方面的研究与面内极限承载力研究相比还有较大的差距。目前已进行的试验主要有，文献 [5] 进行的一个平行拱、一个 X 形拱（单圆管）的双肋模型拱的试验，文献 [6] 进行的一个单肋单圆管拱的模型试验，文献 [3] 进行的一个单肋哑铃形拱的模型试验，以及文献 [7] 对新结构波形钢腹板－四肢钢管混凝土拱的空间受力试验。这些试验均采用空间等比例加载，面内的力较大，面外的力仅为面内力的 5% 左右。

试验表明，钢管混凝土拱在面内和面外荷载共同作用时，较小的横向荷载也能引起拱肋较大的横向变形，面外变形是其极限承载能力的控制因素。面内的受力对面内拱轴线的偏差（初始缺陷）的敏感性要大于面外受力对拱轴线面外偏差的敏感性。在受力全过程中，钢管应变大部分处于线弹性范围内。模型拱最后均因横向变形太大而终止试验。

在数值分析方面，文献 [3]、[5]、[7]～[9] 均建立了考虑材料非线性和几何非线性的双重非线性空间稳定有限元分析。在双重非线性分析中，几何非线性已有较成熟的算法，材料非线性模型是其关键问题。钢管混凝土结构以受压为主，受压时材料非线性本构关系已有较多的研究，然而，对于空间受力的拱，拱肋处于弯、压、剪、扭的复杂受力状态，目前还未有成熟的本构关系，其中又以抗扭的非线性本构关系难度最大。研究表明，空间受力时拱的失稳主要表现为侧倾失稳，拱的横向抗弯刚度较之抗扭刚度的影响大许多，所以尽管钢管混凝土构件抗扭时的材料本构关系还不成熟，但对于空间失稳的极值荷载影响不是很大。

8.2.3 弹性稳定特征值取值研究

应用现代有限元技术，弹性分支点失稳的临界荷载求解已非难事。由于没有考虑材料的非线性和几何非线性的影响，因此它只是真实解的上限，再加上失稳的突然性和可怕的后果，所以在工程上常采用较大的安全系数。规范要求弹性稳定特征值不应小于 4.0。以下讨论这个取值的依据。

文献 [1] 第 11.6 节介绍了通过有限元方法，分别对文献 [6] 和 [5] 的钢管混凝土（单圆管）单肋拱、双肋拱空间稳定进行的分支屈曲计算和极值点稳定计算及其比较。有限元分析应用 ANSYS 程序。以横向力与面内力的比值 α 为参数，弹性分支点失稳临界荷载（特征值荷载）与双重非线性计算的稳定极限承载力（极值点荷载）的比较如图 8.2-4 和表 8.2-1 所示。

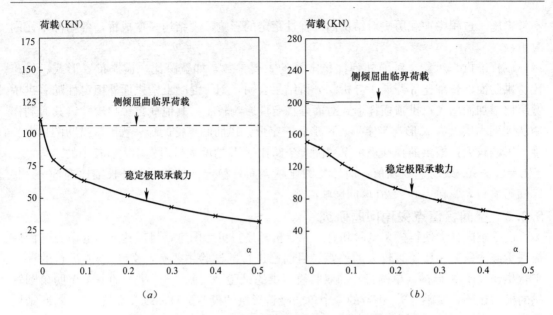

图 8.2-4 分支点屈曲临界荷载与极值点极限承载力比较图
(a) 单肋拱；(b) 双肋拱

空间模型拱分支点失稳临界荷载与稳定极限承载力比较表（kN） 表 8.2-1

α 值（%）		0	3	5	8	10	20	30	40	50
单肋拱	临界荷载	107.72	107.73	107.73	107.73	107.72	107.72	107.72	107.71	107.70
	极限荷载	113.95	80.30	74.96	67.98	64.48	52.33	43.79	38.00	33.48
	临界/极限		1.34	1.44	1.58	1.67	2.06	2.46	2.83	3.22
双肋拱	临界荷载	201.70	200.50	200.50	201.64	201.56	201.18	200.50	199.55	198.34
	极限荷载	151.97	143.41	135.21	124.21	117.75	93.88	77.55	65.53	56.55
	临界/极限		1.40	1.48	1.62	1.71	2.14	2.59	3.05	3.51

从图 8.2-4 可见，分支点屈曲临界荷载几乎不随 α 的变化而变化。当 α 在 3‰~50‰ 之间变化时，单肋拱屈曲临界荷载在 107.70~107.73kN 之间变化，变化幅度为 0.03%；而双肋拱屈曲临界荷载在 198.34~201.64kN 之间变化，变化幅度为 1.7%。从材料力学可知，其影响因素为拱中轴力水平与分布形式、拱肋面内外抗弯刚度与抗扭刚度、矢跨比和边界约束条件等因素，横向荷载不会直接影响计算结果，只是由于横向力对拱的压力水平的影响间接影响面外屈曲临界荷载值，但这种间接影响一般很小，可以忽略不计。

然而，稳定极限承载力随 α 的增大呈明显的降低，尤其是单肋拱当 α 从 0 变化到 0.03 时，这种降低最为显著。当 α 从 3‰ 变化至 50‰ 时，单肋拱与双肋拱稳定极限承载力分别下降 58.3% 和 60.6%。由于分支点临界荷载变化较小，所以分支点临界荷载与极值点极限荷载的差值，随横向力（α 值）的增大而明显增大。因此，当结构承受较大横向荷载时，用分支点临界荷载来判断拱的横向稳定性，是偏于不安全的。

当横向力为 0（α 为 0）时，拱只受面内荷载作用，图 8.2-4 中给出的极限承载力是指面内极限承载力，而分支点临界荷载指的是面外的屈曲所对应的荷载。此时，单肋拱的面内极限承载力为 113.95kN，略大于面外分支点临界荷载 107.72kN；而双肋拱的面内极限荷载为 151.97kN，明显小于面外分支点临界荷载 201.7kN。因为，双肋拱较之单肋拱，面外刚度与承载能力的提高明显高于面内。

如果认为稳定极限承载力的（单一）安全系数要大于或等于2，则取特征值为4时，相当于弹性分支点临界荷载是稳定极限荷载的2倍。从模型拱计算结果来看，只有当α达0.2以后，二者之间的比值才会略大于2，而实际工程中，α值一般不会超过0.2，所以特征值取4，就模型拱的计算结果来看是有安全保证的。

8.2.4 特征值计算的几点讨论

如前所述，目前工程实际中钢管混凝土拱空间稳定的计算，以特征值计算为主。由于对分支屈曲和极值点失稳两类稳定的实质缺乏深刻的理解，而存在着一些错误的认识，文献［4］以钢管混凝土桁拱标准拱为对象进行了一些分析，这里予以简要的介绍。

8.2.4.1 加载方式

钢管混凝土拱桥实际工程的弹性稳定分析中，存在着活载非对称布载较之满布荷载更不利的认识。

桥面非对称加载（偏载）方式可分为纵向偏载和横向偏载，即纵向偏载为桥面半跨均布荷载；横向偏载为靠近一侧拱肋，半幅桥面布载。对标准拱分别施加纵向偏载和横向偏载，并与仅考虑自重工况的稳定系数进行了比较。计算结果见表8.2-2。显然，无论是否考虑自重，全跨满布荷载的加载方式均是最不利的。

不同加载工况下标准拱弹性稳定系数　　　　表 8.2-2

序 号	是否考虑自重	加载方式	稳定系数/φ
1	是	满跨均布	6.669
2		纵向偏载	7.084
3		横向偏载	7.088
4		无	7.667
5	否	满跨均布	51.267
6		纵向偏载	76.112
7		横向偏载	85.872

实际上，由式（8.2-5）可知，特征值只与结构的压力水平、刚度（尤其是抗弯刚度）和约束条件有关，而与弯矩无关。偏载虽然可能使拱肋的弯矩加大，对于考虑双重非线性的稳定极限承载力可能不利，但无法在特征值求解中反映出来，而满布荷载所产生的压力最大，因此是最不利的。在实际工程中，许多特征值计算考虑了各种弯矩值较大的工况，是不必要的。

8.2.4.2 初始几何缺陷

对标准拱分别设置 $L/500$、$L/1000$、$L/2000$、$L/5000$（L 为计算跨径）的初始几何缺陷，进行结构弹性稳定分析，计算结果见表8.2-3。计算中，初始几何缺陷按失稳模态进行设置。

从表8.2-3计算结果可见，弹性稳定系数几乎不受初始缺陷的影响。这是因为在解特征值中，几何初始缺陷仅相当于结构线形的改变，这种微小的改变显然对结构压力水平影响不大。实际上，采用特征值求解弹性分支屈曲荷载时，就是假定了初始缺陷等扰动的影响，但无法考虑扰动值大小的影响。也就是说，弹性稳定分析方法不适用于初始几何缺陷对结构稳定性影响的分析。

不同初始缺陷下标准拱的特征值 表 8.2-3

序 号	有限元模型	初始缺陷	特征值
1		0	6.669
2		L/5000	6.652
3	标准拱	L/2000	6.652
4		L/1000	6.652
5		L/500	6.652

进一步的分析表明，初始几何缺陷对于仅考虑面内受力拱的极值点失稳临界荷载影响较大。因此，一些实际桥例通过特征值的分析，得出初始缺陷对空间稳定没有影响的结论，是不正确的。

8.2.4.3 横向力

以标准拱为研究对象，考虑横向力的影响，进行结构弹性稳定分析。横向风力的取值见文献 [8]。计算结果见表 8.2-4。

横向力作用下标准拱的弹性稳定系数 表 8.2-4

序 号	模型拱桥	横向力	稳定系数 φ
1		1 倍静风荷载	6.670
2	标准拱	2 倍静风荷载	6.667
3		3 倍静风荷载	6.662
4		无	6.669

注：1 倍静风荷载为风速 50m/s 作用下结构产生的横向力。

横向力是造成拱的面外失稳破坏的主要因素。然而，从表 8.2-4 可以看出横向力对结构的弹性稳定系数的影响极小，这也是由于采用求特征值的方法求解的局限造成的，因为在这个方法中，弹性失稳荷载主要与压力水平有关，而横向力对结构压力的影响很小，所以弹性分支稳定荷载计算结果影响很小。文献 [8] 中，在 1 倍静风荷载作用下，考虑双重非线性结构的极限荷载下降 8%~40%。

因此，求解特征值得出的弹性失稳荷载不能考虑横向力对拱面外失稳的作用。一些实桥通过特征值的分析，得出横向风力对空间稳定没有影响的结论，是错误的。

总之，要想了解结构失稳时的真实状况，必须进行考虑双重非线性的极限荷载研究。弹性分支屈曲的特征值计算，只是拱空间失稳真实解的上限，在进行有关分析时，应充分理解这一点，以避免由概念性的错误，得出不正确的结论。

8.3 面内稳定承载力计算方法

钢管混凝土拱的面内失稳，同样分为分支屈曲失稳与极值点失稳。然而，实际桥梁中主拱面内受力往往距理想的纯压拱相差较大，分支屈曲特征值计算结果与极值点失稳（真实解）计算结果相差较大，差值范围也较大，从几倍到几十倍。因此，一般来说，面内稳定采用分支屈曲特征值计算结果缺乏实际意义而在工程中极少采用。

同时，钢管混凝土拱由于材料强度较高，刚度相对小，其面内极限承载力不能仅考虑强度问题，而必须考虑轴力与横向变形的耦合作用，也就是必须考虑稳定问题。因此，其面内极限承载力应是面内极值点失稳的稳定承载力。

8.3.1 面内稳定承载力试验研究与有限元分析

文献［10］最早进行了两个分别在拱顶和 $L/4$ 点加单点集中力的钢管混凝土单圆管模型拱受力全过程试验。随后，福州大学又进行了包括两点非对称和五点对称的多点加载试验，试验模型有钢管拱、钢管混凝土拱和部分充填混凝土的钢管拱，考察了多点荷载作用下管拱的受力性能和管内混凝土对结构受力性能与极限承载力的影响[11,12]。此外，日本九州大学也进行了与文献［10］相似的分别在拱顶和 $L/4$ 点加单点集中力的钢管混凝土单圆管模型拱的试验[13]。对于哑铃形拱，同济大学、福州大学也分别进行了面内集中力加载的模型拱试验[14,15]。对于桁肋拱，模型试验难度较大。一是缩尺后，模型拱的弦管管径太小，管内混凝土灌注困难，个别试验通过刚度等效的方法，用壁厚较厚的空钢管来模拟钢管混凝土，但实际上，这种模型无法反映管内混凝土的材料非线性这一关键问题，只能算是钢管桁肋拱的试验，而不是钢管混凝土桁拱的试验。二是缩尺后，模型拱的腹杆与弦杆焊接点成为结构的薄弱环节，节点破坏通常先于整体承载力出现，试验成功率不大。目前，对于桁式钢管混凝土的面内极限承载力较为成功的试验，是文献［16］对新结构波形钢腹板-钢管混凝土拱所开展的，当然由于连接构件为连续的波形钢腹板，其受力性能与钢管腹杆略有不同。实际上，从整体受力来看，拱肋截面形状对其影响破坏模式的影响不大。

由于钢管混凝土肋拱属于曲线状的细长结构，同时还要考虑钢管与混凝土的共同作用，给模型制作带来困难，试验成本也较高。因此，开展了大量考虑双重非线性的有限元计算方法研究与分析。

钢管混凝土拱属细长结构物，有限元建模时一般按杆系结构处理。钢管混凝土属于钢-混凝土组合结构，计算组合材料截面刚度的方法，按考虑的材料数可分为双材料模型或（等效）单材料模型[17]；从程序应用方面来说，又可分为通用程序和自编程序两种途径，以通用程序应用为主，也有一些力学专家通过对算法的研究开发自编程序。

在实际研究中，通常先以模型拱为对象，对有限元方法的分析结果与试验结果进行验证。之后，应用经验证后的方法，对钢管混凝土拱面内极限承载力展开分析。研究表明，一些通用程序具有很强的非线性分析功能，只要材料非线性模型具有足够的精确性，通用程序的分析结果与试验结果吻合较好，具有足够的分析精度。

对材料非线性与几何非线性的对比分析表明，钢管混凝土拱受力全过程中，材料非线性的影响是主要的，几何非线性的影响是次要的。但由于几何非线性与材料非线性存在着耦合作用，因此在管拱的全过程与极限承载力的分析中，应考虑双重非线性的影响。

钢管混凝土拱的面内极限承载力较之空钢管拱有了很大的提高。与混凝土拱相比，因钢管有效地制约了混凝土弯拉开裂对截面刚度削弱的影响，结构的塑性发展沿拱肋轴线方向的发展明显，结构的破坏模式更接近于钢拱，而与圬工拱和混凝土拱的因塑性铰导致的机构破坏模式有很大的不同。极限承载力简化计算时，可采用等效梁柱法。

对于部分充填混凝土的管拱分析表明，管内混凝土对提高拱的极限承载力和刚度均有一定的作用，这种作用当拱以受压为主时较大，而当拱以受弯为主则较小。当采用复合拱时，混凝土充填长度宜超过 $L/4$；当拱的恒载产生的轴力占主导地位时，选用钢管混凝土更好[11]。

有关钢管混凝土拱面内极限承载力的试验与有限元分析,文献[1]第11.4节、第11.5节有较系统的介绍。

8.3.2 等效梁柱法

当前,采用计算机方法实现钢管混凝土面内受力双重非线性有限元分析,进而求得其极限承载力已不是非常困难。但是,实际工程应用时,工况多,采用双重非线性分析方法计算费时,经济性差,因此,极限承载力的实用(简化)算法的研究,对工程应用具有重要的实用价值。

对钢管混凝土拱面内稳定承载力简化算法研究,通常采用经试验验证的有限元方法进行参数分析,找出规律,借鉴钢拱等简化算法,提出可供工程应用的简化实用算法。

在经典力学中,纯压拱的弹性屈曲临界荷载常借用纯压柱的弹性屈曲临界荷载公式来表达。考虑轴力与位移相互作用的拱的面内极限承载力的计算,也常常借用直杆梁柱的简化计算公式,如弯矩放大系数法、相关曲线法、等效梁柱法等。目前,国内外规范中对拱的面内稳定承载力的简化计算方法,多采用等效梁柱法。文献[18]在文献[19]参数分析的基础上,对等效梁柱法在钢管混凝土肋拱面内极限承载力中的应用进行了深入系统的讨论。

等效梁柱法借用拱的弹性屈曲计算中的等效柱的概念,将钢管混凝土拱模拟成简支的钢管混凝土直柱,柱的长度为等效长度,柱的两端作用着偏心轴力(拱的轴力与弯矩),然后应用钢管混凝土偏压柱的承载力计算公式,验算拱的极限承载力。

(1) 等效长度

大量的分析表明,拱的非对称弹性屈曲可以等效成长为 kS 简支轴压柱的计算,见图 8.3-1。其中 k 为等效长度系数,S 为拱轴弧长。对于非对称失稳的拱,等效长度系数 k 对于无铰拱为 $0.340 \sim 0.365$、二铰拱为 $0.505 \sim 0.62$、三铰拱为 $0.500 \sim 0.575$[20-22]。文献[18]对于文献[10]中的模型拱 A-1 和 A-2 进行的参数分析表明,等效长度与荷载作用方式有关。非对称集中力加载时,K 值可取 0.36,对称集中力加载,K 值可取为 0.31。

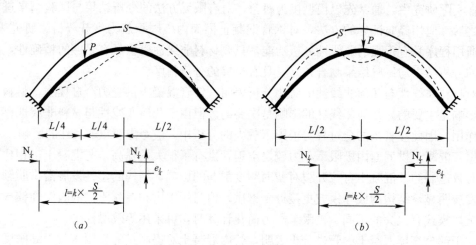

图 8.3-1 拱的等效长度计算图
(a) A-1; (b) A-2

对于拱等效长度的取值,国内外规范不尽相同,但总体来看,差值不大。我国《公路

8.3 面内稳定承载力计算方法

圬工桥涵设计规范》JTG D61—2005[23]和《公路钢筋混凝土及预应力混凝土桥涵设计规范》JTG D62—2004[24]中,等效长度系数 k 均取为无铰拱 0.36,二铰拱 0.54 和三铰拱 0.58。所以,考虑到拱不利的受力状态为非对称荷载,且对称荷载时 k 值取成与非对称时相同偏于保守,为简便,国标中等效长度系数 k 值没有分荷载作用方式来取,而是统一取非对称荷载作用时的 k 值,且与上述两本行标相同,如表 8.1-1 所示。

(2) 作用力选取

在拱屈曲分析的等效梁柱法中,两端作用力可选取拱脚轴力、拱脚水平力、1/4 跨处的轴力以及平均轴力[10,23,25]。由于屈曲分析研究的是纯压拱,轴力在拱内各截面是相同的,所以选取不同截面内力对计算结果影响不大。然而,对于一般的拱,轴力沿着拱轴是变化的,拱内的弯矩(或偏心矩)作用对极限承载力的削弱非常明显,而弯矩(偏心矩)沿拱轴的变化很大。因此,如何选取作用在等效梁柱两端的作用力(轴力和弯矩),对计算结果有很大的影响。

文献[18]对于文献[10]中的模型拱 A-1(四分点加载)、A-2(跨中加载)作用力取不同截面内力(轴力和弯矩)采用等效梁柱法计算的极限荷载见表 7.2-1、表 7.2-2。计算时,模型拱 A-1 和 A-2 的等效长度分别取 0.36S 和 0.31S,钢管混凝土极限承载力应用 DL/T 规程进行计算。

对 A-1 拱进行以拱脚内力和 $L/4$ 截面内力作为作用力的等效梁柱计算。表 8.3-1 计算结果表明,选取拱脚截面内力作为作用力时,等效梁柱法计算结果与有限元计算结果之间相差 11.2%;采用四分点截面内力为作用力时,等效梁柱法计算结果与有限元计算结果之间相差 16.78%。两者的方差均很小,表明等效梁柱法计算结果的稳定性较好。因此,偏安全考虑,建议计算非对称加载(A-1 拱)时,把拱脚内力作为等效梁柱的作用力。

A-1 模型拱(四分点加载)主要计算结果(kN) 表 8.3-1

有限元		等效梁柱法			
		L/4 内力		拱脚内力	
f/l	P_u	P_1	P_1/P_u	P_2	P_2/P_u
0.1	29.8	23.07	0.774	25.94	0.870
0.2	32.0	25.76	0.805	27.80	0.869
0.3	32.8	27.27	0.831	31.14	0.949
0.4	32.0	27.88	0.866	28.94	0.899
0.5	31.7	28.07	0.885	27.04	0.853
均值			0.8322		0.8880
相对差			16.78%		11.20%
比值方差			0.0449		0.0379

对拱顶加载(A-2 拱)的拱顶截面和三分点截面进行了等效梁柱计算。表 8.3-2 计算结果表明,选取拱顶截面内力和三分点截面内力作为等效梁柱的作用力时,等效梁柱法计算结果与有限元计算结果之间相差分别为 40.05% 和 85.35%,而计算结果方差均不大,表明计算结果的稳定性好。所以,选取拱顶内力作为等效梁柱的作用力。

A-2 模型拱主要计算结果（kN）　　　　　　　　表 8.3-2

有限元		等效梁柱法			
		拱顶内力		三分点内力	
f/l	P_u	P_1	P_1/P_u	P_2	P_2/P_u
0.1	39	24.64	0.632	73.3	1.88
0.2	46.4	27.17	0.585	84.9	1.83
0.3	48.1	28.3	0.588	88.4	1.838
0.4	46.7	27.83	0.596	86.2	1.845
0.5	45.1	26.31	0.583	83.5	1.852
均值			0.5955		1.8535
相对差			40.05%		85.35%
比值方差			0.0203		0.0198

因此，对于单圆管肋拱在非对称荷载作用下，文献［17］建议采用拱脚截面的内力作为等效梁柱的作用力；对于单圆管肋拱在对称荷载作用下，建议采用拱顶截面的内力作为等效梁柱的作用力。

同样，考虑到拱不利的受力状态为非对称荷载，而对称荷载时也取四分点的内力（与三分点相近）偏于保守，为简便，国标中内力取值没有分荷载作用方式来取，而是统一取四分点的内力进行计算。

8.3.3 对等效梁柱法的进一步讨论

文献［12］在文献［18］的基础上，进一步对两点非对称加载和五点对称加载的钢管混凝土拱和钢管拱等四个模型拱，采用等效梁柱法，对其面内极限承载力进行了分析。结果表明，四根模型拱的极限承载力的计算值与试验值之比均在 0.3～0.55 之间，不同的加载方式（对称加载与反对称加载）对各个比值影响很小，表明等效梁柱法进行管拱极限承载力的计算具有较好的稳定性。

上述等效梁柱法与实际拱的面内承载力存在的差异，一方面是由于钢管混凝土柱极限承载力计算值与实际承载力的差异，另一方面是由于拱等效成梁柱时没有考虑拱的矢跨比影响和缺陷影响。为此文献［26］对抛物线钢管拱的等效梁柱法，引入了矢跨比影响和缺陷影响的稳定系数 K_1 和 K_2，来修正传统的等效梁柱法，称之为修正的等效梁柱法，它较之现有的等效梁柱法更精确。文献［27］、［28］则对抛物线钢管混凝土纯压拱和弯压拱的修正等效柱法和修正等效梁柱法，进行了研究。

研究表明，在等效梁柱法的计算中，弯压拱的失稳临界荷载可用截面内力的相关方程来推导，对于相关方程中的稳定系数，可采用矢跨比影响系数 K_1 和缺陷影响系数 K_2 的乘积来表示。然而，由于国内外不同规范中所采用的钢管混凝土柱极限承载力的计算理论体系不同，相关方程的表达形式也不尽相同，因此在采用修正等效梁柱法时，需要根据不同的钢管混凝土柱的计算方法，提出不同的修正系数。同时，文献［27］、［28］的研究的仅限于抛物线拱，而实际钢管混凝土拱桥中拱轴线采用悬链线的很多，同一矢跨比的悬链线是一簇，即还有拱轴系数。考虑到拱轴线的变化，修正的等效梁柱法表达式将更为复杂。

与之相比，现有的等效梁柱法计算简单、概念清晰，且偏于安全，便于工程实际应用。此外，除国内外现有的钢拱、混凝土拱等极限承载力的计算方法多采用简单的等效梁柱法外，已颁布的几本钢管混凝土拱桥的地方标准[29,30]和待批的行业标准[31]也都采用简单的等效梁柱法。因此，国标仍然采用简单的等效梁柱法。

第 8 章参考文献

[1] 陈宝春. 钢管混凝土拱桥（第二版）[M]. 北京：人民交通出版社，2007

[2] 叶智威. 钢管混凝土单圆管标准拱桥面外稳定性研究 [D]. 福州大学，2012

[3] 李晓辉. 钢管混凝土实肋拱面外稳定性能研究 [D]. 福州大学，2011

[4] 宋福春，陈宝春. 钢管混凝土标准桁肋拱面外弹性稳定分析. 工程力学，29（9），2012 年 9 月：125-132

[5] 杨永清. 钢管混凝土拱桥横向稳定性分析 [D]. 博士学位论文，成都：西南交通大学，1998.

[6] 陈宝春，韦建刚，林嘉阳. 钢管混凝土（单圆管）单肋拱空间受力试验研究. 工程力学，23（5），2006 年 5 月，99-106

[7] GAO Jing, SU Jia-zhan, CHEN Baochun. Experiment on a concrete-filled steel tubular model arches with corrugated steel webs subjected to Spatial Loading [J]. Applied Mechanics and Materials, 2012, 166-169: 37-42

[8] 陈宝春，林嘉阳. 钢管混凝土单圆管拱空间受力双重非线性有限元分析. 铁道学报，2005 年第 6 期：77-84

[9] 宋福春. 钢管混凝土桁肋拱桥面外稳定性研究 [D]. 福州大学，2009

[10] 陈宝春，陈友杰. 钢管混凝土肋拱面内受力全过程试验研究. 工程力学，17（2），2000 年 4 月：44-50.

[11] 陈宝春，韦建刚，林英. 管拱面内两点非对称加载试验研究. 土木工程学报，39（1），2006 年 1 月：43-49

[12] 陈宝春，韦建刚. 管拱面内五点对称加载试验及其承载力简化算法研究. 工程力学 2007 年 6 月，24（6）：73-78

[13] 日野伸一，劉玉擎，山口浩平等. コソクリート充填鋼管アーチリブの耐荷特性および弾塑性挙動に関する研究 [J]. 第 5 回複合構造の活用に関するシソポジゥム講演論文集，2003 年 11 月：125-130

[14] 曾国锋. 钢管混凝土系杆拱桥极限承载力研究 [D]. 上海：同济大学博士论文，2003 年 9 月

[15] 陈宝春，盛叶. 钢管混凝土哑铃形拱面内极限承载力研究. 工程力学，26（9），2009 年 9 月：94-04

[16] Jing GAO, Baochun CHEN. Investigation of in-plane behaviour of concrete-filled steel tubular model arches with corrugated steel webs. Bridge Engineering, ICE Proceedings, 166 (BE3), 2013, 205-216

[17] 韦建刚，陈宝春. 钢管混凝土拱桥材料非线性有限元分析方法 [J]. 福州大学学报. 2004, 32 (3): 344-348

[18] 陈宝春，秦泽豹. 钢管混凝土（单圆管）肋拱面内极限承载力计算的等效梁柱法 [J]. 铁道学报，2006, 28 (6): 99-106

[19] 陈宝春，秦泽豹. 钢管混凝土（单圆管）肋拱面内极限承载力的参数分析. 铁道学报，2004 年 8 月，26（4）：87-92.

[20] 项海帆，刘光栋. 拱结构的稳定与振动. 北京：人民交通出版社，1991

[21] 吴恒立. 拱式体系的稳定计算. 北京：人民交通出版社，1979

[22] Galambos TV. Guide to Stability Design Criteria for Metal Structures. New York: John Wiley & Sons, Inc, 1998
[23] 中华人民共和国交通部. JTG D62-2004 公路钢筋混凝土及预应力混凝土桥涵设计规范 [S]. 北京：人民交通出版社，2004
[24] 中华人民共和国交通部. JTG D61-2005 公路圬工桥涵设计规范 [S]. 北京：人民交通出版社，2005.
[25] Walter J. Austin. In-Plane Bending and Bulking of Arches. Journal of the Structural Division, ASCE, Vol. 97, No. ST5, May 1971: 1575~1592
[26] Jiangang Wei, Baochun Chen, Qingxiong Wu, Ton-Lo Wang. Equivalent Beam-Column Method to Estimate In-plane Critical Loads of Parabolic Fixed Steel Arches. Bridge Engineering, ASCE, 14 (5), September/October 2009: 346-354
[27] 韦建刚，陈宝春，吴庆雄. 钢管混凝土纯压拱失稳临界荷载计算的等效柱法. 计算力学学报，27 (4), 2010 年 8 月: 698-703
[28] 韦建刚，陈宝春，吴庆雄. 钢管混凝土压弯拱非线性临界荷载计算的等效梁柱法. 工程力学，27 (10), 2010 年 11 月: 104-109
[29] 福建省工程建设地方标准 DBJ/T 13-136—2011，钢管混凝土拱桥技术规程 [S]
[30] 重庆市公路工程行业标准 CQJTG/T D66—2011，公路钢管混凝土拱桥设计规范 [S]
[31] 中华人民共和国行业标准 JTG/T D65，钢管混凝土拱桥设计规范 [S]（报批稿）

第9章 考虑初应力的钢管混凝土拱极限承载力计算方法

9.1 计算内容与方法

钢管混凝土拱桥的施工，无论是采用缆索吊装方法、转体施工方法或者少支架施工方法，都是先架设空钢管拱肋，后往管内灌注混凝土，以利用空钢管拱肋作为模板，从而使施工方便快速。在形成钢管混凝土拱桥结构之前，空钢管要先期受到钢管自重与混凝土湿重等的作用而不可避免会产生初始应力和初始应变，这就是钢管混凝土拱桥的初应力问题。通常用初应力度来描述钢管混凝土拱桥的初应力大小[1]。

研究表明，钢管的初应力和初应变缩短了钢管混凝土的弹性阶段，提前进入弹塑性阶段，对稳定极限承载力有较大的影响，而对截面强度影响较小。所以，规范仅在拱肋结构整体稳定计算中考虑了初应力的影响，而在拱肋强度计算中没有考虑此影响。

9.1.1 初应力折减系数计算方法

规范中涉及初应力计算的主要有两条，分别是第 5.3.12 条初应力对承载力的影响和第 6.0.5 条钢管应力的计算。钢管的初应力一般可以通过桥梁施工过程的计算得到，所以这里就不再介绍。

钢管混凝土拱桥的初应力问题已开展了较多的研究，取得了系列的成果。目前，有初应力的钢管混凝土结构的极限承载力一般是通过对无初应力的钢管混凝土结构的极限承载力乘以初应力折减系数 K_p 得到。初应力对承载力影响的折减系数 K_p，可用式（9.1-1）表示。

$$K_p = N_u/N \qquad (9.1\text{-}1)$$

式中：K_p——初应力影响折减系数；

N——无初应力的钢管混凝土结构的极限承载力；

N_u——有初应力的钢管混凝土结构的极限承载力。

国标第 5.3.12 条规定，初应力对承载力影响的折减系数 K_p，按式【5.3.12-1】（9.1-2）～式【5.3.12-4】（9.1-5）计算。

$$K_p = 1 - 0.24 am\beta \qquad \text{【5.3.12-1】}(9.1\text{-}2)$$

$$a = \lambda/80 \qquad \text{【5.3.12-2】}(9.1\text{-}3)$$

$$m = 0.2\rho + 0.98 \qquad \text{【5.3.12-3】}(9.1\text{-}4)$$

$$\beta = \frac{\sigma_0}{f_y} \qquad \text{【5.3.12-4】}(9.1\text{-}5)$$

式中：a——考虑长细比影响的系数；

m——考虑偏心率影响的系数；

λ——构件的长细比，按规范第 5.3.7 条～5.3.10 条的规定计算；

ρ——构件偏心率，按规范公式（5.3.11-1）计算；

f_y——钢管强度标准值,取值应符合规范表 3.1.3 的规定;
σ_0——钢管初应力,在截面上不均匀时,取截面平均应力;
β——钢管初应力度。

9.1.2 应用实例[2]

9.1.2.1 桥例初应力计算

某钢管混凝土拱桥,主桥为五跨中承式飞鸟拱,跨径布置为 40m+3×185m+40m。应用 MIDAS 软件,建立该桥的有限元计算模型,如图 9.1-1 所示。主桥全桥共划分单元 15020 个,其中拱肋钢管和混凝土采用同节点双单元进行模拟,以便于计算钢管的初应力。应用生死单元技术,根据设计文件开展自钢管拱肋合龙后直至成桥的施工全过程受力分析,如表 9.1-1 所示。表中第四列和第五列分别为中主跨拱肋拱脚截面弦杆(下弦内侧)钢管和混凝土的最大应力。

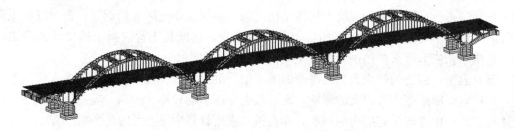

图 9.1-1 某钢管混凝土拱桥计算模型(MIDAS)

拱肋各弦杆的混凝土灌注顺序是先上弦杆外侧(弦杆 1)、接着上弦杆内侧(弦杆 2),再次下弦杆外侧(弦杆 3),最后是下弦杆内侧(弦杆 4),灌注时上、下游拱肋对称浇筑(图 9.1-2)。更详细地,表 9.1-2 给出了中跨拱肋施工过程中各弦杆钢管和混凝土的应力。

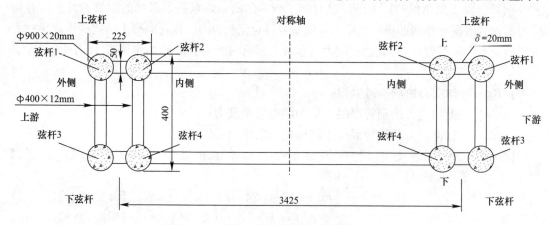

图 9.1-2 曹娥江袍江大桥主拱截面(cm)

某钢管混凝土拱桥施工阶段划分与主要应力(MPa)　　　表 9.1-1

施工阶段	施工内容	受力状况	中主跨拱肋应力	混凝土应力
1	墩及边跨拱肋施工	结构自重	0.00	0.00
2	拱肋架设、安装临时索	结构自重,临时系杆力	−38.28	0.00

9.1 计算内容与方法

续表

施工阶段	施工内容	受力状况	中主跨拱肋应力	混凝土应力
3	浇筑次主跨上外弦杆混凝土	结构自重及混凝土重量，临时系杆力	-38.33	0.00
4	次主跨上外弦杆混凝土凝固	结构自重，临时系杆力	-38.33	0.00
5	浇筑次主跨上内弦杆混凝土	结构自重及混凝土重量，临时系杆力	-38.30	0.00
6	次主跨上内弦杆混凝土凝固	结构自重，临时系杆力	-38.30	0.00
7	浇筑次主跨下外弦杆混凝土	结构自重及混凝土重量，临时系杆力	-38.35	0.00
8	次主跨下外弦杆混凝土凝固	结构自重，临时系杆力	-38.35	0.00
9	浇筑次主跨下内弦杆混凝土	结构自重及混凝土重量，临时系杆力	-38.32	0.00
10	次主跨下内弦杆混凝土凝固	结构自重，临时系杆力	-38.32	0.00
11	浇筑中主跨上外弦杆混凝土	结构自重及混凝土重量，临时系杆力	-49.70	0.00
12	中主跨上外弦杆混凝土凝固	结构自重，临时系杆力	-49.60	0.00
13	浇筑中主跨上内弦杆混凝土	结构自重及混凝土重量，临时系杆力	-65.30	0.00
14	中主跨上内弦杆混凝土凝固	结构自重，临时系杆力	-65.20	0.00
15	浇筑中主跨下外弦杆混凝土	结构自重及混凝土重量，临时系杆力	-72.10	0.00
16	中主跨下外弦杆混凝土凝固	结构自重，临时系杆力	-72.00	0.00
17	浇筑中主跨下内弦杆混凝土	结构自重及混凝土重量，临时系杆力	-85.30	0.00
18	中主跨下内弦杆混凝土凝固	结构自重，临时系杆力	-84.20	-0.17
19	安装立柱、吊杆及横梁	结构自重及吊杆力，临时系杆力	-99.60	-2.86
20	安装系杆	结构自重及吊杆力	-99.60	-2.86
21	第一次张拉系杆	结构自重、吊杆力、系杆力	-99.60	-2.86
22	取消临时	结构自重、吊杆力、系杆力	-99.60	-2.86
23	施工钢纵梁	结构自重、吊杆力、系杆力	-99.30	-2.81
24	第二次张拉系杆	结构自重、吊杆力、系杆力	-99.30	-2.81
25	施工桥面板	结构自重、吊杆力、系杆力	-125.00	-7.31
26	第三次张拉系杆	结构自重、吊杆力、系杆力	-125.00	-7.31
27	第四次张拉系杆	结构自重、吊杆力、系杆力	-125.00	-7.31
28	第五次张拉系杆	结构自重、吊杆力、系杆力	-125.00	-7.31
29	浇筑桥面铺装层	结构自重、吊杆力、系杆力、二期恒载	-138.00	-9.60
30	第六次张拉系杆	结构自重、吊杆力、系杆力、二期恒载	-138.00	-9.60
31	拆除边跨拱肋支架	结构自重、吊杆力、系杆力、二期恒载	-138.00	-9.59
32	成桥	结构自重、吊杆力、系杆力、二期恒载	-138.00	-9.59

中主跨主要施工过程应力变化（MPa） 表9.1-2

主要施工阶段	弦杆钢管应力				弦杆混凝土应力			
	弦杆1	弦杆2	弦杆3	弦杆4	弦杆1	弦杆2	弦杆3	弦杆4
墩及边拱施工	0.0	0.0	0.0	0.0	0.0	0.0	0.0	0.0
拱肋架设	-19.9	-25.5	-30.5	-38.3	0.0	0.0	0.0	0.0
浇筑中主跨上外弦杆混凝土	-34.4	-32.2	-48.3	-49.7	0.0	0.0	0.0	0.0
中主跨上外弦杆混凝土凝固	-34.0	-32.2	-48.1	-49.6	0.0	0.0	0.0	0.0
浇筑中主跨上内弦杆混凝土	-39.2	-45.4	-57.3	-65.3	-1.0	0.0	0.0	0.0
中主跨上内弦杆混凝土凝固	-39.2	-45.1	-57.2	-65.2	-1.0	0.0	0.0	0.0

续表

主要施工阶段	弦杆钢管应力				弦杆混凝土应力			
	弦杆1	弦杆2	弦杆3	弦杆4	弦杆1	弦杆2	弦杆3	弦杆4
筑中主跨下外弦杆混凝土	−45.9	−48.5	−71.3	−72.1	−2.3	−0.7	0.0	0.0
中主跨下外弦杆混凝土凝固	−45.9	−48.5	−70.2	−72.0	−2.3	−0.6	−0.2	0.0
浇筑中主跨下内弦杆混凝土	−48.4	−55.0	−74.8	−85.3	−2.7	−1.9	−1.0	0.0
中主跨下内弦杆混凝土凝固	−48.4	−54.9	−74.8	−84.2	−2.7	−1.9	−1.0	−0.2
灌注横哑铃型腹腔内混凝土	−55.4	−62.0	−84.9	−94.4	−2.7	−1.0	−1.0	−4.1

注：表中负值表示压应力，正值为拉应力。

由表 9.1-1 可知，当空钢管拱肋合龙完毕时，拱肋拱脚最大应力出现在内侧下弦杆，为 38.3MPa。由表 9.1-2 可知，当浇筑中主跨上弦外侧（弦杆 1）混凝土即施工到阶段 11 时，钢管应力开始增加，最大应力出现在弦杆 4，由 38.3MPa 增加到 49.7MPa；当该管内混凝土凝固时，钢管应力基本保持不变，混凝土应力也基本为零。接着浇灌上弦杆内侧（弦杆 2）混凝土，此时，最大应力由 49.6MPa 增加到 65.3MPa，最大的应力仍然是弦杆 4 的；当浇灌最后的弦杆混凝土时，此时的最大应力为 94.4MPa，其平均应力约为 74.2MPa。

因此，该桥结构整体验算时取平均最大初应力为 74.2MPa，计算得初应力度 $\beta=74.2/295=0.25$。

9.1.2.2 初应力对单肢杆承载力的折减系数计算

该桥钢管拱肋采用 Q345 钢，查国标表 3.1.3，钢管强度标准值 f_y 为 295MPa；对于单肢杆承载力折减系数的计算，取最大应力计算初应力度，由表 9.1-2 可知，施工过程中单肢弦杆最大初应力 94.4MPa，代入式【5.3.12-4】（9.1-5），计算得初应力度 $\beta=94.4/295=0.32$；

该单肢杆（拱脚节段）的杆长（节间长 4.0m）为 5.64m，按规范第 5.3.10 条的规定计算，得构件的长细比 λ 为 25.21，代入式【5.3.12-2】（9.1-3），得考虑长细比影响的系数 a 为 0.32；

构件的偏心率 ρ 按规范公式（5.3.11-1）计算，可分为按弯矩最大的取值和按轴力最大的取值，分别为 0.394，最大轴力组合时为 0.178，代入式【5.3.12-3】（9.1-4），求得考虑偏心率影响的系数 m 分别为 1.059 和 1.016。

将以上求得的 a、m 和 β，代入式【5.3.12-1】（9.1-2），求得该杆的初应力对承载力的折减系数 K_p，最大弯矩组合和最大轴力组合时分别为 0.974 和 0.975。

9.1.2.3 初应力对拱肋整体稳定承载力的折减系数的计算

对于拱肋整体稳定承载力，利用等效梁柱法，将钢管混凝土拱肋等效为钢管混凝土桁式柱进行计算分析。曹娥江袍江大桥为无铰拱，等效桁式柱的计算长度为 0.36S（S 为拱肋弧长），等效桁式柱两端的作用力取 $L/4$ 截面处的弯矩与轴力。

由有限元模型分析可知，承载能力极限状态下，最不利内力组合时拱肋整体截面内力分别为：最大弯矩组合 $M=27975\text{kN}\cdot\text{m}$，$N_s=57946\text{kN}$

$$\text{最大轴力组合 } M=4694\text{kN}\cdot\text{m}, \quad N_s=91200\text{kN}$$

初应力度影响折减系数 K_p 按式【5.3.12-1】（9.1-2）计算，其中参数 λ 为等效桁式柱换算长细比 $\lambda_x^*=40.4$（计算长细比 $\lambda_x=30.0$），代入式【5.3.12-2】（9.1-3），得考虑长

细比影响的系数 a 为 0.505。

参数 ρ 为等效桁式柱截面偏心率,最大弯矩组合时为 0.155,最大轴力组合时为 0.017,代入式【5.3.12-3】(9.1-4),求得考虑偏心率影响的系数 m 分别为 1.011 和 0.983。

参数 β 为当结构是整体验算时取平均最大初应力 74.2MPa 计算其初应力度,$\beta=74.2/295=0.25$。

将以上求得的 a、m 和 β,代入式【5.3.12-1】(9.1-2),求得拱肋的初应力对承载力的折减系数 K_p,最大弯矩组合时 K_p 为 0.967,最大轴力组合时 K_p 为 0.970。

9.1.3 初应力折减系数计算表

为便于工程的应用,将工程中常用的初应力折减系数 K_p 的值计算出来,见表 9.1-3。

初应力折减系数主要计算结果表 表 9.1-3

λ 长细比	β 初应力度	ρ(偏心率)							
		0.0	0.05	0.1	0.2	0.4	0.6	0.8	1.0
20	0.0	1.000	1.000	1.000	1.000	1.000	1.000	1.000	1.000
	0.1	0.994	0.994	0.994	0.994	0.994	0.993	0.993	0.993
	0.2	0.988	0.988	0.988	0.988	0.987	0.987	0.986	0.986
	0.3	0.982	0.982	0.982	0.982	0.981	0.980	0.979	0.979
	0.4	0.976	0.976	0.976	0.976	0.975	0.974	0.973	0.972
	0.5	0.971	0.970	0.970	0.969	0.968	0.967	0.966	—
	0.6	0.965	0.964	0.964	0.963	0.962	0.960	—	—
40	0.0	1.000	1.000	1.000	1.000	1.000	1.000	1.000	1.000
	0.1	0.988	0.988	0.988	0.988	0.987	0.987	0.986	0.986
	0.2	0.976	0.976	0.976	0.976	0.975	0.974	0.973	0.972
	0.3	0.965	0.964	0.964	0.963	0.962	0.960	0.959	0.958
	0.4	0.953	0.952	0.952	0.951	0.949	0.947	0.945	—
	0.5	0.941	0.941	0.940	0.939	0.936	0.934	—	—
	0.6	0.929	0.929	0.928	0.927	0.924	—	—	—
60	0.0	1.000	1.000	1.000	1.000	1.000	1.000	1.000	1.000
	0.1	0.982	0.982	0.982	0.982	0.981	0.980	0.979	0.979
	0.2	0.965	0.964	0.964	0.963	0.962	0.960	0.959	0.958
	0.3	0.947	0.947	0.946	0.945	0.943	0.941	0.938	0.936
	0.4	0.929	0.929	0.928	0.927	0.924	0.921	—	—
	0.5	0.912	0.911	0.910	0.908	0.905	—	—	—
	0.6	0.894	0.893	0.892	0.890	—	—	—	—
80	0.0	1.000	1.000	1.000	1.000	1.000	1.000	1.000	1.000
	0.1	0.976	0.976	0.976	0.976	0.975	0.974	0.973	0.972
	0.2	0.953	0.952	0.952	0.951	0.949	0.947	0.945	0.943
	0.3	0.929	0.929	0.928	0.927	0.924	0.921	0.918	0.915
	0.4	0.906	0.905	0.904	0.902	0.898	0.894	—	—
	0.5	0.882	0.881	0.880	0.878	—	—	—	—
	0.6	0.859	0.857	0.856	—	—	—	—	—

续表

λ 长细比	β 初应力度	ρ（偏心率）							
		0.0	0.05	0.1	0.2	0.4	0.6	0.8	1.0
100	0.0	1.000	1.000	1.000	1.000	1.000	1.000	1.000	1.000
	0.1	0.971	0.970	0.970	0.969	0.968	0.967	0.966	0.965
	0.2	0.941	0.941	0.940	0.939	0.936	0.934	0.932	0.929
	0.3	0.912	0.911	0.910	0.908	0.905	0.901	0.897	—
	0.4	0.882	0.881	0.880	0.878	0.873	—	—	—
	0.5	0.853	0.852	0.850	—	—	—	—	—
	0.6	0.824	0.822	—	—	—	—	—	—
120	0.0	1.000	1.000	1.000	1.000	1.000	1.000	1.000	1.000
	0.1	0.965	0.964	0.964	0.963	0.962	0.960	0.959	0.958
	0.2	0.929	0.929	0.928	0.927	0.924	0.921	0.918	0.915
	0.3	0.894	0.893	0.892	0.890	0.886	0.881	0.877	—
	0.4	0.859	0.857	0.856	0.853	—	—	—	—
	0.5	0.824	0.822	—	—	—	—	—	—
	0.6	0.788	—	—	—	—	—	—	—

注：表中"—"表示构件的初应力度为该值时，其空钢管阶段会出现失稳破坏，因而实际构件最大初应力度不应大于该值。

9.2 钢管混凝土拱桥初应力度调查与分析

为了解钢管混凝土拱桥中钢管拱肋的初应力度情况，规范编制组进行了初应力度的调查与分析[3]，以下对其进行介绍。

9.2.1 初应力度计算

钢管混凝土拱的初应力度 $β$，是指拱肋钢管的初始应力与其屈服强度之比，如式【5.3.12-4】(9.1-5) 所示。

对于轴压构件来说，构件截面各处的初应力 $σ_0$ 均相同（$σ_0$ 取截面的平均应力或最大应力）；但对于偏压构件来说，构件截面各处应力并不相同，$σ_0$ 的取值有所不同，有取平均应力，也有取最大应力的。一般来说，在试验研究和有限元分析中，常取截面平均应力进行理论分析[10]，而实际工程应用中，则较多地取最大应力，以偏安全。由于规范计算理论的分析是以平均应力为基础的，因此，规范中采用平均应力作为初应力。实际应用中，若以最大应力来计算，则偏于保守。

对于钢管混凝土拱桥来说，拱肋截面的内力与应力各不相同，在强度验算中，常见的控制截面是拱顶、拱脚和四分点截面[4]；而在稳定承载力验算中，等效梁柱法的内力是取 1/4 跨截面处的内力，由 9.3 节的研究可知，初应力主要影响结构的稳定，而对强度影响一般不考虑，所以，本节的调查中均以取 1/4 跨截面处的内力来计算初应力和初应力度。

对于桁拱来说，各肢间的应力也不相同，不同的浇筑顺序和浇筑方式对初应力均有影响，为此，文献 [5] 取内侧下弦杆的最大应力作为初应力。研究表明，平均应力 $σ_0$ 约为最大应力 $σ_1$ 的 0.7 倍[5]。图 9.2-1 为拱肋截面应力分布示意图，由图可知，相对于整体截面的验算来说，单肢弦杆的验算按 σ_0 取值不合适，但按单肢弦杆的平均应力 σ_{01} 取又不方便，考虑到单肢弦杆的截面尺寸相对拱肋整体截面来说不大，因而单肢弦杆的最大应力 σ_1 与其平均应力 σ_{01} 相差较小，为简便起见，单肢弦杆的验算可取最大应力 σ_1 计算。

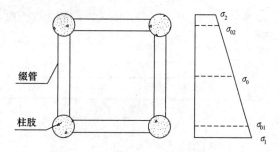

图 9.2-1　拱肋应力分布示意图

综上所述，对于大跨度钢管混凝土桁式拱桥初应力的取值，当对拱肋单肢弦杆（一般为内侧下弦杆）进行验算时，可以采用控制截面（1/4 跨截面）弦杆的最大应力作为初应力进行计算；当对拱肋整体进行验算时，可以采用控制截面（1/4 跨截面）弦杆的平均应力作为初应力来计算。

9.2.2　初应力度调查与参数分析

现有已建成的钢管混凝土拱桥按拱肋截面形式分主要有单圆管、哑铃型和桁式三种。规范编制时，从文献［4］、［6］～［8］等资料中，共收集了 130 余座已建的较大跨径的钢管混凝土拱桥桥例，对其初应力度进行分析。其中，单圆管拱桥 27 座；哑铃形拱桥 75 座；桁式拱桥 32 座。通常把单圆管和哑铃形截面称为实肋（腹）截面，即钢管混凝土实肋拱桥；桁式截面又称格构式或空腹式截面。以下按钢管混凝土拱桥的跨径与截面形式、矢跨比、钢材类型以及混凝土延米重为参数加以阐述。

9.2.2.1　跨径与截面形式

图 9.2-2 所示为钢管混凝土拱桥的初应力度与跨径的相关关系，其中，图（a）为实肋拱桥（单圆管与哑铃形），图（b）为桁式。从图中可见，初应力度与跨径有着较明显的相关关系。因此，随我国大跨径钢管混凝土拱桥修建的不断增多，初应力度也不断增大，初应力对极限承载力的影响也不断突出。

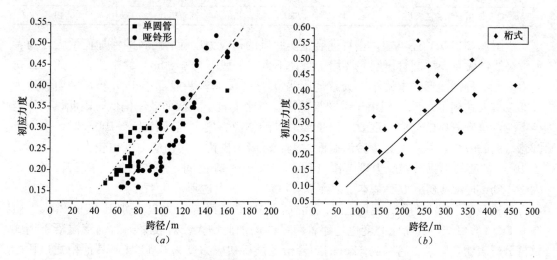

图 9.2-2　钢管混凝土拱桥初应力度与跨径关系示意图
(a) 实肋式；(b) 桁式

由图 9.2-2（b）可知，钢管混凝土桁式拱桥的初应力度也是随着跨径的增加而增大，不过离散性比较大。比较图 9.2-2（a）和（b）可知，钢管混凝土桁式拱桥的初应力度比实肋拱桥的大，范围也更广，桁式拱桥的初应力度一般在0.25～0.55之间，最大达到了0.56。
表9.2-1和表9.2-2列出了部分钢管混凝土实肋拱、桁肋拱的初应力度。

部分钢管混凝土实肋拱桥初应力度　　　　　　　　　　　　表9.2-1

桥　名	跨径（m）	截面形式	初应力度
江苏淮阴运河二桥	54.8	单圆管	0.18
江苏无锡新安北桥	60		0.19
江西高安樟树岭大桥	70		0.19
福建福鼎山前大桥	80		0.16
西安公路学院人行桥	100		0.28
浙江临海市灵湖大桥	120		0.33
福建仙游兰溪大桥	64	哑铃形	0.16
福建仰恩大学人行桥	100		0.20
浙江新安江望江大桥	120		0.28
兰州雁盐黄河大桥	127		0.38
湖北三峡黄柏河大桥	160		0.47

部分钢管混凝土桁式拱桥初应力度　　　　　　　　　　　　表9.2-2

桥　名	跨径（m）	截面形式	初应力度
东阳中山大桥	160	四管桁式	0.28
绍兴曹娥江袍江大桥	185	横哑铃形桁式	0.32
福建闽清石潭溪大桥	136	四管桁式	0.32
武汉江汉五桥	240	横哑铃形桁式	0.41
广东广州丫髻沙大桥	360	六管桁式	0.50
重庆巫峡长江大桥	460	四管桁式	0.42
湖南茅草街大桥	368	四管桁式	0.36
四川合江长江大桥	530	四管桁式	0.43

由图9.2-2（a）还可知，钢管混凝土实肋拱的初应力度随着跨径的增加而增大，两者大致呈线性关系。单圆管拱肋主要用于跨径不大（一般不大于80m）的桥梁，因此，其初应力度在三种截面形式中最小，大致范围为0.15～0.35，一般都小于0.30，平均值约为0.25，最大达到了0.39。但由于单圆管截面抗弯刚度较小，截面效率偏低，因此，同等跨径下时，单圆管拱的初应力度要大于哑铃形拱的初应力度。当跨径大于100m时，采用单圆管截面的较少，基本上为哑铃形截面的钢管混凝土拱桥，其初应力度也较大。跨径不大于100m的哑铃形拱的初应力度范围大致在0.20～0.45之间，平均值约为0.29；当跨径大于120m时，其初应力度基本上都在0.30以上，最大达到了0.47。

桁式截面主要应用于大跨径钢管混凝土拱桥，其初应力度一般比实肋拱大，由图9.2-2（b）可知，其初应力度也是随着跨径的增加而增大。对收集到的钢管混凝土桁式拱桥分析表明，除了一跨径为52m的四管桁式拱桥初应力度为0.11外，其他桁式拱桥的初应力度均大于0.20，最大超过了0.50；且当跨径大于200m时，其初应力度基本上都大于0.30，平均值约为0.35。

9.2.2.2　矢跨比

矢跨比是拱的主要参数之一。为研究矢跨比对钢管混凝土拱桥初应力度的影响，以某座单圆管混凝土拱桥为例,以矢跨比为参数,分析其与初应力度的关系。

某钢管混凝土单圆管拱桥跨径为 60m,矢跨比为 1/5,拱肋采用 Q235 钢,单圆管截面直径为 1000mm,厚度 12mm,拱轴线为抛物线,管内填充 C40 混凝土。该桥的初应力度是通过有限元分析,建立不同矢跨比的计算模型,计算得到该桥在钢管自重和混凝土湿重等作用下拱肋关键截面的平均应力作为初应力,再通过公式【5.3.12-4】(9.1-5)得到该桥的初应力度。图 9.2-3 为该桥当矢跨比在 1/2~1/7 范围时的初应力度变化曲线。

由图 9.2-3 可知,矢跨比的不同会使钢管混凝土拱桥的初应力和初应力度产生一定的变化,其变化范围大致在 15% 以内,变化规律是随着矢跨比的增加,初应力度为先减小后增加,以矢跨比约为 1/5 时最小。因此,为减小初应力度计,建议矢跨比为 1/5 左右为宜。

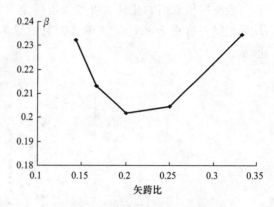

图 9.2-3　钢管混凝土拱桥初应力度与矢跨比关系曲线

9.2.2.3　钢材类型

钢材类型也是影响初应力度大小的一个重要参数。调查表明,现有已建成的钢管混凝土拱桥拱肋钢管大多采用 Q235 钢或 Q345 钢,采用 Q390 钢的较少[5,6],所以这里仅分析 Q235 钢或 Q345 钢的。由式【5.3.12-4】(9.1-5)可知,初应力度与钢材屈服强度成反比,因而理论上相同条件下拱肋钢管采用 Q235 钢的初应力度要大于采用 Q345 的。

图 9.2-4 为钢管混凝土拱桥的初应力度与钢材类型(Q235 钢、Q345 钢)关系统计图。由图 9-4 可知,跨径小于 150m 时,有采用 Q235 钢的,也有采用 Q345 钢的。当跨径大于 150m 时,基本都采用了 Q345 钢。相同跨径时采用 Q235 钢的初应力度一般要大于采用 Q345 的,跨径越大则越明显,因此,当初应力度较大时,建议采用较高强度的钢材。

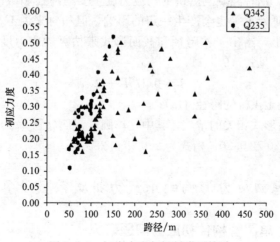

图 9.2-4　初应力度与钢材类型统计

9.2.2.4 混凝土延米重

钢管初始应力主要是由于施工过程中混凝土湿重、钢管自重及施工荷载等引起的,且混凝土湿重占总施工荷载的比例较大,因此混凝土延米重也是影响初应力度的重要因素。钢管混凝拱桥常用的几种强度等级混凝土(C40、C50 及 C60)的容重相差不大,计算时均采用同一容重 $25kN/m^3$。单肢钢管每延米混凝土重量与初应力度的关系,如图 9.2-5 所示。

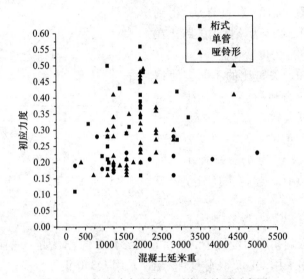

图 9.2-5 初应力与混凝土延米重关系示意图

由图 9.2-5 可知,对于单圆管拱,其初应力度随混凝土延米重的增大而增大,但增率较小,因为混凝土每延米重量增加,意味着管径的增大,而管径的增大使截面的刚度增大从而减小了应力值。对于哑铃形和桁拱,与单圆管的基本相似,初应力度也是随着混凝土延米重的增大而增大,但增率比单圆管的大,这是因为在哑铃形或桁式截面中,单肢管径的增大对截面刚度增大的作用要小于单圆管中的情况。

9.2.3 初应力度估算

由上节分析可知,钢管混凝土拱桥的初应力度主要与跨径和截面形式相关,矢跨比、钢材类型以及混凝土延米重等也会产生一定的影响,但相对来说不显著。文献[5]在调查与统计分析的基础上,给出了按跨径和截面形式来估算初应力度的公式,可供方案设计、初步设计时参考,见式(9.2-1)。

$$\beta = 0.1l/L + \beta_0 \tag{9.2-1}$$

式中:l——钢管混凝土拱桥的跨径(m);

L、β_0——为与截面形式相关的常数,其中,单圆管截面分别为 80 和 0.15;哑铃形截面分别为 120 和 0.20;桁式为 200 和 0.25。

9.3 考虑初应力影响的承载力折减系数计算方法研究

9.3.1 钢管混凝土单圆管构件初应力问题研究

文献[9]、[10]取构件纵向应变 $\mu=0.003$ 时的钢管混凝土短柱的承载力为极限承载

9.3 考虑初应力影响的承载力折减系数计算方法研究

力。通过试验研究认为，初应力对钢管混凝土构件的极限承载能力和变形有影响。钢管初始应力对钢管混凝土轴心受压构件工作性能的影响见图 9.3-1。

图 9.3-1 中 $\bar{\sigma}$ 为试件平均应力，ε 为纵向应变。曲线（1）为钢管混凝土共同受力，即钢管无初始应力的构件的 $\bar{\sigma}$-ε 曲线。a 点为组合比例极限 f_{sc}^p，b 点为组合屈服点 f_{sc}。oa 段为钢管混凝土组合材料的弹性阶段，a 点相应于钢管应力达到钢材的比例极限；b 点对应的纵向应变为 $3000\mu\varepsilon$，ab 段为钢管混凝土组合材料的弹塑性阶段。

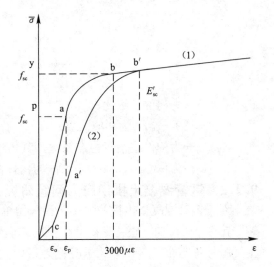

图 9.3-1　钢管混凝土初应变影响曲线

曲线（2）为钢管有初应力的钢管混凝土构件的 $\bar{\sigma}$-ε 曲线。为便于比较，将钢管初应力 σ_s 换算成平均应力 $\bar{\sigma}=\sigma_s A_s/A_{sc}$（$A_s$ 为钢管截面积，A_{sc} 为钢管混凝土截面积），而纵向应变仍为 ε_0。钢管混凝土共同工作从图 9.3-1 中的 c 点开始。当纵向总应变达到钢材的比例极限 a 点时，钢管混凝土构件因钢管强度达到比例极限而进入弹塑性阶段。因此，钢管的初应力和初应变缩短了钢管混凝土的弹性阶段，提前进入弹塑性阶段。当纵向应变达到 $3000\mu\varepsilon$ 时，钢管虽然提前屈服，但核心混凝土并未达到极限应力，依靠钢管的塑性发展，到 b 点时，核心混凝土才达到极限应变。分析证明，b 和 b' 点的距离正好与初始应变 ε_0 的大小基本一致。因此，钢管的初应力和初应变对组合弹性模量 E_{sc} 和组合强化模量 E_{sc}' 没有影响，对组合屈服点基本上没有影响，主要的影响是弹塑性阶段扩大了，组合切线模量也发生了变化。

文献 [11]～[21] 对有初应力的圆钢管混凝土轴压构件、偏压构件开展了试验研究、理论分析和数值计算分析，提出了考虑初应力对圆钢管混凝土受压构件的承载力等各种力学性能指标的计算方法，本章不予详细介绍，其中早期的一些成果可见文献 [4] 的第 10.2 节。虽然对初应力问题已开展了大量的研究，结果表明初应力占有了钢管承载力的一部分，它将对紧箍作用和强度极限承载力产生影响，然而在国内外有关钢管混凝土结构的设计规范中，只有 DL/T 5085—1999[22] 和 DBJ 13-51—2003[23] 等少数几本规范提及初应力的问题。

DL/T 5085—1999 为简化设计，统一规定控制截面的初始最大应力不宜超过 $0.6f_s$，且假定在此限值范围内，初应力不影响柱的承载力。对于初应力超过 $0.6f_s$ 时应如何计算该规范没有给出方法。

DBJ 13-51—2003 规定，在浇灌混凝土时，由施工阶段荷载引起的钢管初始最大压应力值不宜超过 $0.35f_s$，且不应大于 $0.8f_s$。若超过 $0.35f_s$，应考虑钢管初应力对钢管混凝土构件承载力的影响。具体方法是在一次加载方法计算获得承载力的基础上乘以钢管初应力影响系数，见式（9.3-1）。

$$K_p = 1 - f(\lambda) \cdot f(\rho) \cdot \beta' \qquad (9.3\text{-}1a)$$

$$f(\lambda) = \begin{cases} 0.17\lambda/80 - 0.02 & \lambda/80 \leqslant 1 \\ -0.13(\lambda/80)^2 + 0.35\lambda/80 - 0.07 & \lambda/80 > 1 \end{cases} \quad (9.3\text{-}1b)$$

$$f(\rho) = \begin{cases} 0.75\rho^2 - 0.05\rho + 0.9 & \rho \leqslant 0.4 \\ -0.15\rho + 1.06 & \rho > 0.4 \end{cases} \quad (9.3\text{-}1c)$$

式中：λ——为构件长细比；

β'——$\beta' = \beta/\varphi_s$ 为初应力度；

φ_s——为构件空钢管稳定系数，其值通过钢结构规范查表得到；

ρ——为偏心率，$\rho = e_0/r$，e_0 为构件截面偏心距，r 为构件截面半径。

9.3.2 钢管混凝土拱初应力问题研究

对于钢管混凝土拱桥，除小跨径采用单圆管拱肋外，一般均采用哑铃形或桁式。从第 9.2 节的分析可知，哑铃形拱和桁拱的初应力度问题较之单圆管拱更为突出。从受力性能上，哑铃形与桁式（作为柱子时称为格构式），其初应力的影响如何，福州大学开展了专门的研究[24-26]，结果表明，初应力对哑铃形柱和格构柱的承载力的影响规律与单圆管柱相似，可以借鉴单圆管柱中的相关公式进行计算。

针对初应力对于钢管混凝土拱的承载力影响，福州大学开展了以初应力度为参数的四根拱的试验研究[27-29]，这也是目前所知的唯一以初应力为研究对象的钢管混凝土拱初应力试验研究。试验时，先在空钢管拱上施加初始荷载来模拟钢管所受的初应力情况，在此荷载作用下灌注管内混凝土，钢管混凝土组合作用形成后，再加载直至结构破坏。该试验研究为揭示初应力对钢管混凝土拱受力性能的影响提供了重要的试验结果。

研究结果表明，随着初应力度的增加，钢管混凝土拱肋的后期承载能力逐渐降低。一般来说，初应力为对称加载，后期不利荷载为非对称荷载，因此，若考虑总荷载，则有初应力拱的承载力要大于无初应力拱的。因此，在叙述初应力对钢管混凝土拱的极限承载力的影响时，一定要明确极限承载力的定义，是后期的荷载，还是总荷载。通常所指的极限承载力是指后期的荷载。

对于初应力度不大于 0.3、矢跨比大于 0.25 及长细比小于 80 的拱，初应力对极限承载力下降的影响基本在 5% 范围内，可以忽略。其他情况下，应考虑初应力对拱极限承载力降低的影响。

有初应力钢管混凝土拱的极限承载力可以通过引入不大于 1.0 的初应力度折减系数 K_p，乘以无初应力拱的承载力得到。其中，初应力度对拱的承载力的影响除直接与初应力度有关外，还与长细比及矢跨比有关。

除此之外，文献 [30]～[35] 也对钢管混凝土拱桥的初应力问题开展了研究，研究以数值分析为主。

9.3.3 考虑初应力影响的承载力折减系数计算方法

9.3.3.1 重庆公路地标 CQJTG/T D66—2011 计算方法

文献 [32] 对不同截面形式的钢管混凝土拱桥的稳定极限承载力，进行了考虑与不考虑钢管初应力影响的有限元分析，通过回归拟合得到了不同截面形式钢管混凝土拱桥的初应力影响折减系数计算公式。重庆市公路工程行业标准《钢管混凝土拱桥设计规范》CQJTG/T D66—2011[36]采用了该研究成果。

该规范第 3.3.4 条规定，单肢钢管混凝土拱肋的初应力系数不宜大于 0.3。哑铃形、四肢格构形钢管混凝土拱肋的钢管初应力不宜大于0.6。考虑钢管初应力对钢管混凝土拱肋承载力的不利影响，应将组合轴压强度设计值乘以钢管初应力影响折减系数，具体计算方法如式（9.3-2）所示。

单圆管钢管混凝土拱桥：

$$K_p = 1.0 - 0.168\beta - 0.2875\beta^2 \tag{9.3-2a}$$

哑铃形钢管混凝土拱桥：

$$K_p = 1.0 - 0.1429\beta \tag{9.3-2b}$$

四肢格构型钢管混凝土拱桥：

$$K_p = 0.948 - 0.1148\beta \tag{9.3-2c}$$

式中：β——初应力度。

9.3.3.2 行标 JTG/T D65 的计算方法

公路桥梁行业标准《钢管混凝土拱桥设计规范》JTG/T D65（报批稿）[37]采用的钢管初应力折减系数 K_p，按式（9.3-3）计算。

$$K_p = 1.0 - 0.115\omega \tag{9.3-3}$$

式中：ω——钢管初应力度，$\omega=\sigma_0/f_{sk}$，ω 不宜超过 0.6；

σ_0——钢管初应力，取主拱钢管截面初应力的最大值；

f_{sk}——钢材的强度标准值。

9.3.3.3 福建省标 DBJ/T 13-136—2011 计算方法

福建省标《钢管混凝土拱桥技术规程》DBJ/T 13-136—2011[38]以福州大学的研究成果为主，给出了与长细比、偏心率等因素的钢管混凝土实肋构件初应力影响折减系数公式，如式（9.3-4）所示。

$$K_p(\beta) = 1.0 - 0.0158 \cdot a \cdot m \cdot \beta^2 - 0.0847 \cdot b \cdot n \cdot \beta \tag{9.3-4}$$

当 $\lambda_0 \leqslant 1$ 时，$\begin{cases} a=3.352 \cdot \lambda_0^2 \\ b=0.986 \cdot \lambda_0 \end{cases}$；当 $\lambda_0 > 1$ 时，$\begin{cases} a=1.768 \cdot \lambda_0 \\ b=1.063 \cdot \lambda_0 \end{cases}$

当 $\rho \leqslant 0.8$ 时，$\begin{cases} m=e^{\rho^{0.0392}} \\ n=e^{1.209 \cdot \rho^{0.098}} \end{cases}$；当 $\rho > 0.8$ 时，$\begin{cases} m=0.103 \cdot \rho+2.595 \\ n=0.382 \cdot \rho+2.905 \end{cases}$

式中：λ_0——$\lambda_0 = \dfrac{\lambda}{\lambda_p}$

λ——构件的计算长细比

λ_p——弹性失稳界限长细比，且 λ_p 只与钢材的材料相关，其中，Q235 钢为 100，Q345 钢为 80，Q390 钢为 75；

ρ——构件偏心率；

β——初应力度，该值不得大于空钢管稳定系数。

文献 [24]~[26] 的研究表明，钢管的初应力和初应变缩短了钢管混凝土的弹性阶段，使拱提前进入弹塑性阶段，对稳定极限承载力有较大的影响，而对截面强度影响较小。所以，福建省标 DBJ/T 13-136—2011 在拱肋结构整体稳定计算中考虑了初应力的影响，而在拱肋强度计算中没有考虑此影响。钢管混凝土拱肋中的初应力随截面的变化而变化，拱肋等效成钢管混凝土梁柱计算时，由于其内力是取 1/4 跨截面处的内力，所以初应力应取 1/4 跨截面处的初应力。有弯矩荷载时，同一截面中不同点的初应力值也不同，取平均值计算。

9.3.3.4 国标 GB 50923—2013 的计算方法

(1) 计算方法的选择

国标编制时，对上述几本钢管混凝土拱桥规范中的初应力计算方法进行了分析。

重庆市公路行标 CQJTG/T D66—2011 采用的式（9.3-2），将钢管混凝土拱肋分为单圆管、哑铃形与格构式三种截面形式，且单圆管的计算公式与哑铃形、格构式的表达式相差较大，前者的折减系数是初应力度的二次式，而后二者是初应力度的一次式，三种截面形式的初应力折减系数与初应力的关系曲线见图 9.3-2，单圆管拱中随初应力度增大的初应力折减系数的变化率明显高于哑铃形与桁式拱。而由文献［24］～［26］研究结果可知，初应力度对钢管混凝土哑铃形与格构柱的承载力影响的规律是相似的。

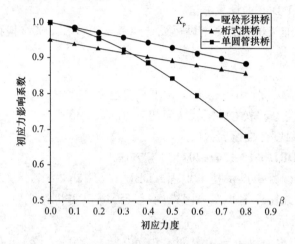

图 9.3-2　CQJTG/T D66—2011 中初应力影响系数与初应力度的关系曲线

此外，CQJTG/T D66—2011 中初应力折减系数是放在材料强度一节。一般来说，材料强度与结构形式是无关的，而式（9.3-2）却是以结构的形式来规定材料强度的取值，缺乏理论的严谨性。同时，该方法仅靠有限元数值分析结果进行回归分析，没有反映结构长细比、偏心率与初应力度的耦合影响，是否能适用所有桥梁的情况，有待更大范围研究的验证。

公路桥梁行业标准 JTG/T D65 所采用的初应力折减系数计算式（9.3-3），在三本规范中最为简单。然而，未见公式出处的说明。从公式本身来看，它只考虑初应力度，而没有考虑长细比、偏心率、钢材弹性失稳界限长细比等因素的影响，而大量的研究表明，初应力度对承载力的影响是与这些因素有关的。

福建省标 DBJ/T 13-136—2011 的初应力折减系数计算方法，考虑因素全面，但计算式较为复杂。因此，国标编制组以其所提供的计算方法，即式（9.3-5）为研究对象，对其开展简化研究。

(2) 福建省标 DBJ/T 13-136—2011 计算公式的简化

从式（9.3-4）可知，该公式除初应力度 β 外，还有四个系数，分别是 a、b、m、n，这四个系数又分别与构件长细比、偏心率等因素有关，且计算时用分段函数表示，使得计算复杂，公式表达也不简洁。因此，第一步简化时，计算公式保持原公式，但通过分析，

9.3 考虑初应力影响的承载力折减系数计算方法研究

抓住主要因素,将 a、b、m、n 用一段式的表达式,其中 a、b 只与长细比有关,m、n 只与偏心率有关,简化后的公式见式(9.3-5)。

$$K_p(\beta) = -0.0158 \cdot a \cdot m \cdot \beta^2 - 0.0847 \cdot b \cdot n \cdot \beta + 1.0 \quad (9.3-5)$$

其中:

$$\begin{cases} a = 0.254 \cdot \lambda_0^2 + 0.0112 \cdot \lambda_0 - 0.163 \\ b = 1.012 \cdot \lambda_0 \end{cases}$$

$$\begin{cases} m = -0.0757 \cdot \rho^2 + 0.307 \cdot \rho + 2.483 \\ m = 0.498 \cdot \rho + 2.401 \end{cases}$$

图 9.3-3 为式 (9.3-5) 计算得到的不同长细比与偏心率时的初应力影响折减系数 K_p 与初应力度的关系曲线。由图 9.3-3 可知,初应力影响折减系数 K_p 基本与初应力度呈非线性关系,不过,当初应力度小于 0.6 时,可视为线性变化;同时,长细比和偏心率也对 K_p 有一定的影响,长细比和偏心率越大,折减系数也越大。

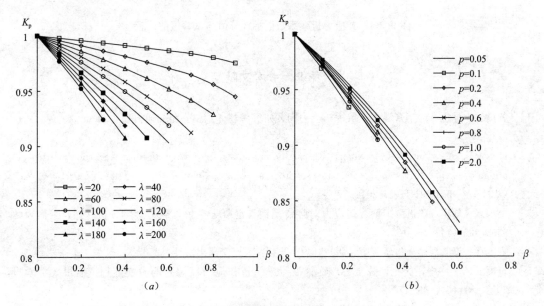

图 9.3-3 初应力影响折减系数与初应力度关系图
(a) ρ(偏心率)=0;(b) λ(长细比)=80

考虑到当初应力度小于 0.6 时,$K_p(\beta)$ 可视为线性变化,因此可对式(9.3-5)做进一步的简化。以长细比为 80、偏心率为 0.1 的 K_p 与 β 的关系曲线为基准线,进行线性拟合,得到该关系曲线的一阶线性拟合方程式为

$$K_p = 1 - 0.24\beta \quad (9.3-6)$$

考虑长细比和偏心率这两个参数对 K_p 与 β 关系曲线的影响,引入两系数 a、m,这两个系数分别为长细比和偏心率的独立函数,则

$$K_p = 1 - 0.24 \cdot a \cdot m \cdot \beta = 1 - 0.24 f(\lambda_0) f(\rho) \beta \quad (9.3-7)$$

式中:$a = f(\lambda_0) = \lambda/80$;

$m = f(\rho) = 0.2\rho + 0.98$($\beta \leqslant 0.6$;$\lambda \leqslant 120$;$\rho \leqslant 1.0$)。

式(9.3-7)就是国标采用的计算公式,见式【5.3.12-1】(9.1-2)~式【5.3.12-4】

(9.1-5)。应用这一计算方法的计算结果和试验结果进行对比[29-32]，结果汇总于图9.3-4中。从图中可以看出，两者吻合良好，分布规律相似，一阶线性拟合方程可满足工程应用要求。

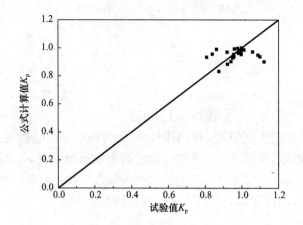

图 9.3-4　初应力折减系数国标计算值与试验值的比较

第9章参考文献

[1]　黄福云，陈宝春. 钢管混凝土拱桥初应力问题研究综述 [J]. 公路交通科技，2006，23（11）：68-72

[2]　Huang F. Y., Sun J. C., Xue D. Research oninitial stress of concrete filled steel tubular truss arch bridge of Paojiang river [J]. 3rd Chinese-Croatian Joint Colloquium-Proceedings, Zagreb, Croatia, ISBN 978-953-7621-12-4，2011. 7

[3]　周水兴，刘琪，陈湛荣. 钢管初应力对哑铃型钢管混凝土拱桥承载力影响分析 [J]，工程力学，2008，25（7）：159-165

[4]　陈宝春. 钢管混凝土拱桥（第二版）[M]. 北京：人民交通出版社，2007

[5]　黄福云，李建中，徐艳，陈宝春. 钢管混凝土拱桥初应力度调查与分析 [J]，福州大学学报，2013，41（6）：892-897

[6]　陈宝春，刘福忠，韦建刚. 327座钢管混凝土拱桥的统计分析 [J]. 中外公路，2011，31（3）：52-59

[7]　陈宝春. 钢管混凝土拱桥实例集（一）[M]. 北京：人民交通出版社，2002

[8]　陈宝春. 钢管混凝土拱桥实例集（二）[M]. 北京：人民交通出版社，2008

[9]　钟善桐. 钢管混凝土结构（第三版）. 北京：清华大学出版社，2003

[10]　钟善桐，查晓雄. 钢管初应力对钢管混凝土构件承载力影响的研究 [J]. 哈尔滨建筑大学学报，1997（3）：13～22

[11]　黄世娟. 初应力对钢管混凝土轴压构件承载力影响的实验研究 [D]. 硕士学位论文，哈尔滨：哈尔滨建筑大学，1995

[12]　张晓庆，钟善桐，闫善章等. 初应力对钢管混凝土偏压构件承载力影响的实验研究 [J]. 哈尔滨建筑大学学报，1997，30（2）：50-56

[13]　Johansson M, Gylltoft K. Structural Behaviour of Slender Circular Steel-Concrete Composite Columns under Various Means of Load Application [J]，Steel and Composite Structures，ASCE，2001，1（4）：393-410

[14] 尧国皇. 钢管初应力对钢管混凝土压弯构件力学性能的影响研究 [D]. 硕士学位论文, 福州大学, 2002

[15] 熊德新. 钢管初应力对钢管混凝土构件性能影响的研究 [D]. 华中科技大学, 2006

[16] 贺喜. 钢管初应力对钢管混凝土构件承载力影响的试验研究 [D]. 硕士学位论文, 重庆交通大学, 2006

[17] Xiong D X, Zha X X. A Numerical Investigation on the Behaviour of Concrete-filled Steel Tubular Columns under Initial Stresses [J]. Journal of Constructional Steel Research, ASCE, 2007, 63 (5): 599-611

[18] 陈宝春, 黄福云. 有初应力的钢管混凝土轴压柱设计计算方法研究 [J]. 福州大学学报（自然科学版）, 36 (4), 2008 年 8 月: 578-584

[19] 陈宝春, 黄福云. 有初应力的钢管混凝土偏压构件极限承载力计算 [J]. 长沙交通学院学报, 24 (2), 2008 年 6 月, 1-8

[20] 黄福云, 陈宝春. 有初应力的钢管混凝土柱承载力的计算方法讨论 [J]. 福州大学学报, 2009 (3): 87-93

[21] J. Y. Richard Liew, D. X. Xiong. Effect of preload on the axial capacity of concrete-filled composite columns [J]. Journal of Constructional Steel Research, ASCE, 2009, 65 (3): 709-722

[22] 中华人民共和国电力行业标准 (DL/T 5085—1999). 钢-混凝土组合结构设计规程 [S]

[23] 福建省工程建设地方标准 (DBJ 13-51—2003). 钢管混凝土结构技术规程 [S]

[24] 黄福云, 陈宝春. 钢管混凝土哑铃形轴压短柱初应力有限元分析. 公路交通科技（应用技术版）, 2007 (2): 109-111

[25] 陈昀明, 黄福云, 陈宝春. 初应力对钢管混凝土哑铃形长柱受力性能影响研究. 长沙交通学院学报, 2008 年 12 月, 24 (4): 6-11

[26] 黄福云, 陈宝春, 李建中, 俞冠. 有初应力的钢管混凝土格构柱轴压试验研究. 建筑结构学报, 34 (11), 2013 年 11 月: 109-115

[27] 黄福云, 韦建刚, 陈宝春等. 有初应力的钢管混凝土单圆管拱试验研究 [J]. 哈尔滨工业大学学报, 2010, 42 (Z): 270-276

[28] 黄福云. 有初应力的钢管混凝土实肋拱的极限承载力研究 [D]. 博士学位论文, 福州大学, 2008

[29] 韦建刚, 黄福云, 陈宝春. 初应力对钢管混凝土单圆管拱极限承载力的影响研究 [J]. 工程力学, 28 (4): 36-44, 2010

[30] 周海龙. 单肢钢管混凝土拱桥考虑初始应力的承载力分析研究 [D]. 硕士学位论文, 重庆: 重庆交通大学, 2006.

[31] 赵跃宇, 易壮鹏, 王连华. 初始应力对钢管混凝土拱桥面内极限承载能力的影响 [J]. 湖南大学学报, 2007, 34 (3): 1-5

[32] 周水兴. 钢管初应力对钢管混凝土拱桥承载力的影响研究 [D]. 博士学位论文, 重庆大学, 2007

[33] 杨孟刚, 曹志光. 初应力对大跨度钢管混凝土拱桥极限承载力的影响 [J]. 铁道科学与工程学报, 2010, 7 (4): 6-10

[34] 刘琪. 钢管初应力及管内混凝土徐变对四肢格构型钢管混凝土拱桥承载力影响研究 [D]. 重庆交通大学硕士学位论文, 重庆, 2008

[35] 于洪刚, 周水兴, 陈强等. 中山大桥钢管初始应力稳定计算分析 [J]. 重庆交通学院学报, 25 (1): 4-7, 2006

[36] 重庆市公路工程行业标准 CQJTG/T D66—2011. 钢管混凝土拱桥设计规范 [S]. 2011

[37] 中华人民共和国行业标准 JTG/T D65. 钢管混凝土拱桥设计规范 [S]（报批稿）

[38] 福建省工程建设地方标准 DBJ/T 13-136—2011. 钢管混凝土拱桥技术规程 [S]. 2011

第 10 章 钢管混凝土拱收缩、徐变计算

10.1 计算内容与方法

国标中涉及收缩徐变计算的条文主要有四条，分别是持久状况承载力极限状态计算中的第 4.2.4 条关于收缩次内力计算和第 5.3.11 条徐变对承载力的折减；持久状况正常使用极限状态计算中第 6.0.3 条徐变变形的计算和第 6.0.5 条钢管应力的计算。

10.1.1 收缩变形与收缩次内力计算

钢管混凝土拱肋中的混凝土会产生收缩，引起拱肋的收缩变形，并在超静定拱中产生附加内力。国标第 4.2.4 条规定，计算钢管混凝土拱因管内混凝土收缩而产生的变形值或由此而引起的次内力时，管内混凝土收缩可采用实测值或现行行业标准《公路钢筋混凝土及预应力混凝土桥涵设计规范》JTG D62[1] 的规定。

JTG D62—2004 第 6.2.7 条关于混凝土收缩应变终极值计算时，考虑了混凝土所处环境的湿度影响，对于管内混凝土可按湿度环境 70%～90% 一档来计算（表 6.2.7 中实际取值为 80%）。

10.1.2 徐变变形计算

钢管混凝土拱肋中的混凝土存在着徐变问题，引起拱肋的徐变变形，并在超静定拱中产生附加内力。国标第 6.0.3 条规定，钢管混凝土结构或构件变形计算中，混凝土徐变系数在无可靠实测资料时可按现行行业标准《公路钢筋混凝土及预应力混凝土桥涵设计规范》JTG D62[1] 的规定计算。由于管内混凝土处于密闭状态，按 JTG D62 计算时一般取环境相对湿度为 90%。

10.1.3 徐变对承载力的折减

管内混凝土徐变对构件承载力的影响，国标第 5.3.11 条规定，对钢管混凝土轴压构件和偏心率 $\rho \leqslant 0.3$ 的偏压柱，其承受永久荷载引起的轴压力占全部轴压力的 30% 及以上时，截面轴心抗压强度设计值 N_0 应乘以混凝土徐变折减系数 k_c。徐变折减系数 k_c 应按表 10.1-1 的规定取值，偏心率 ρ 应按式【5.3.11-1】（10.1-1）～式【5.3.11-3】（10.1-3）计算。

$$\rho = \frac{e_0}{r} \qquad \text{【5.3.11-1】(10.1-1)}$$

$$r = 2i - t \qquad \text{【5.3.11-2】(10.1-2)}$$

$$r = 2i \qquad \text{【5.3.11-3】(10.1-3)}$$

式中：r——截面计算半径，单圆管、哑铃形柱按式【5.3.11-2】（10.1-2）计算；格构柱按公式【5.3.11-3】（10.1-3）计算；

t——钢管壁厚。

徐变折减系数 k_c 表 10.1-1

名义长细比 λ	永久荷载所占比例（%）		
	30	50	70 及以上
40＜λ≤70	0.90	0.85	0.80
70＜λ≤120	0.85	0.80	0.75

注：表中名义长细比 λ 应按规范第 5.3.7 条～5.3.9 条的规定计算；表内中间值可采用插入法求得。

10.1.4 收缩、徐变应力

国标中钢管混凝土拱的设计计算采用的是极限状态法，为了在正常使用极限状态中控制钢管的应力处于弹性阶段，国标第 6.0.5 条规定："持久状况下钢管混凝土拱肋的钢管应力不宜大于 $0.8f_y$。"

在钢管应力计算中除了内力产生的应力外，还包括由于组合截面产生的非线性自应力部分，如混凝土收缩、徐变等引起的应力。大量的工程实践表明，限制值取钢材的容许应力 f_s 为计算指标，如 $0.8f_s$，则该限制值将控制设计并导致钢材用量的急剧上升，失去钢管混凝土作为组合结构的意义，同时这种规定也背离极限状态法设计计算原则。

10.2 钢管混凝土拱收缩次内力计算

10.2.1 钢管混凝土收缩变形计算
10.2.2.1 混凝土收缩模型

收缩是混凝土在无荷载作用下随时间增长产生的变形，是混凝土本身固有的属性，收缩变形的大小与混凝土本身的配合比和所处的环境条件有关，主要可由混凝土自身的水化反应引起的收缩（称为化学收缩或自收缩）和暴露在大气环境中的混凝土因水分丢失而引起的干燥收缩（也简称干缩）。

影响混凝土收缩变形的因素较多，主要有水泥品种、混合材料种类及掺量、骨料品种及含量、混凝土配合比、外加剂种类及掺量、介质温度与相对湿度、养护条件、混凝土龄期、结构特征及碳化作用等。

对于钢管核心混凝土，由于有外包钢管而处于密闭环境中，与大气环境没有发生湿度交换，也就没有干燥收缩或此值很小，因此混凝土的收缩主要是自收缩。

自收缩是指水泥基胶凝材料在水泥初凝之后恒湿恒重下产生的宏观体积降低，其作用机理可以通过混凝土的自干燥现象得到很好的解释。核心混凝土内部产生自干燥现象的结果是使毛细孔中的水由饱和状态变为不饱和状态，水分被水泥水化反应消耗，造成硬化水泥浆体内部相对湿度的降低。因此，混凝土的自收缩与内部水分的扩散及转移速度无关，也就是说与混凝土构件的尺寸大小无关。

混凝土收缩模型用来表示核心混凝土在养护结束后收缩值随时间而变化的规律。由于混凝土的收缩变形机理极其复杂，影响因素众多，而实际的变形情况也千差万别，从而有不同形式的计算模型出现，包括幂函数、对数函数、双曲线函数和指数函数等数学表达式，但其表达式一般为收缩应变终值与时间函数的乘积[2]：

$$\varepsilon_{sh}(t,\tau) = \varepsilon_{sh,\infty} \cdot f(t-\tau) \tag{10.2-1}$$

式中：$\varepsilon_{sh,\infty}$——收缩应变终值；

$f(t-\tau)$——收缩应变发展历程的时间函数。

目前钢管核心混凝土的收缩基本上采用普通混凝土已有的收缩模型来计算。较为常见的有，福建省标《钢管混凝土拱桥技术规程》DBJ/T 13-136—2011[3]推荐的 ACI 209R-92 模型、重庆公路行标《公路钢管混凝土拱桥设计规范》CQJTG/T D66—2011[4]及公路交通行标 JTG D62—2004[1]推荐的 CEB-FIP MC90 模型，以下对这两种模型进行简要介绍。

（1）ACI 209R-92 模型

ACI209 委员会推荐的混凝土收缩应变计算公式如下：

$$(\varepsilon_{sh})_t = \left(\frac{t}{35+t}\right) \cdot (\varepsilon_{sh})_u \tag{10.2-2}$$

式中：t——收缩时间；

$(\varepsilon_{sh})_u$——收缩最终值，按下式计算：

$$(\varepsilon_{sh})_u = 780 \cdot \gamma_{CP} \cdot \gamma_\lambda \cdot \gamma_{vs} \cdot \gamma_s \cdot \gamma_\psi \cdot \gamma_c \cdot \gamma_\alpha \tag{10.2-3}$$

其中，780×10^{-6} 为在标准条件下自由收缩应变，$\gamma_{CP} \cdot \gamma_\lambda \cdot \gamma_{vs} \cdot \gamma_s \cdot \gamma_\psi \cdot \gamma_c \cdot \gamma_\alpha$ 为偏离标准条件时的校正系数，分别为考虑初始养护条件、年环境相对湿度、构件体积-表面积比、混凝土坍落度、细骨料含量、水泥含量和混凝土含气量等影响因素的修正系数，具体计算公式见文献 [5]。

（2）CEB-FIP MC90 模型

CEB-FIP MC90 模型给出的混凝土收缩应变计算公式如下：

$$\varepsilon_{cs}(t,t_s) = \varepsilon_{cso} \cdot \beta_s(t-t_s) \tag{10.2-4}$$

式中：t——计算考虑时刻的混凝土龄期（d）；

t_s——收缩开始时的混凝土龄期（d），可假定为 3~7 天；

$\varepsilon_{cs}(t,t_s)$——收缩开始时的龄期为 t_s，计算考虑的龄期为 t 时的收缩应变；

ε_{cso}——名义收缩系数；

β_s——收缩随时间发展的系数。

具体计算公式参见文献 [1]。

10.2.2.2 钢管混凝土收缩实验

收集了文献 [6]~[13] 的钢管混凝土收缩试验构件，共有试件 23 根，构件的详细参数及收缩应变值如表 10.2-1 所示。

混凝土收缩主要由自生收缩和干燥收缩组成，前者一般为 $(40~100) \times 10^{-6}$，后者在 $(200~1000) \times 10^{-6}$ 范围[14]。对于管内混凝土采用保水密闭养护的，基本上没有混凝土的干缩，因此，其收缩值要远小于普通混凝土的收缩值。在表 10.2-1 的试件中，除文献 [6] 的 NO.2 构件是在混凝土灌注后自然养生 27 天半后再加砂浆抹平用盖板封闭，其收缩值与普通混凝土相当，属于干燥收缩范围，其余构件均为混凝土灌注后立即封口的保水密闭养护，其收缩值均在 $(15~250) \times 10^{-6}$ 范围内，收缩值的离散性较大。

从表中的实测收缩值可以看出，剔除文献 [9] 的最小值 15×10^{-6} 和文献 [6] 的最大值 $(200~250) \times 10^{-6}$，钢管混凝土的收缩应变值基本在 $(30~180) \times 10^{-6}$ 范围。求得上述构件收缩应变的平均值为 102×10^{-6}，标准差为 45，离散性很大。原因是影响混凝土收缩变形的因素较多，主要有水泥品种、混合材料种类及掺量、骨料品种及含量、混凝土配合比、外加剂种类及掺量、介质温度与相对湿度、养护条件、混凝土龄期

10.2 钢管混凝土拱收缩次内力计算

及结构特征等。

因此,根据收集到的钢管混凝土收缩试验数据,分析结果表明钢管混凝土收缩应变范围为 $(30\sim180)\times10^{-6}$。

钢管混凝土收缩试验值与模型计算值比较   表 10.2-1

试验资料	试件编号	$D(B)\times t\times L$ (mm)	28天强度 (MPa)	观测时间 (d)	实测收缩应变 ($\mu\varepsilon$)	ACI 209R-92 ($\mu\varepsilon$)	CEB-FIP MC90 ($\mu\varepsilon$)
文献[6]	NO.1	198×3.0*	C30	440	200~250	193	143
	NO.2	198×3.0*	C30	754	550~580	499	337
文献[7]	SJ1	165.2×5.0×1000	29.4	280	30	179	142
文献[8]	CFST1	200×1.0×600	45.2	140	130	167	87
	CFST2	200×1.5×600	45.2	140	130	167	87
文献[9]	SH-4.5a	165.2×4.5×1000	29.4	280	31	179	142
	SH-4.5b	165.2×4.5×1000	29.4	280	15	179	142
	SH-5	165.2×5.0×1000	29.4	280	15	179	142
文献[10]	SJ2	90×3.0×270	52	140	160	187	123
文献[11]	Z1	100×4.0×324	69	80	52	151	86
	Z2	100×4.0×324	73	80	90	150	88
	Z3	100×4.0×324	78	80	115	146	77
	Z4	100×4.0×324	79	80	138	151	76
	Z5	100×4.0×324	75	80	103	163	81
	Z6	100×4.0×324	32	80	/	162	133
	ZB	450×2.0×1200	84	80	122	105	20
	ZL	100×4.0×1500	84	80	138	159	70
文献[12]	CCFT-1	200×2.8×600	69.6	950	162.9	271	105
	CCFT-2	1000×2.8×600	69.6	950	70.3	106	38
	SCFT-1	200×2.8×600	69.6	950	175.8	267	105
	SCFT-2	1000×2.8×600	69.6	950	85.8	105	38
文献[13]	SH-50-CF	140×2.0×1200	63.0	900	50	226	149
	SH-40-CF	140×2.0×1200	46.3	900	48	204	123

注: * 为文献未给出试件长度值。

应该指出的是,由于受到钢管的约束作用,钢管混凝土的收缩变形要小于管内混凝土的收缩变形。如图 10.2-1 所示,在钢管与核心混凝土完全粘结的情况下,对于一端固结、一端自由的钢管混凝土构件,假设核心混凝土在无约束状态下的自由收缩变形为 Δ_C,由于外包钢管的存在,钢管混凝土的收缩变形为 Δ_{SC},根据力的平衡原理,通过 $\sum N=0$,建立式(10.2-5)和式(10.2-6)求得 Δ_{SC}。

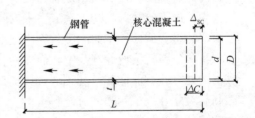

图 10.2-1 钢管混凝土收缩变形示意图

$$E_c A_c \cdot \frac{\Delta_C - \Delta_{SC}}{L} = E_s A_s \cdot \frac{\Delta_{SC}}{L} \qquad (10.2\text{-}5)$$

$$\Delta_{\mathrm{SC}} = \frac{E_c A_c}{E_s A_s + E_c A_c} \cdot \Delta_c \tag{10.2-6}$$

式中：Δ_c——混凝土在无约束状态下的自由收缩变形；

Δ_{SC}——钢管混凝土的收缩变形；

L——构件计算长度；

现行规范推荐采用两种收缩计算模型——ACI 209R-92 和 CEB-FIP MC90 模型，预测收集得到的收缩试件管内混凝土的收缩值，再代入式（10.2-6）求得两种预测模型的钢管混凝土试件的收缩预测值 Δ_{SC}，列于表 10.2-1 的最后两列。

从表 10.2-1 中可知，ACI 209R-92 模型的收缩预测值最小为 105，均大于实测值，ACI 209R-92 模型则考虑养护条件、环境相对湿度、构件尺寸、坍落度、细骨料含量、水泥含量及空气含量对混凝土收缩变形的影响，且随各影响因素的变化较不敏感。

CEB-FIP MC90 模型的收缩预测值波动较大。这是由于 CEB-FIP MC90 模型考虑了 28d 混凝土强度、环境相对湿度、构件尺寸三个因素对混凝土收缩变形的影响，受混凝土强度和构件尺寸变化影响较大，且其模型中早期收缩变形发展较慢，后期发展速度快，所以预测结果与试件观测时间也有很大的关系。

总的来说，无论 ACI 209R-92 模型，还是 CEB-FIP MC90，与实测值的差值稳定性均较大。一方面是由于混凝土收缩影响因素多，另一方面也是各种试验的条件变化大。

10.2.2 钢管混凝土拱收缩次内力计算方法

在钢筋混凝土超静定拱桥中，拱肋沿拱轴方向产生的收缩变形，由于受多余约束而产生附加内力，原《公路桥涵设计通用规范》JTJ 021—89[15]、现行《铁路桥涵设计基本规范》TB 10002.1 2005[16]以等效降温来考虑混凝土收缩的作用。

在国标之前，我国的桥梁行业规范中，尚无钢管混凝土拱桥混凝土收缩计算的内容，工程设计中多沿用《公路桥涵设计通用规范》JTJ 021—89 对钢筋混凝土结构收缩影响力计算的规定，按降温 15~20℃ 计算，也有直接用有限元来计算收缩作用产生的附加内力的[17]。在文献 [18]、[19] 介绍的 20 个桥例中，有 12 个提到了收缩次内力的计算，其中，有 5 个桥例采用降温 15℃ 的方法计算钢管混凝土的收缩次内力，其余 7 个采用有限元程序直接计算混凝土收缩值来计算。

混凝土收缩在超静定拱中产生的附加内力，等效降温法和有限元计算方法本质上是相同且均为可行的，核心问题是管内混凝土的收缩值是多少，引起钢管混凝土拱肋的收缩值是多少，用等效降温法时等效成多少的降温才是合理的。由于其截面是由钢管和管内混凝土组成的组合截面，截面刚度、管内混凝土的收缩值计算均与普通混凝土拱有所不同。目前，我国公路桥梁设计规范中，尚无钢管混凝土拱桥设计计算的内容。在有关钢管混凝土拱桥的地方或行业标准[3,4,20]中，也没有混凝土收缩次内力计算的相关规定。为此，国标编制时对此开展了专题的讨论[21]。

10.2.2.1 解析法

收缩属于变形问题。超静定拱受到多余约束时，将产生次内力。对于一个三次超静定的无铰拱，如图 10.2-2 所示，由结构力学可知，由混凝土水平方向的收缩 Δl_s 在弹性中心处产生的附加水平力 H_s，可由典型方程（10.2-7）求得。

$$H_s = \frac{\Delta l_s}{\delta_{22}} \tag{10.2-7}$$

式中：Δl_s——核心混凝土收缩引起拱在水平方向的变形；

δ_{22}——柔度系数，单位水平力作用下，在弹性中心处产生的水平位移；

H_s——核心混凝土收缩在弹性中心处产生的水平推力。

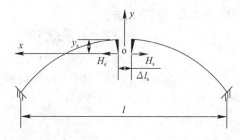

图 10.2-2 混凝土收缩引起附加内力计算图示

由结构力学可知，混凝土收缩与温度下降均对拱肋产生缩短变形，所引起超静定拱次内力的力学原理相同，计算方法也相同。所以，解析法中多采用等效降温的方法来计算混凝土收缩次内力。

原公路桥规《公路桥涵设计通用规范》(JTJ 021—89)[15]：

① 整体浇筑的混凝土结构的收缩影响力，对于一般地区相当于降温 20℃，干燥地区为 30℃；整体浇筑的钢筋混凝土结构的收缩影响力，相当于降低温度 15~20℃。

② 分段浇筑的混凝土或钢筋混凝土结构的收缩影响力，相当于降温 10~15℃。

③ 装配式钢筋混凝土结构的收缩影响力，相当于降温 5~10℃。

现行《铁路桥涵设计基本规范》TB 10002.1—2005/J460—2005[16]规定：对于整体灌筑的混凝土结构，相当于降低温度 20℃；对于整体灌筑的钢筋混凝土结构，相当于降低温度 15℃；对于分段灌筑的混凝土或钢筋混凝土结构，相当于降低温度 10℃；对于装配式钢筋混凝土结构，可酌情予以降低温度 5~10℃。

以等效降温值代入式（10.2-5）计算出附加水平力 H_s 后，可由式（10.2-8）计算出其在拱结构中任意截面产生的附加内力，具体计算方法参见文献 [26]、[27]。

$$\left.\begin{aligned} \text{弯矩} \quad & M_s = -H_s \cdot y = -H_s(y_s - y_1) \\ \text{轴向力} \quad & N_s = H_s \cos\varphi \\ \text{剪力} \quad & Q_s = \pm H_s \sin\varphi \end{aligned}\right\} \quad (10.2\text{-}8)$$

式中：M_s——核心混凝土收缩在拱结构任意截面产生的附加弯矩；

N_s——核心混凝土收缩在拱结构任意截面产生的附加轴力；

Q_s——核心混凝土收缩在拱结构任意截面产生的附加剪力；

y——拱结构的弹性中心至任意截面的竖向距离；

y_s——拱结构的弹性中心至拱顶的竖向距离；

y_1——拱顶至拱结构任意截面的竖向距离；

φ——拱结构任意截面在拱轴切线方向与水平向的夹角。

解析法在计算柔度系数 δ_{22} 时要用到钢管混凝土拱肋的轴压与弯曲刚度。有关钢管混凝土的轴压与弯曲刚度，已有大量的研究，详见本书第 4 章的介绍。对于超静定结构的次内力计算，刚度越大，则次内力也越大，所以可采用毛截面刚度，按式（4.1-1）和式【4.3.4-2】(4.1-2) 计算。当然，考虑采用设计截面刚度，按式【4.3.3-1】(4.1-3) 和式【4.3.3-2】(4.1-4) 计算的结果相差也不大。

当收缩次内力采用等效降温法计算时，钢管混凝土拱肋截面轴线方向的线膨胀系数要考虑其组合截面的特性，应按国标第 4.2.3-1 条规定（详见本书第 3 章），按式【4.2.3-1】(3.1-2) 计算。

10.2.2.2 有限元方法

对于钢管混凝土拱的有限元模型，可采用双单元模型和单单元模型。

双单元模型：钢管混凝土是由外包钢管和核心混凝土组成的组合截面，采用有限元程序进行钢管混凝土收缩次内力计算时需要分别建立钢管单元和核心混凝土单元，两者在节点处协调变形，即同节点双单元模型。采用双单元模型建模进行有限元计算时，可以在软件中直接设置混凝土单元的依时特性，输入混凝土收缩应变模型，从而计算出收缩变形和收缩次内力。

单单元模型：是将外包钢管与核心混凝土看成一个组合截面，只建立一个钢管混凝土单元，将钢管混凝土等效换算成一种材料进行计算。采用单单元模型计算时不能考虑核心混凝土与钢管的相互作用，可根据式（10.2-6）计算得到钢管混凝土的收缩变形 Δ_{SC} 来计算钢管混凝土拱的收缩次内力。

对于普通超静定混凝土拱，混凝土的收缩作用会引起拱结构产生次内力，而对于钢管混凝土拱，拱肋截面由核心混凝土和钢管组成，核心混凝土的收缩作用还会引起拱肋截面的非线性应力。由于钢管与核心混凝土的相互作用限制了混凝土的自由收缩变形，从而导致核心混凝土产生拉应力；钢管与核心混凝土协调变形导致钢管产生压应力。如图 10.2-2 所示，可以按式（10.2-9）和式（10.2-10）计算得到钢管和核心混凝土的应力。

$$\sigma_{sh,c} = \frac{\Delta_C - \Delta_{SC}}{L} \cdot E_c \quad （拉应力） \tag{10.2-9}$$

$$\sigma_{sh,s} = \frac{\Delta_{SC}}{L} \cdot E_s \quad （压应力） \tag{10.2-10}$$

式中：$\sigma_{sh,c}$——收缩引起的核心混凝土拉应力；

$\sigma_{sh,s}$——收缩引起的钢管压应力。

图 10.2-1 所示混凝土的自由收缩变形 Δ_C 可由混凝土收缩模型计算得到。有限元程序中有多种收缩模型可供选择，但都是沿用普通混凝土收缩模型。收缩变形的大小与混凝土的组成和所处的环境条件有关，国内外进行了大量的研究。然而，由于混凝土材料组成较复杂，影响混凝土收缩的因素众多，不同条件、不同材料都会引起混凝土收缩变形的差异，因此目前有较多的混凝土收缩计算模型。常见的有 CEB-FIP MC90、ACI 209R-92、Gardner 和 Lockman、Bazant B3、Sakata、BP-2 和 BP-KX 模型等。

10.2.3 钢管混凝土拱桥收缩次内力计算实例

根据前节所述，计算钢管混凝土拱收缩次内力的方法有两种，本节采用这两种方法对 9 个钢管混凝土拱桥实例进行计算，并做对比分析。

计算时，对于等效降温法，考虑按降温 15～20℃计算。

有限元计算时，在没有更精确的模型和进一步的研究之前，仅考虑现有钢管混凝土拱桥有关省标和行标所推荐的 ACI 209R-92 和 CEB-FIP MC90 两种模型。

10.2.3.1 实例基本资料

采用桥梁设计软件 MIDAS/Civil 对 9 座钢管混凝土拱桥进行收缩次内力计算。计算实例中包括单圆管截面钢管混凝土拱桥、哑铃形桁式截面钢管混凝土拱桥和四肢（六肢）桁式截面钢管混凝土拱桥，桥梁资料如表 10.2-2 所示。

10.2 钢管混凝土拱收缩次内力计算

钢管混凝土拱桥徐变系数模型算例一览表　　　　　表 10.2-2

序号	桥名	跨径（m）	矢跨比	结构形式	拱肋截面	管内混凝土等级
1	群益大桥	46	1/3	中承式	单圆管	C30
2	深圳北站桥	150	1/4.5	下承式	四肢桁式	C50
3	漳州西洋坪大桥	40+150+40	1/5	飞鸟式	横哑铃桁式	C50
4	河南蒲山特大桥	219	1/5	下承式	六（四）肢桁式	C55
5	广东东莞水道大桥	50+280+50	1/5	飞鸟式	四肢桁式	C50
6	广州丫髻沙大桥	76+360+76	1/4.5	飞鸟式	六肢桁式	C60
7	总溪河大桥	360	1/5.217	上承式	四肢桁式	C55
8	重庆巫峡长江大桥	492	1/3.8	中承式	四肢桁式	C60
9	四川合江长江一桥	530	1/4.5	中承式	四肢桁式	C60

10.2.3.2 收缩次内力计算

钢管混凝土拱肋充填混凝土要求具有自密实混凝土的性能，即流动性高、扩展性好、不分层离析、坍落度经时损失小且要缓凝。

进行收缩次内力计算时，ACI 209R-92 模型计算参数取值为：混凝土强度等级按各实例实际情况取值，坍落度 220mm，细骨料含量 38%，体积-面积比按各个拱桥实际管径计算，水泥含量 500kg/m³，空气含量 2.5%，环境相对湿度 90%，开始收缩时混凝土龄期为 1d。

CEB-FIP MC90 模型的参数取值为：开始时混凝土收缩龄期 1d，年平均相对环境湿度 90%，构件理论厚度按实际取值（由程序自动计算），混凝土强度等级按各桥例实际情况取值。

按收缩模型直接计算钢管混凝土收缩次内力时，收缩与时间有关，因此，收缩次内力分析时间从拱肋空钢管合龙后开始计算至成桥后 3650d。

采用双单元模型建立钢管混凝土拱桥有限元模型，核心混凝土单元和钢管单元共节点双单元，两者在节点处变形协调。混凝土的收缩与时间有关，计算时将钢管混凝土拱桥划分施工阶段，各计算实例均分为假设空钢管阶段、各拱肋一次性灌注混凝土阶段、桥面系施工阶段和成桥 3650d 阶段。钢管混凝土拱肋各构件均采用梁单元模拟，采用等效降温计算时温度荷载按照梁单元荷载施加，即同时在混凝土单元和钢管单元上施加相同的降温值，为了方便比较分析，计算时采用降温 15℃和 20℃两种工况。

以重庆巫峡长江大桥为例，全桥共 4414 个节点，共划分 8974 个单元，其中，钢管混凝土拱肋的弦杆划分为 992 个梁单元；拱肋的上、下平联和上、下弦杆间的腹杆共 3244 个梁单元；拱肋横撑共 1404 个梁单元；吊杆共 56 个杆单元；拱上建筑共 2876 个梁单元；拱脚采用固结约束，其空间有限元模型如图 10.2-3 所示。

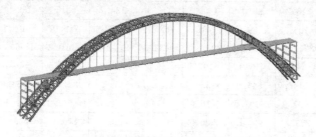

图 10.2-3　重庆巫峡长江大桥有限元模型

10.2.3.3 计算结果分析

对9座钢管混凝土拱桥实例采用解析法和有限元法计算收缩应变及收缩次内力，提取拱脚处、$L/4$截面处和拱顶截面处的内力结果及拱顶处位移，结果见表10.2-3～表10.2-6。

管混凝土拱桥算例收缩应变计算结果一览表（考虑尺寸效应） 表10.2-3

序号	桥名	弦管尺寸 $D \times t$（mm）	管内混凝土等级	收缩应变 ε_{sc}（$\mu\varepsilon$）		等效降温值对应收缩应变（$\mu\varepsilon$）	
				ACI 209R-92	CEB-FIP MC90	15℃	20℃
1	群益大桥	800×14	C30	78	80	152	203
2	深圳北站桥	750×12	C50	89	74	152	203
3	漳州西洋坪大桥	850×14	C50	79	68	152	203
4	河南蒲山特大桥	1000×18	C55	65	57	152	203
5	广东东莞水道大桥	1000×16	C50	67	62	152	203
6	广州丫髻沙大桥	750×20	C60	76	56	152	203
7	总溪河大桥	1200×26（35）	C55	49	47	152	203
8	重庆巫峡长江大桥	1225×22（25）	C60	51	46	152	203
9	四川合江长江一桥	1320×22（26，30，34）	C60	46	45	152	203

拱肋控制截面两种计算方法的轴力比较（kN） 表10.2-4

桥例	方法 项目	解析法				有限元法				$\frac{(1)-(2)}{(1)}$
		等效降温15℃		等效降温20℃		ACI 209R-92		CEB-FIP MC90		
		上弦（1）	下弦	上弦	下弦	上弦（2）	下弦	上弦	下弦	
群益大桥	拱脚	11.4		15.2		4.8		5.5		57.9%
	$L/4$	23.9		31.9		7.4		10.9		69.0%
	拱顶	22.1		29.5		7.2		10.1		67.4%
深圳北站桥	拱脚	681.6	−116.1	908.8	−154.8	328.3	−35.7	308.8	−47.9	51.8%
	$L/4$	−46.3	93.8	−61.7	125.08	−26.4	47.7	−21.9	43.1	43.0%
	拱顶	−176.8	277.7	−235.8	370.2	−82.6	131.0	−79.5	125.2	53.3%
漳州西洋坪大桥	拱脚	2100.2	−1918	2800.3	−2557.4	882.5	−811.2	868.4	−799.4	58.0%
	$L/4$	−122.8	437.5	−163.7	583.3	−48.4	184.5	−47.5	181.9	60.6%
	拱顶	−738.5	1256.7	−984.7	1675.6	−314.1	537.8	−309.8	530.6	57.5%
河南蒲山特大桥	拱脚	152.9	191.7	203.9	255.6	34.6	578.3	−30.8	188.7	77.4%
	$L/4$	−967.4	1311.7	−1289.9	1748.9	−54.0	516.3	−316.9	434.8	94.4%
	拱顶	−1050.5	1890.3	−1400.7	2520.3	−56.9	689.8	−347.8	640.4	94.6%
广东东莞水道大桥	拱脚	8684.2	8673.6	11578.0	11564.0	3842.0	3475.2	3291.2	3286.5	55.8%
	$L/4$	345.2	85.0	460.3	113.4	134.7	23.5	133.9	31.3	61.0%
	拱顶	−1062.5	1969.9	−1416.7	2626.5	−373.1	719.0	−404.9	755.5	64.9%
广州丫髻沙大桥	拱脚	3714.4	−3244.9	4952.6	−4326.6	1843.9	−1610.9	1171.9	−1023.9	50.4%
	$L/4$	−148.1	416.9	−197.5	559.0	−73.6	208.1	−46.7	131.1	50.3%
	拱顶	−1146.9	1666.8	−1529.2	2222.3	−569.4	827.4	−361.9	525.9	50.4%
总溪河大桥	拱脚	4657.9	−109.5	6210.6	−146	572.1	−647.2	304.5	−946.9	87.7%
	$L/4$	229.7	343.1	306.3	457.4	30.2	110.4	25.9	122.3	86.9%
	拱顶	−195.6	1481.6	−260.8	1975.4	−260.8	452.4	−183.5	463.3	−33.3%

10.2 钢管混凝土拱收缩次内力计算

续表

桥例	方法项目	解析法				有限元法				$\frac{(1)-(2)}{(1)}$
		等效降温15℃		等效降温20℃		ACI 209R-92		CEB-FIP MC90		
		上弦(1)	下弦	上弦	下弦	上弦(2)	下弦	上弦	下弦	
重庆巫峡长江大桥	拱脚	1470.8	−790.1	1961.0	−1053.4	579.4	−349.6	496.2	−286.8	60.6%
	L/4	241.1	−14.2	321.4	−18.9	59.8	0.4	71.9	−5.3	75.2%
	拱顶	−709.7	1026.5	−946.2	1368.6	−185.7	270.7	−205.8	298.9	73.8%
四川合江长江一桥	拱脚	2802.1	−2123.7	3736.2	−2831.6	957.6	−622.6	1102	−609.1	65.8%
	L/4	300.4	16.1	400.5	21.4	161.1	−59.4	160	−53.5	46.4%
	拱顶	−1016.8	1459.8	−1355.7	1946.4	−245.3	385.9	−269.1	415.7	75.9%

拱肋控制截面两种计算方法的弯矩比较（kN·m）　　　表 10.2-5

桥例	方法项目	解析法				有限元法				$\frac{(1)-(2)}{(1)}$
		等效降温15℃		等效降温20℃		ACI 209R-92		CEB-FIP MC90		
		上弦(1)	下弦	上弦	下弦	上弦(2)	下弦	上弦	下弦	
群益大桥	拱脚	−100.3		−133.7		−38.2		−47.2		61.9%
	L/4	11.6		15.5		5.6		5.7		51.7%
	拱顶	31.1		41.5		15.7		15.5		49.5%
深圳北站桥	拱脚	−51.2	−44.3	−68.2	−59.1	−25.1	−22.1	−23.3	−20.3	51.0%
	L/4	2.9	0.4	3.9	0.5	1.4	0.3	1.4	0.2	51.7%
	拱顶	61.2	56.4	81.6	75.2	32.4	29.8	28.4	26.2	47.1%
漳州西洋坪大桥	拱脚	−103.6	−146.1	−138.2	−194.8	−40.7	−57.4	−39.8	−56.2	60.7%
	L/4	8.4	−3.2	11.2	−4.3	3.4	−1.6	3.4	−1.6	59.5%
	拱顶	232.3	208	309.7	277.4	99.7	89.3	98.4	88.2	57.1%
河南蒲山特大桥	拱脚	482.5	566.1	643.4	754.8	256	450.9	197.5	292.9	46.9%
	L/4	42.5	34.3	56.7	45.8	15.6	25.8	17.1	19	63.3%
	拱顶	62.4	57.1	83.2	76.2	3.8	22.1	19.9	22.5	93.9%
广东东莞水道大桥	拱脚	−54.2	−53.7	−72.2	−71.6	−49.3	−49.3	−25.7	−25.5	8.9%
	L/4	−27.3	−33.3	−36.5	−44.4	−10.8	−13.1	−10.6	−12.9	60.4%
	拱顶	232.5	236.6	309.9	315.4	93.8	95.4	90.7	92.3	59.7%
广州丫髻沙大桥	拱脚	102.3	15	136.3	20.1	50.8	7.5	32.3	4.7	50.3%
	L/4	−12.7	−12.9	−16.9	−17.2	−6.3	−6.4	−3.9	−4.1	50.4%
	拱顶	7.6	5.2	10.1	6.9	3.8	2.6	2.4	1.6	50.0%
总溪河大桥	拱脚	−45.8	−340.2	−61.2	−453.6	−56.4	−42.6	−89.5	−15.6	−23.1%
	L/4	−144.8	−0.3	−193.1	−0.4	−7.8	−1	−24.3	0.3	94.6%
	拱顶	248	202.4	330.7	269.8	57.9	48.2	56.7	46.6	76.7%
重庆巫峡长江大桥	拱脚	79.7	−126.9	106.2	−169.2	4.1	−49.9	17.5	−40.3	94.9%
	L/4	−28.3	−42.2	−37.7	−56.2	−8.3	−11.9	−8.5	−12.5	70.7%
	拱顶	249.9	227.4	333.2	303.2	75.3	68.1	74.7	67.9	69.9%
四川合江长江一桥	拱脚	−91.9	−127.4	−122.6	−169.8	−39.2	77.5	−62.6	120.1	57.3%
	L/4	13.4	0.8	17.8	1.1	1.3	−2.4	2.2	−1.8	90.3%
	拱顶	349.9	327.2	466.6	436.2	101.8	94.9	99.8	92.8	70.9%

拱肋拱顶截面两种计算方法的位移比较（mm） 表 10.2-6

计算方法 桥例	解析法		有限元法		$\dfrac{(1)-(2)}{(1)}$
	等效降温15℃（1）	等效降温20℃	ACI 209R-92（2）	CEB-FIP MC90	
群益大桥	−7.2	−9.7	−3.4	−3.6	52.8%
深圳北站桥	−29.8	−39.7	−15.1	−13.7	49.3%
漳州西洋坪大桥	−33.2	−44.3	−14.1	−13.9	57.5%
河南蒲山特大桥	−41.3	−55.1	−10.3	−13.7	75.1%
广东东莞水道大桥	−56.9	−75.8	−22.5	−22.1	60.5%
广州丫髻沙大桥	−78.9	−105.3	−39.2	−24.9	50.3%
总溪河大桥	−86.7	−115.6	−19.1	−19.2	78.0%
重庆巫峡长江大桥	−98.5	−131.3	−29.1	−29.2	70.5%
四川合江长江一桥	−119.9	−159.9	−35.6	−33.6	70.3%

从表 10.2-4～表 10.2-6 中 9 座钢管混凝土拱桥拱肋各控制截面收缩次内力及拱顶位移的计算结果可以看出，在混凝土收缩作用下，桁式截面钢管混凝土拱肋上下弦管在拱脚处的受力状况为上弦管受拉、下弦管受压；而西洋坪大桥和东莞水道桥在拱脚处的受力状况为上、下弦管均受拉，这是由于这两座桥在拱脚段上下弦管之间填充混凝土以加大其刚度，从而在收缩作用下，拱脚段产生的弯曲变形较小，没有形成上下弦管一拉一压的受力状态。

此外，从表 10.2-4～表 10.2-6 的对比结果可以看出，采用等效降温 15～20℃计算钢管混凝土拱收缩次内力时，其下限值降温 15℃计算的结果比两种收缩模型的计算结果大很多。以上弦管及 ACI 209R-92 模型为例，采用降温 15℃计算的收缩次内力及收缩变形均比采用 ACI 209R-92 模型计算的结果增大了 50%以上，等效降温 20℃就更大了，而两种计算模型偏于保守。

总之，算例分析结果表明，两种收缩计算模型的计算结果相差不大，而等效降温 15～20℃的值偏大。

在没有更精确的模型之前，考虑到我国桥梁工程师计算混凝土收缩时更熟悉《公路钢筋混凝土及预应力混凝土桥涵设计规范》JTG D62—2004 提出的计算方法，也即 CEB-FIP MC90 模型，且国标中徐变计算采用的也是 CEB-FIP MC90 模型，所以国标第 4.2.4 条对管内混凝土收缩作用的计算推荐了 JTG D62—2004 的收缩模型。该条文的说明指出，按降温 15～20℃计算，会高估了管内混凝土收缩的影响力。在按照 JTG D62—2004 计算混凝土收缩值时，应考虑管内混凝土处于密闭状态，按湿度环境为 70%～90%时计算（JTG D62—2004 表 6.2.7 中实际取值为 80%）。

10.3 钢管混凝土徐变问题研究

10.3.1 概述

混凝土在长期固定荷载的作用下，将产生随荷载作用的时间而增长的变形，这种变形称为徐变。混凝土在开始加荷的瞬间产生的变形称为瞬时变形，它以弹性变形为主，但也包括早期徐变在内。此后因荷载的持久作用，水泥石中的凝胶体将慢慢向水泥微细孔隙中移动,缓慢地发生徐变变形。徐变在受荷初期增长较快,以后逐渐趋缓。混凝土的徐变变形常可以达到其瞬时变形的 2~3 倍,徐变变形量一般可达 $3\times10^{-4}\sim15\times10^{-4}$,较收缩引起的变形量大。

混凝土的徐变与许多因素有关。水灰比大或水泥用量大,则徐变值大。在干燥环境中养护,产生的徐变值也大,反之亦然。矿渣水泥产生的徐变值大,但快硬高强水泥产生的徐变值较小。徐变还与构件截面面积与周界长度之比以及外界环境条件如温度、湿度有关。徐变计算理论繁多,有渗流理论、粘弹性理论等。混凝土的徐变还与加载龄期有很大的关系。加载龄期越早,徐变越大,反之亦然。

徐变是混凝土在长期荷载作用下变形随时间增长的固有特性,管内混凝土同样存在着徐变现象。由于管内混凝土处在密闭环境,其徐变变形行为与普通混凝土有所不同,又由于钢管与管内混凝土是共同受力的组合结构,所以管内混凝土所受的荷载、边界约束也有其特殊性。从 20 世纪 70 年代开始,国内外开始对钢管混凝土构件徐变效应展开研究,取得了一些成果[22,23]。

文献 [6] 介绍了二批次钢管混凝土构件徐变试验研究的情况,主要结果如下:

(1) 钢管混凝土的徐变早期发展很快,在加荷初期(1 个月内),徐变变形急剧增长,与荷载值的大小无关。以后,徐变的增长较平缓,5 个月时曲线趋于水平,1 年后几乎停止。当混凝土中的初始应力相同时,钢管混凝土的徐变随钢管壁厚的减小而增加,相对于单向受压混凝土来说要小很多,当含钢率 $\alpha=0.01\sim0.20$ 时,钢管混凝土的徐变约为单向受压混凝土的 74%。因此,随着含钢率的增大,构件的徐变量将减少,徐变量与持荷值基本成正比关系,但当钢管进入弹塑性阶段时,含钢率的影响降低。

(2) 纵向徐变过程中,环向徐变也随时间增加而增加,在徐变过程中紧箍力不但未降低,且略有增加,因此在徐变计算中,可忽略紧箍力的变化。

(3) 核心混凝土徐变对轴心受压构件稳定的影响只限于弹塑性工作阶段,对长柱(弹性失稳)和极短柱(强度破坏)均无影响。对偏心受压构件,偏心率越大,徐变值越大。

(4) 对稳定承载力,建议对轴心受压构件和 $e/r_0\leqslant0.3$ 偏心受压构件,当 $\lambda\leqslant50$ 或 $\lambda\geqslant120$ 时和对 $e/r_0>0.3$ 的偏心受压构件,不考虑徐变的影响,其他情况,引入徐变影响系数进行修正。

钢管混凝土拱桥中的徐变问题,主要有以下几方面:

(1) 徐变变形对于预拱度设置的影响,拱肋线形对于拱肋受力的影响,对于桥面线形和行车的影响。

(2) 徐变变形在钢管混凝土超静定拱中产生附加内力和附加应力,在组合截面上产生徐变自应力,钢管应力增加,管内混凝土应力减小,加剧钢管受力。

(3) 徐变引起钢管混凝土构件刚度减小,降低稳定承载力,也会对动力性能产生影响。

对钢管混凝土拱桥来说,由于属自架设体系,加载时间都比较早,所以徐变问题较为突出。

与管内混凝土收缩问题相似,钢管混凝土徐变问题的关键首先是徐变变形的计算模型。对于钢管混凝土的徐变,国内外已开展了大量的试验研究,将试验结果与普通混凝土各种徐变模型进行对比分析,以寻求合适的徐变模型,或通过对现有的模型进行修正,为实际工程应用提供钢管混凝土徐变模型。

确定了徐变模型后，先计算出管内混凝土的徐变，然后类似于第 10.2.1 节的收缩问题，求出钢管混凝土的徐变变形。管内混凝土的徐变引起钢管混凝土的徐变，将在截面上产生徐变自应力，一般来说钢管应力增大，混凝土应力减小。同时，对于超静定结构，徐变变形还会因多余约束而产生附加内力和附加应力。与管内混凝土收缩不同的是，徐变变形与荷载大小、加载龄期、持荷时间等因素有关，而徐变又会引起截面上的应力重分布，再加上管内混凝土灌注时间不同，所以其计算要比收缩复杂得多，一般需要采用计算机进行数值计算。详细的计算可参考相关文献的介绍，如文献[26]，本书不再赘述。下一小节将对国标在选择钢管混凝土拱桥徐变模型时的研究情况进行介绍。

由文献[6]的研究可知，徐变还会对钢管混凝土的稳定承载力产生影响，所以需要考虑引入徐变影响系数进行修正。第 10.3.3 节将对此研究进行介绍。

10.3.2 钢管混凝土拱桥徐变计算模型

10.3.2.1 已有的研究简介

冯斌[24]基于试验结果对工程设计中较常用的 ACI 209R-92 模型、CEB-FIP MC90 模型、Gardner 和 Lockman 模型、BP-2 模型和朱伯芳公式的计算结果进行了比较，结果表明采用 ACI 209R-92 模型计算钢管混凝土徐变与实验结果最为吻合；Uy 等[10]进行了方钢管混凝土在长期荷载作用下的力学性能试验研究，并将变形测试结果与 ACI 模型计算结果进行了比较，结果表明，模型计算变形曲线与徐变、收缩试验曲线吻合良好；韩林海等[25]经过对多种徐变计算模型比较得出，ACI 209R-92 模型可以较好地模拟组成钢管混凝土的核心混凝土的徐变收缩特性，并在该模型基础上提出了一种适用于长期荷载作用下圆钢管混凝土变形的计算方法；李生勇等[26]通过对比 CEB-FIP MC78、CEB-FIP MC90 及 ACI 209R-92 三种典型的徐变模型，并与试验数据作比较，结果表明，ACI 209R-92 模型较其他两种徐变系数模型更为合理，推荐采用；Shrestha K. M.[27,28]等将试验结果与 ACI 209R-92 模型进行比较，结果表明二者规律吻合较好。

从现有的钢管混凝土构件徐变试验研究成果看，许多研究认为 ACI 209R-92 徐变模式较适合核心混凝土的徐变计算。为此，福建省标《钢管混凝土拱桥技术规程》DBJ/T 13-136—2011[3]在钢管混凝土拱桥徐变计算中推荐采用 ACI 209R-92 徐变模型计算。然而，我国现行公路桥规 JTG D62—2004[1]推荐采用 CEB-FIP MC90 模式进行徐变计算，在无专门的钢管混凝土拱桥规范之前，我国的桥梁工程师多采用 JTG D62—2004 推荐的 CEB-FIP MC90 模型进行钢管混凝土徐变的计算[17]。重庆市公路行标《钢管混凝土拱桥设计规范》CQJTG/T D66—2011[4]也采用 JTG D62—2004 推荐的徐变模型，公路行标《钢管混凝土拱桥设计规范》JTG/T D65（报批稿）[20]未明确规定，其一般性条文也是采用 JTG D62—2004 推荐的徐变模型。

由此可见，目前在进行钢管混凝土拱桥徐变计算时，主要有 CEB-FIP MC90 和 ACI 209R-92 两种模型。这两种模型在钢管混凝土拱桥计算中，究竟会产生多大的差异，目前尚未见相关报道。为此，在国标编制过程中，选取了 11 座钢管混凝土拱桥，应用 ACI 209R-92 和 CEB-FIP MC90 模型分别进行徐变计算，对计算结果进行分析，为国标选择钢管混凝土拱桥徐变模型提供技术支撑[29,30]。

10.3.2.2 两个常用的模型简介

(1) ACI 209R-92 徐变模型

ACI 209 委员会推荐的混凝土徐变系数 $\phi(t,t_0)=\varepsilon_{cr}(t)/E_c(t_0)$，采用双曲线函数，考虑了混凝土的各种因素，同时不区分弹性变形和塑性变形。其中 $\varepsilon_{cr}(t)$ 为混凝土的徐变应变，$E_c(t_0)$ 为施加长期荷载时混凝土的弹性模量。徐变系数的表达式如下式所示：

$$\phi(t,t_0) = \frac{(t-t_0)^{0.6}}{10+(t-t_0)^{0.6}} \cdot \phi(\infty,t_0) \tag{10.3-1}$$

式中： t——混凝土徐变系数计算时间；

t_0——加载龄期；

$\phi(\infty,t_0)$——加载龄期 t_0 的徐变系数终极值，按下式计算：

$$\phi(\infty,t_0) = 2.35 \cdot \gamma_{la} \cdot \gamma_\lambda \cdot \gamma_h \cdot \gamma_s \cdot \gamma_\psi \cdot \gamma_a \tag{10.3-2}$$

其中，γ_{la}、γ_λ、γ_h、γ_s、γ_ψ、γ_a 为偏离标准状态时的修正系数，分别为考虑加载龄期、年环境相对湿度、构件体积-表面积比、混凝土坍落度、细骨料含量和混凝土含气量等影响因素的修正系数，具体计算公式见文献[54]。

(2) CEB-FIP MC90 徐变模型

CEB-FIP MC90 模型[10]采用一个双曲幂函数来描述徐变系数随时间的变化规律，同时，用一个名义徐变系数来表示环境相对湿度、理论厚度、混凝土强度、加载龄期等参数变化对徐变系数的影响，并对徐变系数随时间变化规律进行修正。模型采用了连乘的结构形式，我国现行公路桥规采用该模式，如下式所示：

$$\phi(t,t_0) = \phi_0 \cdot \beta_c(t-t_0) \tag{10.3-3}$$

式中：t_0——加载时混凝土龄期（d）；

t——计算时刻的混凝土龄期（d）；

$\phi(t,t_0)$——加载龄期为 t_0 的混凝土徐变系数；

ϕ_0——名义徐变系数；

$\beta_c(t-t_0)$——加载后徐变随时间发展的系数。

其中，名义徐变系数 ϕ_0 按下式计算：

$$\phi_0 = \phi_{RH} \cdot \beta(f_{cm}) \cdot \beta(t_0) \tag{10.3-4}$$

$$\phi_{RH} = 1 + \frac{1-RH/RH_0}{0.46(h/h_0)^{1/3}} \tag{10.3-5}$$

$$\beta(f_{cm}) = \frac{5.3}{(f_{cm}/f_{cm0})^{0.5}} \tag{10.3-6}$$

$$\beta(t_0) = \frac{1}{0.1+(t_0/t_1)^{0.2}} \tag{10.3-7}$$

式中：RH——环境年平均相对湿度（%），$RH_0=100\%$；

h——构件理论厚度（mm），$h=2A/u$，A 为构件截面积，u 为构件与大气接触的周边长度，$h_0=100$mm；

f_{cm}——强度等级 C20～C50 混凝土在 28d 龄期的平均立方体抗压强度（MPa），$f_{cm0}=10$MPa，$f_{cm}=0.8f_{cu,k}+8$MPa；$t_1=1$d；

加载后徐变随时间发展的系数 $\beta_c(t-t_0)$ 按下式计算：

$$\beta_c(t-t_0) = \left[\frac{(t-t_0)/t_1}{\beta_H + (t-t_0)/t_1}\right]^{0.3} \quad (10.3\text{-}8)$$

$$\beta_H = 150\left[1 + \left(1.2\frac{RH}{RH_0}\right)^{18}\right]\frac{h}{h_0} + 250 \leqslant 1500 \quad (10.3\text{-}9)$$

对于钢管密闭混凝土，环境年平均相对湿度取90%计算。

（3）两种徐变模型本身的比较

ACI 209R-92模型和CEB-FIP MC90模型均为半经验公式，由大量的试验数据拟合得到。两种徐变模型均考虑了环境相对湿度、构件尺寸、加载龄期等因素对混凝土徐变的影响。区别在于ACI 209R-92模型主要体现如混凝土坍落度、含气量、细骨料含量等混凝土性能指标对徐变的影响，且将各个影响因素以独立参数的形式表达，公式简单明了；而CEB-FIP MC90模型则以混凝土强度等级作为徐变影响参数，与ACI 209R-92模型相比，其计算公式相对复杂。虽然两种模型考虑的徐变影响参数不一致，但都能反应混凝土的徐变规律。

10.3.2.3 钢管混凝土拱桥徐变计算实例

（1）算例基本资料

采用CEB-FIP MC90和ACI 209R-92两种徐变系数模型对四川合江长江一桥、广东东莞水道大桥等11座钢管混凝土拱桥进行徐变效应分析，桥例资料如表10.3-1所示。

钢管混凝土拱桥徐变系数模型算例一览表　　表10.3-1

序号	桥 名	跨径（m）	矢跨比	结构形式	拱肋截面	管内混凝土等级
1	四川合江长江一桥	530	1/4.5	中承式	四肢桁式	C60
2	广东东莞水道大桥	50+280+50	1/5	飞鸟式	四肢桁式	C50
3	黄河特大桥	380	1/5.25	上承式	横哑铃桁式	C50
4	南充市下中坝嘉陵江大桥	160+160	1/5	下承式	横哑铃桁式	C60
5	河南蒲山特大桥	219	1/5	下承式	六（四）肢桁式	C55
6	深圳北站桥	150	1/4.5	下承式	四肢桁式	C50
7	重庆巫峡长江大桥	492	1/3.8	中承式	四肢桁式	C60
8	漳州西洋坪大桥	40+150+40	1/5	飞鸟式	横哑铃桁式	C50
9	曹娥江袍江大桥	185+185+185	1/4	中承式	横哑铃桁式	C50
10	广州丫髻沙大桥	76+360+76	1/4.5	飞鸟式	六肢桁式	C60
11	总溪河大桥	360	1/5.217	上承式	四肢桁式	C55

鉴于桥例数量较多，计算过程无法一一列出，下面以黄河特大桥和南充市下中坝嘉陵江大桥为例较为详细地列出分析过程，其余桥例的计算结果见表10.3-4。

（2）黄河特大桥

黄河特大桥为一座跨径380m的铁路钢管混凝土拱桥。拱轴线方程采用悬链线，拱肋立面投影矢跨比采用1/5.25、矢高77.0m，拱轴系数$m=2.5$。拱肋采用等宽变高桁架拱，单侧拱肋截面由上下两根哑铃形截面钢管混凝土弦杆组成，宽度4.0m，钢管直径$\phi1.5$m，壁厚30mm。上、下弦杆中心距从拱脚12.0m减小至拱顶6.0m。两侧拱肋由其间的竖向支撑和弦杆之间的平联连接形成拱肋断面。全桥共分为32个施工阶段。

钢管混凝土拱肋充填混凝土要达到自密实混凝土要求，即流动性高、扩展性好、不分层离析、坍落度经时损失小且要缓凝。进行徐变计算时，ACI 209R-92模型的参数取值

10.3 钢管混凝土徐变问题研究

为：加载龄期 7d，年平均相对环境湿度 90%；体积-面积比（V/S）按实际取值为 0.48m；湿润养护；坍落度采用钢管混凝土拱肋泵送混凝土所要求的值 220mm；混凝土强度等级为 C50，细骨料含量为 39.5%；拌合物含气量为 2.5%。CEB-FIP MC90 模型的参数取值为：加载龄期 7d，年平均相对环境湿度 90%；构件理论厚度按实际取值（由程序自动计算）；混凝土强度等级 C50。文中徐变分析时间从拱肋空钢管合龙后开始计算至成桥后 10 年。

徐变分析采用与文献 [26] 一致的桥梁设计分析软件 MIDAS/Civil，该软件的准确性已在文献 [27] 中得到验证，可用于钢管混凝土拱桥的徐变效应分析。全桥共 707 个节点，共划分 1437 个单元，其中，钢管混凝土拱肋的弦杆划分为 596 个梁单元；拱肋的上、下平联拱 319 个梁单元；拱上建筑共 168 个梁单元；拱肋上、下弦杆间的腹杆采用杆单元模拟，共 354 个；拱肋之间的竖向支撑采用杆单元，共 52 个；施工过程中扣索采用索单元，共 32 个。拱脚采用固结约束。其空间有限元模型如图 10.3-1 所示。

图 10.3-1 黄河特大桥有限元模型

从拱肋空钢管合龙至成桥后 10 年，部分计算结果见图 10.3-2 和图 10.3-3。

从图 10.3-2 和图 10.3-3 可以看出，采用 ACI 209R-92 与 CEB-FIP MC90 徐变系数模型进行钢管混凝土拱桥徐变计算，两种模型都使得钢管的应力增大、核心混凝土的应力减小及拱顶位移增大，且两种模型的计算结果差异甚小。以拱脚截面钢管和混凝土最不利应力及拱顶位移为例，两种模型的计算结果如表 10.3-2 所示。

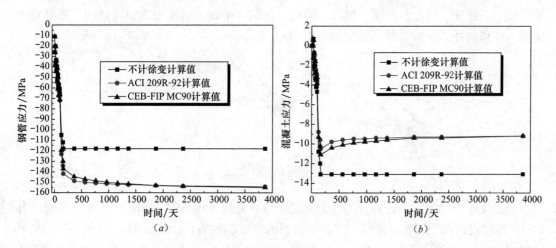

图 10.3-2 黄河特大桥拱脚截面下弦杆最不利徐变应力时程曲线
(a) 钢管；(b) 核心混凝土

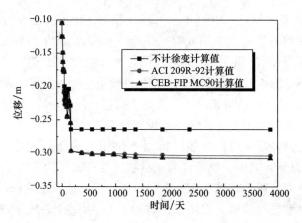

图 10.3-3　黄河特大桥拱顶徐变位移时程曲线

黄河特大桥两种徐变模型应力及位移比较　　　表 10.3-2

计算项目 \ 计算工况	不考虑徐变	ACI 209R-92 模型 (1)	CEB-FIP MC90 模型 (2)	$\frac{(1)-(2)}{(2)}$
钢管应力（MPa）	−117.7	−153.9	−152.6	0.9%
混凝土应力（MPa）	−13.1	−9.2	−9.2	0
拱顶位移（cm）	26.4	30.7	30.4	1.0%

从表 10.3-2 可以看出，考虑徐变次内力影响，ACI 209R-92 模型和 CEB-FIP MC90 模型钢管应力分别提高 30.8% 和 29.7%；混凝土应力则分别降低 29.8% 和 29.8%。对于拱顶位移，增幅分别为 16.2% 和 15.2%，采用两种模型的计算结果差别在 2% 以内。

(3) 南充市下中坝嘉陵江大桥

南充市下中坝嘉陵江大桥为一座跨径 2×160m 的下承式钢管混凝土刚架系杆拱桥，拱肋采用横哑铃式桁架拱的结构形式，每片拱肋由 4 根 $\phi 750 \text{mm} \times 16 \text{mm}$ 的钢管组成，拱轴线为悬链线，拱轴系数 $m = 1.167$，矢跨比 1/5。

采用桥梁计算专业软件 MIDAS/Civil，建立空间计算模型。在计算模型中，采用梁单元模拟上下弦杆、腹杆、横撑、斜撑、缀板、桥墩、帽梁、拱座和纵横梁结构，桁架单元模拟吊杆和系杆。全桥有限元模型如图 10.3-4 所示。

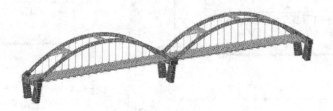

图 10.3-4　嘉陵江大桥有限元模型

根据施工图大致将该桥划分为 6 个施工阶段，分别采用 ACI 209R-92 模型和 CEB-FIP MC90 模型进行徐变分析。ACI 209R-92 模型的参数取值为：加载龄期 7d，年平均相对环境湿度 90%；体积-面积比 (V/S) 0.1795m；湿润养护；坍落度采用钢管混凝土拱桥管内泵送混凝土所要求的值 220mm；混凝土强度等级为 C60，细骨料含量为 32.9%；拌合物

10.3 钢管混凝土徐变问题研究

含气量为 2.5%。CEB-FIP MC90 模型的参数取值为：加载龄期 7d，年平均相对环境湿度 90%；构件理论厚度按实际取值（由程序自动计算）；混凝土强度等级为 C60。

从拱肋空钢管合龙至成桥后 10 年，采用两种徐变模型的计算结果如图 10.3-5 和图 10.3-6 所示。

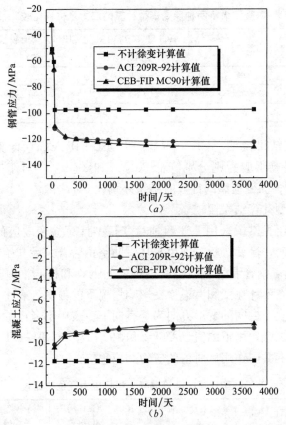

图 10.3-5　嘉陵江大桥拱脚下弦杆最不利徐变应力时程曲线
(a) 钢管；(b) 核心混凝土

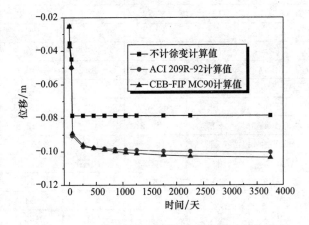

图 10.3-6　嘉陵江大桥拱顶徐变位移时程曲线

从图 10.3-5 和图 10.3-6 可以看出，考虑徐变的影响时，混凝土徐变引起的应力重分布效应使得钢管应力随时间不断增大、核心混凝土应力不断减小,以及拱顶位移随时间增大。采用 ACI 209R-92 模型计算的结果稍小于 CEB-FIP MC90 模型计算的结果,但两者的差别在 5‰以内。以顺庆岸拱脚截面钢管和混凝土最不利应力及拱顶位移为例,两种模型的计算结果如表 10.3-3 所示。

嘉陵江大桥两种徐变模型计算的应力及位移比较　　表 10.3-3

计算项目 \ 计算工况	不考虑徐变	ACI 209R-92 模型 (1)	CEB-FIP MC90 模型 (2)	$\frac{(1)-(2)}{(2)}$
钢管应力(MPa)	−97.3	−122.3	−126.1	−3.0‰
混凝土应力(MPa)	−11.7	−8.6	−8.2	4.9‰
拱顶位移(cm)	7.8	10.0	10.4	−3.8‰

表 10.3-3 的比较结果说明 ACI 209R-92 和 CEB-FIP MC90 计算钢管应力分别提高 25.7‰和 29.6‰;混凝土应力则分别降低 26.5‰和 29.9‰。对于拱顶位移增幅分别为 28.2‰和 33.2‰。两种徐变模型的计算时结果差别在 5‰之内。

(4) 两种徐变模型计算结果比较

其余 9 座钢管混凝土拱桥采用上述两种徐变模型计算徐变效应的结果如表 10.3-4 所示。其中,模型计算时,徐变分析时间也是从拱肋空钢管合龙后开始计算至成桥后 10 年。

表 10.3-4 中列出了钢管混凝土拱桥在拱脚处的钢管和核心混凝土的最不利应力及拱肋拱顶竖向位移分别在不计徐变和考虑徐变影响情况下的数值,表中负值表示所列数值为压应力,位移为正值表示拱肋的变形方向为竖直向下。表中不考虑徐变一栏的应力和位移为钢管混凝土拱桥在恒载作用下的值,ACI 209R-92 模型和 CEB-FIP MC90 模型两栏对应的值则是恒载加上徐变共同作用后所得的应力和位移值。

两种模型计算的钢管混凝土拱桥应力及位移比较　　表 10.3-4

桥 名	计算项目 \ 计算工况	不考虑徐变 (1)	ACI 209R-92 模型 (2)	CEB-FIP MC90 模型 (3)	两个模型的平均值 (4)	$\frac{(2)-(3)}{(3)}$	$\frac{(1)-(4)}{(1)}$
四川合江长江一桥	拱脚钢管应力(MPa)	−93.2	−158.0	−156.0	−157.0	1.3‰	−68.5‰
	拱脚混凝土应力(MPa)	−16.2	−6.7	−7.4	−7.1	−9.5‰	56.5‰
	拱顶位移(cm)	28.9	47.4	47.2	47.3	0.4‰	−63.7‰
广东东莞水道大桥	拱脚钢管应力(MPa)	−76.7	−129.7	−127.8	−128.8	1.5‰	−67.9‰
	拱脚混凝土应力(MPa)	−12.8	−9.9	−10.2	−10.1	−2.9‰	21.5‰
	拱顶位移(cm)	15.2	22.1	22.0	22.1	0.5‰	−45.1‰
河南蒲山特大桥	拱脚钢管应力(MPa)	−119.0	−128.7	−132.5	−130.6	−2.9‰	−9.7‰
	拱脚混凝土应力(MPa)	−20.3	−14.2	−13.0	−13.6	9.2‰	33.0‰
	拱顶位移(cm)	9.5	10.0	10.1	10.1	−1.0‰	−5.8‰
深圳北站桥	拱脚钢管应力(MPa)	−68.4	−103.3	−107.4	−105.4	−3.8‰	−54.0‰
	拱脚混凝土应力(MPa)	−11.9	−8.2	−7.6	−7.9	7.9‰	33.6‰
	拱顶位移(cm)	6.2	8.9	9.2	9.1	−3.3‰	−46.0‰
重庆巫峡长江大桥	拱脚钢管应力(MPa)	−82.6	−150.7	−147.4	−149.1	2.2‰	−80.4‰
	拱脚混凝土应力(MPa)	−14.6	−8.4	−8.7	−8.6	−3.4‰	41.4‰
	拱顶位移(cm)	19.6	35.7	35.2	35.5	1.4‰	−80.9‰

10.3 钢管混凝土徐变问题研究

续表

桥 名	计算项目 计算工况	不考虑徐变 (1)	ACI 209R-92 模型 (2)	CEB-FIP MC90 模型 (3)	两个模型的平均值 (4)	$\frac{(2)-(3)}{(3)}$	$\frac{(1)-(4)}{(1)}$
漳州西洋坪大桥	拱脚钢管应力（MPa）	-99.4	-204.4	-194.4	-199.4	5.1%	-100.6%
	拱脚混凝土应力（MPa）	-17.4	-6.6	-7.4	-7.0	-10.8%	59.8%
	拱顶位移（cm）	7.0	14.5	14.0	14.3	3.6%	-103.6%
曹娥江袍江大桥	拱脚钢管应力（MPa）	-69.4	-86.7	-91.2	-89.0	-4.9%	-28.2%
	拱脚混凝土应力（MPa）	-12.1	-10.0	-9.7	-9.9	3.1%	18.6%
	拱顶位移（cm）	3.2	4.08	4.37	4.2	-6.6%	-32.0%
广州丫髻沙大桥	拱脚钢管应力（MPa）	-91.2	-169.8	-163.8	166.8	3.7%	-82.9%
	拱脚混凝土应力（MPa）	-15.7	-8.6	-9.4	-9.0	-8.5%	42.7%
	拱顶位移（cm）	24.2	40.1	38.9	39.5	3.1%	-63.2%
总溪河大桥	拱脚钢管应力（MPa）	-85.7	-120.2	-121.3	-120.8	-0.8%	-41.0%
	拱脚混凝土应力（MPa）	-9.6	-5.4	-5.4	-5.4	0.0%	43.8%
	拱顶位移（cm）	13.4	19.8	19.8	19.8	0.0%	-47.8%

从表 10.3-2～表 10.3-4 中 11 座钢管混凝土拱桥的徐变分析结果及图 10.3-2、图 10.3-3、图 10.3-5 和图 10.3-6 可以看出，采用 ACI 209R-92 模型和 CEB-FIP MC90 模型计算的拱脚处钢管最不利应力和拱顶位移差值均在 5% 之内；混凝土应力的差值也基本在 5% 之内，仅有个别达到 10%，但即使是差值最大的 10.8%，两种模型的混凝土应力差值也不到 1MPa。因此，两种模型用于分析钢管混凝土拱桥的徐变效应时，结果并无明显差别。

在没有更精确的模型之前，考虑到我国桥梁工程师计算混凝土徐变时更熟悉《公路钢筋混凝土及预应力混凝土桥涵设计规范》JTG D62—2004 提出的计算方法，也即 CEB-FIP MC90 模型，所以国标第 6.0.3 条规定，钢管混凝土徐变可按 JTG D62 的规定计算。应该指出的是，由于管内混凝土处于密闭状态，按 JTG D62 计算时环境相对湿度宜取为 90%。

10.3.3 钢管混凝土徐变对承载力影响的研究

徐变对钢管混凝土承载力的影响，国内外也开展了一些研究，研究成果在部分规范中也得到了体现。日本规范采用降低容许应力的方法来考虑徐变的影响，其方法是取钢材的容许应力为短期荷载容许应力的 2/3，取混凝土容许应力为短期荷载容许应力的 1/2[31]。

苏联规范认为，对于静定结构，由混凝土的徐变产生的应力是自相平衡的内应力，不影响组合材料的极限承载力[32]。

德国规范[33]采用的是将长期荷载乘以一个大于 1 的系数来考虑徐变的影响：

$$N_1 = N_0(1+\varphi) + N_2 \tag{10.3-10}$$

式中，N_1 表示设计荷载；N_0 表示长期荷载；N_2 表示短期荷载；φ 表示徐变效应系数，随含钢率 α 的增大而减小，变化位于 0.5～0.7 之间，一般含钢率可取 $\varphi \approx 0.7$。

文献 [6] 和文献 [32] 的徐变试验均表明，核心混凝土徐变对轴心受压构件稳定的影响只限于弹塑性工作阶段，对长柱（弹性失稳）和极短柱（强度破坏）无影响。对于偏压构件，也主要是弹塑性失稳破坏的构件，偏心率越大，徐变的影响也越大。

文献 [6] 分别考虑徐变对钢管和核心混凝土切线模量的影响，利用切线模量法计算出徐变对钢管混凝土构件承载力的影响，同时参考西德和日本规范的规定，给出轴心受压

构件和 $e/r_0 \leqslant 0.3$ 的偏心受压构件的徐变影响系数表格，该表考虑了长细比及恒载占设计荷载的比例两个因素。这一研究成果被 DL/T—5085—1999 规范[35]采用，见表 10.3-5。

徐变折减系数 k_c　　　　　表 10.3-5

长细比 λ	永久荷载所占比例（%）		
	30	50	70 及以上
$40 < \lambda \leqslant 70$	0.90	0.85	0.80
$70 < \lambda \leqslant 120$	0.85	0.80	0.75

文献［25］进行了圆钢管混凝土构件在长期荷载作用下变形及承载力的理论研究，利用数值方法计算考虑长期荷载作用下圆钢管混凝土构件的承载力。通过系统分析长细比、构件截面含钢率、钢材种类、混凝土强度等级、荷载偏心率等因素影响的基础上，提出长期荷载作用对圆钢管混凝土构件极限承载力影响系数的计算公式，如式（10.3-11）所示。该研究成果被福建省工程建设地方标准《钢管混凝土结构技术规程》DBJ 13-51—2003[36]采用。

$$k_{cr} = \begin{cases} (0.2a^2 - 0.4a + 1) \cdot b^{2.5a} \cdot [1 + 0.3a(1-c)] & (a \leqslant 0.4) \\ (0.2a^2 - 0.4a + 1) \cdot b \cdot \left(1 + \dfrac{1-c}{7.5 + 5.5a^2}\right) & (0.4 < a \leqslant 1.2) \\ 0.808 \cdot b \cdot \left(1 + \dfrac{1-c}{7.5 + 5.5a^2}\right) & (a > 1.2) \end{cases} \quad (10.3\text{-}11)$$

其中

$$a = \lambda/100, \quad b = \xi^{0.05}, \quad c = (1 + e/r) - 2$$

文献［37］利用混凝土徐变理论，并考虑混凝土的弹性后效及受四周约束作用的徐变特性，理论推导出一个在长期荷载作用下钢管混凝土构件任意截面形状的设计荷载公式。该公式考虑了徐变特征值、钢管和混凝土的弹性模量比及截面几何特征、偏心等因素。但该公式计算较为复杂，不便于工程应用。此外，文献［38］、［39］也进行了徐变对钢管混凝土承载力的影响研究，其中文献［38］认为徐变引起的钢管应力增大仅仅使得钢管提前进入塑性状态，对整体结构的极限承载力并没有影响。文献［39］进行了徐变对空钢管混凝土轴压构件稳定承载力的影响，结果表明当空心钢管混凝土轴心受压构件承受永久荷载为全部轴心力 30% 以上时，应将构件承载力乘以徐变折减系数。

CECS 28：90[41] 和 JCJ 01—89[42] 没有考虑徐变对钢管混凝土受压构件承载力的影响。公路行标《钢管混凝土拱桥设计规范》JTG/T D65（报批稿）[20]也没有考虑。福建省标《钢管混凝土拱桥技术规程》DBJ/T 13-136—2011[3] 和重庆市公路行标《钢管混凝土拱桥设计规范》CQJTG/T D66—2011[4] 采用与 DL/T 5085—1999[6] 相同的徐变对承载力的折减系数，见表 10.3-5。

综上所述，徐变对钢管混凝土受压构件承载力的影响，国内外开展的研究以数值分析为主，试验研究不多，各国的规范中，有些考虑此影响，有些没有考虑。有考虑此影响的，计算方法也不一致。目前国内比较常见的计算方法有两种。一种是以表格的形式（表10.3-5）直接给出折减系数，形式简单，并被多本规程采用。另一种是以公式的形式给出，见式（10.3-11），计算较为复杂，且仅有福建省标《钢管混凝土结构技术规程》DBJ 13-51—2003[36]采用。国标编制时，在没有更成熟的计算方法且对现有两种方法精度没有明确的研究结论前，选择了形式简单且被多本规程采用的表格法。

根据规范编制组的统计，按 0.36 拱轴线弧长折减计算长度，一般情况下单圆管、哑铃形和桁拱的名义长细比分别为 60～120、40～90 和 40～90[17~19,43]。因此，徐变影响折减系数中构件名义长细比的范围应为 40～120，而《钢-混凝土组合结构设计规程》DL/T—5085—1999 第 6.2.6 条的应用范围为 50～120，进一步的分析表明，将其外推至长细比为 40 的情况是可行的，所以，国标表 5.3.11 中名义长细比的应用范围取为 40～120。

第 10 章参考文献

[1] 中华人民共和国行业标准 JTG D62—2004．公路钢筋混凝土及预应力混凝土桥涵设计规范［S］

[2] 周履，陈永春．收缩·徐变［M］．北京：中国铁道出版社，1999

[3] 福建省工程建设地方标准 DBJ/T 13-136—2011．钢管混凝土拱桥技术规程［S］

[4] 重庆市公路工程行业标准 CQJTG/T D66—2011．公路钢管混凝土拱桥设计规范［S］

[5] ACI Committee 209, Prediction of creep, shrinkage and temperature effects in concrete structures ［S］. Designing for Effects of Creep, Shrinkage and Temperature in Concrete structures, ACI SP27-3, Detroit, Mich., 1992

[6] 钟善桐．钢管混凝土结构［M］．北京：清华大学出版社，2003

[7] Nakai H, Kurita A, Ichinose L H. An experimental study on creep of concrete filled steel pipes ［C］. Proceeding of 3rd International Conference on Steel and Concrete Composite Structures. Fukuoka, Japan, 1991. 55-60

[8] Terrey P J, Bradford M A, Gilbert R I. Creep and Shrinkage of Concrete in Concrete-Filled Circular Steel Tubes ［C］. Proc. of 6th Inter. Symposium on Tubular Structures. Melbourne. Australia. 1994：293-298

[9] L. H. Ichinose, E. Watanabe, H. Nakai. An experimental study on creep of concrete filled steel pipes ［J］. Journal of Constructional Steel Research, 2001, 57 (4)：453-466

[10] Uy B. Static Long-Term Effects in Short Concrete-Filled Steel Box Columns under Sustained Loading ［J］. ACI Structural Journal. 2001 (1)：96-104

[11] 王湛，宋兵．钢管高强混凝土自收缩规律的研究［J］．建筑结构学报．2002，23 (3)：32-36

[12] 韩林海，杨有福，李永进，冯斌．钢管高性能混凝土的水化热和收缩性能研究［J］．土木工程学报．2006，39 (3)：1-9

[13] CHEN Baochun, SHRESTHA K M. Quantifying Creep of Concrete Filled Steel Tubes ［J］. Journal of Donghua University (Eng. Ed.) Vol. 27, No. 6 (2010)：796-805

[14] 黄国兴，惠荣炎．混凝土的收缩［M］．北京：中国铁道出版社，1990

[15] 中华人民共和国交通部部标准（JTJ 021—89）．公路桥涵设计通用规范［S］

[16] 中华人民共和国行业标准（TB 10002.1—2005/J460—2005）．铁路桥涵设计基本规范［S］

[17] 陈宝春．钢管混凝土拱桥（第二版）［M］．北京：人民交通出版社，2007

[18] 陈宝春，钢管混凝土拱桥实例集（一）［M］．北京：人民交通出版社，2002

[19] 陈宝春，钢管混凝土拱桥实例集（二）［M］．北京：人民交通出版社，2008

[20] 中华人民共和国行业标准 JTG/T D65，钢管混凝土拱桥设计规范［S］（报批稿）

[21] 赖秀英，陈宝春，钢管混凝土拱桥收缩次内力计算［J］．建筑科学与工程学报，30 (3)，2013 年 9 月：120-126

[22] 王元丰．钢管混凝土徐变［M］．北京：科学出版社，2006

[23] Krishna Man SHRESTHA, Bao-chun CHEN, Yong-feng CHEN, State of the Art of Creep of Concrete Filled Steel Tubular Arches, KSCE Journal of Civil Engineering, Vol. 15 No. 1, January 2010, 145-151

[24] 冯斌. 钢管混凝土中核心混凝土的水化热、收缩与徐变计算模型研究 [D]. 福州：福州大学硕士学位论文，2004

[25] 韩林海，刘威. 长期荷载作用对圆钢管混凝土压弯构件力学性能影响的研究 [J]. 土木工程学报，2002，35（2）：8-19

[26] 李生勇，李凤芹，陈宝春，Shrestha K. M.. 钢管混凝土拱桥徐变影响分析 [J]. 铁道学报，2011，3：100-107

[27] Shrestha K. M.，陈宝春，李生勇. 添加外加剂的密闭混凝土徐变系数计算模型 [J]. 福州大学学报（自然科学版），2010，38（3）：425-431

[28] Shrestha K. M., The Creep Effect of CFST and Encased CFST Arch Bridges [D]. 福州：福州大学博士学位论文，2013

[29] Xiuying LAI; Baochun CHEN, A Comparative Study on Two Creep Prediction Models for CFST Arch Bridges, Proceedings of the 10th International Conference on Advances in Steel Concrete Composite and Hybrid Structures, July 2-4, 2012, Singapore, Research Publishing: 539-546

[30] 赖秀英，陈宝春. 钢管混凝土拱桥徐变系数模型对比分析 [J]，福州大学学报（自然科学版），2014，（清样已校）

[31] AIJ. 日本建筑学会. コンクリート充填钢管构造设计施工指南. 1997

[32] 斯托鲁任科著，伯群，东奎译. 钢管混凝土结构 [M]. 北京：冶金工业出版社，1982

[33] 王玉银，惠中华，耿悦. 钢管混凝土构件徐变研究综述 [J]. 哈尔滨工业大学学报，2007，39（增刊）：466-471

[34] 谭素杰，齐加连. 长期荷载对钢管混凝土受压构件强度影响的试验研究 [J]. 哈尔滨建筑工程学院学报，1987，（2）：10-24

[35] 国家经济贸易委员会标准（DL/T-5085—1999）. 钢—混凝土组合结构设计规程 [S]. 1999

[36] 福建省工程建设地方标准 DBJ 13-51—2003，钢管混凝土结构技术规程 [S]

[37] 谢肖礼，秦荣，邓志恒. CFST 构件考虑长期荷载作用的设计荷载计算公式 [J]. 广西大学学报. 2001，26（4）：246~249

[38] 刘琪. 钢管初应力及管内混凝土徐变对四肢格构型钢管混凝土拱桥承载力影响研究 [D]. 重庆交通大学硕士学位论文，2008

[39] 王洪欣，查晓雄. 徐变对空心钢管混凝土轴压稳定承载力的影响 [J]. 哈尔滨工业大学学报. 2009，41（10）：41-46

[40] 王玉银，吴欣荣，耿悦，张素梅. 均布荷载作用下钢管混凝土拱长期稳定性能分析 [J]. 建筑钢结构进展. 2011，13（6）：31-35

[41] 中国工程建设标准化协会标准 CECS 28:90. 钢管混凝土结构设计与施工规程 [S]

[42] 中国建材工业标准 JCJ 01—89. 钢管混凝土结构设计与施工规程 [S]

[43] 陈宝春，刘福忠，韦建刚. 327 座钢管混凝土拱桥的统计分析 [J]. 中外公路. 2011，31（3）：96-103